国家出版基金项目
NATIONAL PUBLICATION FOUNDATION

战略性新兴产业　　丛书总主编
科普读本　　　　　褚君浩 院士

新能源产业

张庆麟 主编

上海科学技术文献出版社
Shanghai Scientific and Technological Literature Press

图书在版编目（CIP）数据

新能源产业 / 张庆麟主编 . —上海：上海科学技术
文献出版社，2014.6
（战略性新兴产业科普读本）
ISBN 978-7-5439-6231-6

Ⅰ . ① 新… Ⅱ . ①张… Ⅲ .①新能源—产业发展—
普及读物　Ⅳ . ① F407.2-49

中国版本图书馆 CIP 数据核字（2014）第 079985 号

本书获国家出版基金、上海科普图书创作出版专项资金资助

责任编辑：石　婧　陈云珍
装帧设计：一步设计

新能源产业
张庆麟　主编
出版发行：上海科学技术文献出版社
地　　址：上海市长乐路 746 号
邮政编码：200040
经　　销：全国新华书店
印　　刷：上海中华商务联合印刷有限公司
开　　本：720×1000　1/16
印　　张：17.25
字　　数：256 000
版　　次：2014 年 6 月第 1 版　2014 年 6 月第 1 次印刷
书　　号：ISBN 978-7-5439-6231-6
定　　价：68.00 元
http://www.sstlp.com

战略性新兴产业科普读本

丛书编写委员会

PREFACE | 序言

　　经过各位作者和编辑的辛勤劳动，"战略性新兴产业科普读本"丛书和读者见面了。当前科学技术和产业发展表明，新一次工业革命正在悄然发生之中，这一波浪潮将主要波及新兴产业领域。在当前创新驱动转型发展的关键时期，了解和把握战略性新兴产业的背景、内涵及有关知识，有利于促进新兴产业的发展，有利于加深对新一次工业革命态势的认识，从而确保在新工业革命到来之际，能够把握先机，抢占新一轮科技经济发展的制高点。

　　从世界历次工业革命的规律及其对经济社会发展的影响出发，根据当前新工业革命发生的科技和经济社会背景，以及国际上的分析，当前人类迫切需要解决的问题和现实需求，以及对未来生活的美好期望，将是第三次工业革命的驱动力。新的工业革命是以半导体物理带动微电子技术新发明、从而激发信息科学技术高度发展为基础，以信息技术和物质科学技术的深度融合为特征，并由能源科学、工程科学、材料科学、生物科学等一系列学科的科学发现与技术发明多轨并行、交叉推动。第三次工业革命将实现新一代信息技术高度发展，并与新能源技术、智能化体系构建技术、先进制造技术和生物技术等的深度融合，推动能源互联网、智能化复杂系统和信息化数字制造技术的新兴产业发展，实现以建设数字地球、智慧地球、低碳地球和绿色地球，实现可持续发展为目标的新兴产业革命性发展。

　　战略性新兴产业是新一次工业革命的若干具体发展方向，是发挥产业引

1

领作用的关键。为了应对新工业革命，国务院发布了《关于加快培育和发展战略性新兴产业的决定》，制定了七个领域的新兴产业发展规划，这七个领域就是：节能环保产业、新一代信息技术产业、生物产业、高端装备制造产业、新能源产业、新材料产业、新能源汽车产业。

本丛书系统地介绍了这些新兴产业的发展轨迹和知识内涵，讨论了新兴产业和科学技术、社会经济发展的关联性，讨论了发展新兴产业的途径，探讨了新兴产业发展的未来图景。同时，也宣传一些发展理念，强调了加强基础研究和核心技术研发的重要性，要奏好"科学发现"—"技术发明"—"产业发展"三部曲，需要培育创新环境、构建基于核心技术创新联盟的产学研合作体系，搭建面向新工业革命的共性技术研究平台，推动技术创新浪潮；需要构建未来产业培育体系，引导产业创新；需要推动适应新工业革命需要的机制体制建设，建立新工业革命促进机构，创新人才工程，提高知识产权保护效率，推动以风险基金为主的科技金融体系建设；需要加强创新文化建设。

本丛书努力以晓畅的通俗语言、严谨的逻辑结构、丰富的感性资料、周密的分析推理，展现战略性新兴产业的概貌。希望对普及战略性新兴产业的相关知识能够有所助益，同时也希望得到广大读者的建议和批评。

2014 年 6 月

CONTENTS | 目录

风能   61

生物质能   77

节能

什么是能源

能源的含义

《辞海》对能源的解释是："可以从中取得能量，以转换为人们所需的热、光、动力、电力等的自然资源。"可见，能源是自然资源。有了这个资源，如何充分、有效地利用好它，便是能源产业所需承担的具体任务。

能源的四个主要来源

今天，我们使用的能源实际上主要有四个来源。

太阳能

太阳能不仅指太阳带来的光和热，也包括煤炭、石油、天然气等矿物燃料，因为它们实际上是亿万年前太阳能凝固的产物；风能、水能、海洋能和生物质能则是太阳能转化而来的产物。

核能

核能包括核裂变能和核聚变能。比如核电站就是利用铀原子的裂变反应所释放出来的能量，而氢弹的爆炸则是利用了核聚变反应释放出的能量。

来自地球内部的能量

这种能量的蕴藏量非常巨大，火山爆发和地震就是这种能量的表现，可惜至今我们还无法充分利用这种能量。已被利用的来自地球内部的能量是地热，遗憾的是，它的利用也仍然非常有限；地球本身的引力所产生的重力能，也是地球内部能量的一种表现；水能从某种程度上来说也是重力能转化的结果。

引力能

这是来自月球、太阳和地球之间的引力能，潮汐能便是这种能转化的产物。

能源的不同分类

一次能源和二次能源

一次能源是指直接取自自然界，且不改变它的形态的能源，如煤、石油、天然气、柴草、地热、风力、水力、太阳辐射等就属于一次能源。二次能源则是指经过人为加工所形成的另一种形态的能源，如电力、蒸汽、煤气、焦炭、酒精，以及诸如汽油、柴油、重油等各种石油制品。

可再生能源和不可再生能源

可再生能源是可以再生得到新的补充的能源，如太阳能、水能、风能、地热能、重力能、海洋能和生物质能就属于可以再生能源。而不可再生能源是不能再生的能源，用掉一点就少一点，是无法得到补充的，所以它们总有一天是会被耗尽的。

太阳能是可再生能源

常规能源和新能源

煤炭、石油、天然气、水能和核能等都已得到大规模的经济开发和利用，所以被称为常规能源。而太阳能、地热能、风能、海洋能、氢能和重力能等，则大多未被充分利用，甚至有的还处于研究摸索如何开发应用的阶段，所以被称为非常规能源或新能源。

清洁能源和非清洁能源

清洁能源又常被叫做"绿色能源"。它包含有两层意思：一是指利用现代技术开发利用它们时，不会对周围环境带来明显的危害，如太阳能、水能、风能、地热能等；二是指采用适当的技术，使那些本来危害环境的资源，化害为利，从而取得把能源的开发利用与净化环境、改善周围环境状况相结合的效果。比如充分利用城市垃圾、淤泥等废弃物等所蕴含的能源。非清洁能源则是指会危害环境的能源，如煤炭、石油等化石能源。

当今人类社会发展对能源需求在不断增长，而旧的已利用的能源已很难继续满足人们的增长需求，更何况人们还发现这些旧能源大多会对环境造成不良的影响，属于非清洁能源。这就使人们越来越迫切地意识到必须积极地开发不会给环境带来严重危害的清洁新能源。正是在这样的背景下，新能源产业便应运而生。

新能源概述

什么是新能源

在不同的历史时期和科技水平情况下,新能源具有不同的内容。当今社会,新能源通常指核能、太阳能、风能、地热能、氢能等。但也不尽然,譬如生物质能,草木燃料是早在人类的初期就已被广泛使用的传统能源,但今天我们要开发利用的则是一些以往并没有被人们大量使用的来自生物质的乙醇、生物柴油和沼气,所以它们也应该属于新能源。还有,随着技术的进步和可持续发展观念的树立,过去一直被视作垃圾的工业与生活有机废弃物,也被人们从新的角度予以认识,将其作为一种能源资源加以深入研究和开发利用。因此,这些废弃物的资源化利用,也应看做是新能源技术的一种形式。

人们还认为新能源普遍具有污染小、储量大的特点,是解决当今世界严重的环境污染问题和资源(特别是化石能源)枯竭问题的能量来源。但它们并不都是可再生能源。譬如核能,是来自铀等矿物质的能源,它们是用掉一点就少一点的不可再生的能源。但由于它们的开发利用是近代才逐渐开始启动的,在技术上还存在诸多有待改进的方面,在某些领域(如核聚变能的开发利用)的应用方面,人们甚至还不知道如何进行,因此它们显然应该属于新能源的范畴。埋藏于海洋深处和冻土带里的可燃冰,也是一种不可再生资源,但就像核聚变能一样,它们的开发利用迄今还存在诸多的问题,人们还无法真正付诸实施,因此可燃冰也应该属于新能源。

联合国开发计划署(UNDP)曾把新能源分为三大类:

(1)大中型水电;

(2)新可再生能源,包括小水电、太阳能、风能、现代生物质能、地热能、海洋能(潮汐能);

(3)传统生物质能。

这是因为人们对水电的开发利用已有了相对较长的历史,有关它的开发利用技术也已十分成熟,与其相关的产业均已具有相当的规模,因此本书未把水电纳入叙述的对象。而那些未被联合国开发计划署提及的核能、可燃冰和氢能等,由于均拥有巨大的开发潜力,有的很可能成为未来的重要能源,因此有必要作一些简要的介绍。

两类新能源及其特点

以太阳能、风能、地热能、海洋能等为代表的一次能源

它们是可以直接取自自然界的能源,具有以下特点。

(1)资源丰富,普遍具备可再生特性,可供人类永续利用。譬如太阳能,据测算,太阳每年输送到地球的能量约为17.8亿千瓦,相当于目前我们每年燃烧的固、液、气燃料的3.5万倍。而据天文学家的估计,太阳的这一状态,至少还可以维持50亿年。

太阳能电站会占用大量的土地

（2）能量密度低，开发利用需要较大空间。譬如太阳能，尽管它的资源量非常巨大，但在地球上的太阳能平均不会超过 1 千瓦/米^2。

（3）不含碳或含碳量很小，几乎没有碳排放，所以对环境影响小。

（4）分布广，有利于遍地开花的小规模分散利用。

（5）能量强度会受制于昼夜、天气等自然因素的影响而不稳定，这使其呈现出间断式供应、波动性大的特点，对持续供能不利。

（6）开发利用的技术要求较高，有些还不成熟，这就使其开发利用的成本比传统能源高。

以燃料电池为代表的二次能源

它们是当今世界被人们积极开发的新能源。不过，它们属于必须经过加工和提取才能获得的能源。譬如，大量的氢都和氧结合在一起形成水，并广布在海洋中。我们若要获得氢，必须用热分解或电分解的手段把氢从水中分离出来。如果是用煤炭、石油、天然气等化石燃料燃烧所获得的热能，或由它们转换而来的电能来分解水制氢，既不经济又污染环境，显然是不足取的。现在看来，高效率制氢的基本途径是利用太阳能，走太阳能光电制氢或光化学制氢的技术路线。氢能不但清洁高效，而且转换方式多样，可以用其制成燃料电池。这种燃料电池在不久的将来，会成为一种颇具竞争力的全新供电方式。但就目前的情况看，人们要利用氢能还存在着许多技术障碍，需要作出相当的努力。

综上所述，不论是哪一类新能源，人们都渴望用其迅速替代传统能源，但由于利用技术大多尚不成熟，故迄今它们占世界所需总能量的比例很小，需要人们去作更积极的努力。

新能源开发已迫在眉睫

世界的能源背景

能源是当今国际社会的一个热门话题。这一方面是由于人们正面临着传统能源短缺的危机，另一方面也是由于传统能源的使用所引发的全球气候变化、酸雨、臭氧空洞等环境问题，使人们不能不深感由此而带来的生态威胁。所以现今，能源问题已不仅仅是关系到一个国家和一个社会的生存发展和民生福利，也关系到国与国之间的国际政治、经济、军事和外交关系等国际事务。因此如何更好地加快能源结构调整，发展以低能耗、低污染、低排放为基础的低碳经济，以及怎样提高能源使用效率，便成为国际社会关注的焦点。

我国的能源形势

在世界能源环境的大背景下，我国经济社会若要持续快速地发展下去，自然也必须适应这一新形势的要求。然而事实上，由于长期以来我国经济发展采用的是高投入、高能耗、高污染和排放低效率的粗放型增长方式，而且迄今尚未得到根本扭转；加之，人均资源占有率低与资源生态环境的矛盾也日益突显，这些显然与目前形势的要求是不相称的，它们正制约着我国经济的持续发展。

自 2006 年以来我国已成为世界二氧化碳的最大排放国，并因此备受国际社会的关注。为了树立负责任的大国形象，我国政府曾在联合国气候变化大会上庄严承诺：2020 年 GDP 二氧化碳排放强度将在 2005 年的基础上下降 40%～45%，非化石能源占一次能源的比重将由目前的 9% 提高到 15%，相应指标将作为约束性指标纳入国民经济和社会发展中长期规划及地方政府考核体系。因此我国减排压力的巨大是可想而知的。在这种情况下，发展资源节约型、环境友好型的低碳经济是我国经济崛起的必然途径。构筑稳定、经济、清洁、可靠、安全的能源供应体系，不断满足日益增长的能源需求，妥善应对复杂的国际能源形势，是我国将长期面对的重大课题。

受酸雨影响的森林

我国"十二五"规划中对新能源产业的相关要求

在我国制订的"十二五"规划中,把发展新能源产业作为七大战略性新兴产业之一。根据规划,在七大战略性新兴产业中,新一代信息技术产业、生物产业、节能环保产业、高端装备制造产业将成为支柱产业,新能源产业、新材料产业、新能源汽车产业将成为先导产业。由此构成的七大产业链,将推动中国在未来10年进入一个新的产业周期。

从新能源产业看,绿色新能源技术的发展和产业化是解决能源危机、优化能源结构的根本出路。规划中明确了积极发展太阳能、风能、生物质能、海洋能、核能、煤炭清洁利用等具体领域。在太阳能领域,也明确提及了光伏发电。光伏发电里又明确提及对薄膜发电的支持,甚至明确提及了对铜铟镓硒薄膜电池和锑化镉薄膜电池技术的支持。另外,未来我国还要积极发展新一代核能;提高风电技术装备水平,有序推进风电规模化发展;因地制宜开发利用生物质能。

规划中还提出了一系列发展目标:到 2015 年风电装机将达 1 亿千瓦,

其中海上风电 500 万千瓦,年发电量 1 900 亿千瓦·时;太阳能发电将达 1 500 万千瓦,年发电量 200 亿千瓦·时;加上生物质能、太阳能热利用及核电等,2015 年非化石能源开发总量将达到 4.8 亿吨标准煤。尽管目前大多数新能源技术尚未成熟,成本比传统能源高,但从长期来看,随着新能源技术的日趋成熟以及传统化石能源价格的不断上涨,新能源的市场竞争力将不断增强,并逐步从补充能源向替代能源和主力能源过渡。

有关专家还指出:在"十一五"期间,我国可再生能源发展经历了规模化快速增长的时期和能力迅速形成的时期。"十二五"期间,我国的可再生能源发展要在上述规模和基本产业链条形成的基础上,在质量上实现飞跃,建立有竞争力的产业体系。2015 年以后,我国可再生能源的经济性将得到很大的改善,可再生能源可以具备和其他常规能源同样的价格水平。此外,还将提供更多可再生能源发展的基础平台、基础设施,让整个能源系统比较容易、比较自由、比较情愿地接纳可再生能源,以最终实现我国 2020 年可再生能源占一次能源的比重达到 15% 的发展目标。

国际上可再生能源的发展概况

近年来,受石油价格上涨和全球气候变化的影响,可再生能源开发利用日益受到重视,可再生能源的技术水平不断提高,产业规模逐渐扩大。

水电

水力发电是目前技术成熟度最高,使用最普遍的可再生能源。据报道,目前世界上有 24 个国家依靠水电为其提供 90% 以上的能源,如巴西、挪威等国。有 55 个国家依靠水电为其提供 50% 以上的能源,包括加拿大、瑞士、瑞典等国。发达国家水电的平均开发度已在 60% 以上,其中美国、日本、法国、挪威、瑞士的水电资源开发度均在 80% 以上。但这并没有阻止这些国家继续开发水电的努力。如日本就还有 6 座抽水蓄能电站正在建设,另外 3 座也正在规划之中。同样,在一些发展中国家和欠发达国家,如巴基斯坦等也都纷纷把水电建设作为当今能源开发的重点项目。因此可以预计在不太长的时期内,水电在世界能源利用中所占的份额将会迅速翻上一番。

风能

全球风能蕴量比地球上可开发利用的水能总量大 10 倍。继水电开发之后,风电开发已成为发展最迅速的可再生能源。风电包括离网运行的小型风力发电机组和大型并网风力发电机组,在技术上都已基本成熟;并网风力发电机组的单机容量正在不断增大。目前 2 000～3 000 千瓦的风机,已成为欧美发达国家的主流机型;国外有实力的企业还在开发 5 000 千瓦的机组。风电场建设也已从陆地向海上发展。自 2004 年以来,全球风力发电能力逐年增大。2011 年,尽管全球经济低迷,但风电新增装机容量仍达 4 056.4 万千瓦,全球累计达 2.38 亿千瓦。

美国亚利桑那州罗斯福湖坝区

太阳能

太阳能作为一种储量巨大、无地域限制、无须运输的可再生清洁能源,深受重视。目前,世界太阳能利用主要表现在太阳能的热利用和光利用两个方面。热利用是当今太阳能利用最活跃的领域。太阳能热水器是太阳能热利用的典型代表,有关技术已很成熟。如欧洲,过去10年的太阳能热水器的年增长率平均在18%左右,今后10年则要增至23%,到2020年,全欧太阳能热水器的使用量预计将达到14亿米^2。另外,太阳能热力发电装置的单机容量已从千瓦级发展到了兆瓦级。目前世界上已有几十座上万千瓦级的太阳能热电站投入运行,但在技术成熟度上,还未达到太阳能热水器和光伏发电的水平。

生物质能

现代生物质能的发展方向是高效清洁利用,将生物质转换为优质能源,包括电力、燃气、液体燃料和固体成型燃料等。生物质发电包括农林生物质发电、垃圾发电和沼气发电等。目前,生物质能技术和装置大多已达到商业应用程度,实现了规模化产业经营。据统计,美国20%的玉米和巴西50%的甘蔗被用于制造燃料乙醇,欧盟65%的菜籽和东南亚30%的棕榈油被用于制造生物柴油。以美国、瑞典、奥地利为例,生物质转化为高品位能源利用的规模,分别占该国一次能源消耗量的 4%、16% 和 10%。在美国,生物质能发电的总装机容量已超过 10 000 兆瓦,单机容量达 10~25 兆瓦。沼气已是成熟的生物质能利用技术,在欧洲、中国和印度等地已建设了大量沼气工程和分散的户用沼气池。随着大型沼气池建设和沼气综合利用的不断发展,出现了沼气燃烧发电,具有创收、节能和环保的特点,是一种廉价的分布式能源。

地热能

地热能是源自地球内部的能量。据测算,地表下 10 千米以内地壳中储存的地热能是全球所有石油和天然气储量的 50 000 倍。地热能利用有两种方式,即地热发电和直接利用,其相关技术均已基本成熟。目前世界上有 24 个国家应用地热流体发电,地热发电总装机容量达 10 715 兆瓦。其中美国、菲律宾、墨西哥、意大利、新西兰、日本、印度尼西亚和萨尔瓦多的地热发电总装机容量均大于 100 兆瓦。相比地热发电,地热能的直接利用受到更广泛的采纳,故其发展比地热能发电要快得多,近年来的年均增长率达 30%~40%。截至 2010 年,地热直接利用量达 50 583 兆瓦,是地热发电的 5 倍,利用形式则以供暖、养殖、医疗、旅游等为主。

海洋能

海洋能包括潮汐能、波力能、海流能、海水温差能、海水盐差能等与海洋有关的能源。其中潮汐能的利用已有了相对较成熟的技术,并已在法国、加拿大、韩国、俄罗斯和我国等建有 12 座商业运行的潮汐电站。其中大型的潮汐电站有韩国的始华湖潮汐电站(装机容量为 25.4 万千瓦)、法国的朗斯潮汐电站(装机容量为 24 万千瓦)。继潮汐能开发之后,波力能的利用也已初露头角,海上导航浮标和灯塔已经用上了波力发电机发出的电来照明。大型波浪发电机组也已问世。至于其他海洋能的开发利用,则多处于探索试验阶段,迄今还未能形成规模化的产业。

综上所述,国际可再生能源的开发利用已有了可喜的进展,但发展还很不平衡,除水电外,其他大多还处于初级阶段,在世界能源消费总额中,仅占有很小的比例。

我国新能源发展现状

据报道,目前我国已成为世界碳排放量最大的国家。如果全世界的碳总排放量是 1 的话,我国约占 1/4,美国为 1/5,欧盟是 1/6。面对这一形势,我国节能减排的压力之大是可想而知的,因此加快能源结构调整,发展低污染、低排放的新能源,是我国经济社会发展的当务之急。

事实上,我国政府和相关部门早就对新能源给予了充分关注,并把新能源的开发利用,作为一项战略任务纳入规划。虽然,与世界先进国家相比,我国新能源开发利用起步较晚,但近些年来都以年均超过 25% 的速度在增长。其中,自 2006 年《中华人民共和国可再生能源法》正式生效后,政府还陆续出台了一系列与之配套的行政法规,来推动新能源的发展,这就使我国新能源产业的发展进入了快车道。

我国新能源和可再生能源的发展,在经历了前一时期的规模化快速增长之后,已奠定了良好的基础。"十二五"期间,可望在上述规模和基本产业链条形成的基础上,实现质量上的新飞跃,建立起有竞争力的产业体系。

水电

水电虽然不属于新能源,却是一种可再生能源。经过多年发展,我国是当今世界水电站已建和在建工程规模最大的国家,也是水电装机容量最大的国家。截至 2012 年年底,全国水电装机已达 2.49 亿千瓦,占全部电力总装机容量的 1/4 强,提供了全国约 1/5 的电力需求。其中,三峡水电站是世界最大的水电站,总装机 1 820 万千瓦。另外,利用小股水流建设的小水电,解决了 3 亿无电人口的用电问题,特别是对解决农村偏远地区的用电困难发挥了重要作用。目前,全国已有八百多个小水电电气化县。这使一些生态环境脆弱的山区和荒漠地区,能够以电代柴,减少了对植被的砍伐,保护了生态,促进了农村地区经济和社会的发展。而大型水电的建设,则有效地提高了河流的防洪能力,保护了河流两岸人民免受洪水的祸害,改善了农业灌溉、工业生产和城市生活用水以及航运发展条件。其成功的典范，如新安江、葛洲坝、二滩、小浪底、三峡等大型水电站的建设，均为地方经济发展注入了活力，有力地带动了当地旅游和环境保护等事业的发展，充分体现了经济效益和社会效益的统一。预计到 2020 年，我国水电装机将提高到 3 亿千瓦的规模。

三峡大坝：坝顶总长 3 035 米，最大坝高 181 米，总装机容量 2 250 万千瓦，雄踞世界水电之最

太阳能

　　太阳能的利用，目前主要分为两个方面。一是利用光热效应，把太阳光的辐射能转换为热能。太阳能热水器和太阳灶就是典型的例子。我国在这方面发展较为成熟，已形成较完整的产业体系，太阳能光热产业的核心技术遥遥领先于世界平均水平，其自主知识产权率达到了 95％ 以上，已成为太阳能集热器最大的生产国和使用国。二是利用光生伏特（PV）效应（简称光伏效应，也称为光生电动势效应），将太阳光的辐射能直接转变为电能。受国际大环境的影响和国际项目、政府项目的启动与市场的拉动，我国光伏发电的

配件生产进展明显,形成了我国的光伏发电产业。在世界太阳能电池企业10强中,我国占据4席。为光伏发电的服务企业也有近600家。不过,我国自己的光伏市场却不大,只占全球的2%。从严格意义来讲,我国的光伏发电产业只能算是一个加工产业,光伏发电原材料90%以上至今仍然需要进口,超过90%的光伏产品出口国外,企业拿到的只是5%~6%的加工费。应该看到,在我国太阳能光伏配套产业快速发展的背后,隐藏着原材料依赖进口、核心技术与设备缺失、产品主要出口等"三头在外"的严峻现实。至于光伏发电的应用则更是十分有限,到2010年年底,全国光伏发电约为1 100兆瓦,主要用于解决偏远地区居民的用电问题。所以从整体水平来看,我国光伏产业的发展还落后于国际水平。

风电

我国自20世纪80年代中期引进55千瓦容量等级的风电机,并投入商业化运行开始,经过多年的发展,我国的风电市场已经获得了长足的发展。在近十年中,风电装机累计增长118倍,年均增长超过60%。其中2009年就新增装机容量1 300万千瓦,占世界新增装机容量的36%,居世界首位。至2012年年底,全国风电总装机容量达6 300万千瓦,位居世界第一。可以看出,我国风电产业正步入一个跨越式发展的阶段。从技术发展上来说,我国风电企业经过"引进技术—消化吸收—自主创新"的历程,已步入快速发展阶段。目前,我国已具备兆瓦级风机的自主研发能力;而且我国风电机组整机制造业和关键零部件配套企业,也已能基本满足国内风电发展的需求;但是变流器和主轴轴承等一些技术要求较高的部件仍须依赖进口。因此,我国风电装备制造业必须增强技术上的自主创新,加强风电核心技术攻关,尤其是加强风电关键设备和技术的攻关。

生物质能

现阶段我国的生物质能应用主要集中在沼气利用、生物质直燃发电、工业替代燃料和交通运输燃料这四方面。在沼气利用方面已有相当快速的发展,形成了户用沼气、小型沼气、大中型沼气共同发展的新格局,正在从分散式农户经营向产业化方向转变。从目前情况看,通过生物发酵产沼气的技术相当成熟。但是现阶段还存在沼气工程总体规模较小,效益不高,产气不是很稳定,特别是受北方冬季产气明显不足、沼气副产品市场需求不足等因素的制约。在生物质发电领域,我国也取得了重大进展。国家电网公司和五大发电集团等大型国有、民营以及外资企业纷纷投资参与我国生物质发电产业的建设运营。总装机规模 2010 年达 5 500 兆瓦,已经有超过 50 个生物质发电项目实现了并网发电,预计到 2015 年装机规模可达 13 000 兆瓦。我国以燃料乙醇为代表的生物质液体燃料产业,从 20 世纪 90 年代起步以来,利用成熟的乙醇生产技术和大规模的乙醇生产能力,已取得了可喜的成就。但其在国内的发展之路并非坦途,生产受制于原料,被指"与民争粮""与粮争地"。2007 年 6 月,国务院召开可再生能源会议,玉米变乙醇项目被正式叫停。随后,作为"替补"的非粮作物,如木薯、木质纤维素、粉葛等成为制取生物质能的原料。目前国内燃料乙醇的主要方向是乙醇汽油和乙醇柴油。乙醇汽油消费量已占我国汽油消费总量的 20%,仅次于巴西和美国。在积极推进燃料乙醇开发的同时,我国也努力倡导生物柴油的研发。目前,在生物燃料产业的发展方面还存在着一些问题:一是自主研发能力弱,除沼气技术较为成熟外,其余技术仍处于产业化发展初期,特别是缺乏具有自主知识产权的核心技术;二是成本较高。

地热能

近年来,我国地热资源利用处于快速发展阶段,基本形成了以羊八井为代表的地热发电,以天津和西安为代表的地热供暖,以东南沿海为代表的疗养与旅游,以华北平原为代表的种植与养殖的开发利用格局。地热开发利用量约为 5 亿米^3,并以每年 10% 的速度增长,但地热能在整个能源结构中所占比例还很小,不足 0.5%。我国初步计划在"十二五"期间,完成地源热泵供暖(制冷)面积 3.5 亿米^2,预计总市场规模至少在 700 亿元。不过,我国地热发展也存在四大问题:地热利用技术发展严重失衡;我国地热勘查程度较低,至今尚未开展全国性的地热资源摸底调查;地热利用的关键技术尚未掌握;人力资源匮乏。

海洋能

海洋能包括潮汐能、波力能、海流能、海水温差能、盐差能等。在这方面我国主要进行了潮汐能的开发。1957年在山东建成了第一座潮汐发电站。1972年3月,国家计委批准筹建浙江江厦潮汐试验电站。1985年12月,江厦潮汐试验电站5台机组全部投产发电,总装机容量为3 200千瓦,设计年发电量为997万千瓦·时。它是一座"单库双向"式潮汐电站,其装机容量当时位居世界第三。总之,我国的潮汐能开发利用,已有了一个良好的开端。在目前世界潮汐能发电量方面仅次于法国、加拿大,位居世界第三位。但与我国所拥有的可能利用的潮汐能来说,这显然还只是微不足道的一小步。可喜的是,人们已在加紧开发的步伐。2008年,福建八尺门潮汐能发电项目正式启动;2009年5月,浙江三门20 000千瓦潮汐电站工程启动。相信不久的将来,我国沿海必将不断地有更多更大的潮汐电站建成。另外在波浪能开发方面,也已取得一些可喜的成绩,在近海已有约150台灯塔和航标利用我国自制的波力能发电作电源。至于其他海洋能的开发,目前基本上都处于探索试验阶段,还没有形成真正意义上的能源产业。

总之,我国新能源产业在许多方面已取得令人瞩目的成就,但也存在众多有待解决的课题,需要我们去作更积极的努力。

太阳能资源概述

太阳的辐射能

太阳是一颗恒星,是地球所属行星系的主宰。研究表明,太阳是一个巨大的炽热气团,主要由氢气、氦气和其他元素组成,其中氢气占 78.4%,氦气占 19.8%,其他元素占 1.8%。太阳的表面温度可达 6 000℃;核心温度则高达 20 000 000℃,压力有大约 340 亿兆帕。在如此的高温高压之下,相当于太阳直径 15% 的核心部分的氢便发生了聚合成为氦的聚变反应,并同时释放出大量的核能。太阳的巨大能量便主要来自这个核心。按照目前太阳中的氢聚变为氦的速度来计算,太阳蕴藏的氢,足够让它再持续燃烧五十多亿年。因此相对于人类的生活来说,太阳能可以说是取之不尽、用之不竭的。

据测算,太阳投射到地球的太阳辐射被大气层反射和吸收之后,还有约 70% 投射到地面。这样,每年投射到地面上的太阳能,相当于 1.3×10^6 亿吨标准煤。其中我国陆地面积每年接收的太阳辐射能相当于 2.4×10^4 亿吨标准煤(相当于 2010 年我国年煤消耗量的 750 倍)。

太阳能在地球上的分布概况

地球上太阳能资源的分布与各地的纬度、海拔高度、地理状况、气候条件,尤其是日照时间的长短密切相关。就全球而言,美国西南部、非洲、澳大利亚、中国西藏、中东等地区的全年总辐射量或日照总时数最大,为世界太阳能资源最丰富的地区。

我国属太阳能资源丰富的国家之一,全国总面积 2/3 以上地区年日照时数大于 2 000 小时。其中,西藏西部的太阳能资源最为丰富,最高达 2 333 千瓦/米²,居世界第二位,仅次于撒哈拉大沙漠。此外,青海、新疆、甘肃、宁夏、内蒙古高原的总辐射量和日照时数均属太阳能高值区,也是世界太阳能资源丰富的地区之一;而四川盆地、两湖地区、秦巴山地则是太阳能资源的低值区;我国东部、南部及东北为太阳能资源的中等区。

我国太阳能的丰度分区

根据各地接受太阳总辐射量的多少，可将全国划分为五类地区。

一类地区 为我国太阳能资源最丰富的地区。年日照时数达 3 200～3 300 小时，日辐射量为 5.1～6.4 千瓦·时/米^2。这些地区包括宁夏北部、甘肃北部、新疆东部、青海西部和西藏西部等地，尤以西藏西部最为丰富。

西藏林芝湖风光

二类地区 为我国太阳能资源较丰富地区。年日照时数为 3 000～3 200 小时，日辐射量为 4.5～5.1 千瓦·时/米^2。这些地区包括河北西北部、山西北部、内蒙古南部、宁夏南部、甘肃中部、青海东部、西藏东南部和新疆南部等地。

三类地区 为我国太阳能资源中等类型地区。年日照时数为 2 200～3 000 小时，日辐射量为 3.8～4.5 千瓦·时/米^2。主要包括山东、河南、河北东南部、山西南部、新疆北部、吉林、辽宁、云南、陕西北部、甘肃东南部、广东南部、福建南部、江苏北部、安徽北部、台湾西南部等地。

四类地区 是我国太阳能资源较差地区。年日照时数为1 400～2 200小时,日辐射量为3.2～3.8千瓦·时/米²。这些地区包括湖南、湖北、广西、江西、浙江、福建北部、广东北部、陕西南部、江苏北部、安徽南部以及黑龙江、台湾东北部等地。

五类地区 是我国太阳能资源最少的地区,主要包括四川、贵州。年日照时数仅1 000～1 400小时,日辐射量只有2.5～3.2千瓦·时/米²。

太阳能的利用

从这些地区的分布来看,一、二、三类地区占有全国约2/3的面积,是我国开发太阳能的有利地区;四、五类地区,虽然太阳能资源条件较差,但是也有一定的利用价值,其中有的地方是有可能开发利用的。总之,从全国来看,我国是太阳能资源相当丰富的国家,具有发展太阳能事业得天独厚的优越条件,太阳能利用事业在我国必定会有广阔的发展前景。

世界太阳能利用现状

万物生长靠太阳,是太阳为地球万物的发生、发展和演化提供了最基本的能源。人类作为大自然的一分子,自然也不例外。不过,万千年来人类对太阳能的依赖和利用,多是处在不自觉的状态下,是一种自然的利用。随着社会的进步,人们认识水平的提高,人们逐渐摆脱了不自觉状态,向着有计划、有目的地开发利用太阳能的方向迈进,但发展一直非常缓慢。

迄今为止,人类对太阳能的利用,大致可归结为热利用和光利用两个方面。

太阳能的热利用

太阳能的热利用是当今太阳能利用最活跃的领域,主要用于太阳能热发电和建筑用能,包括采暖、空调和热水器。

在世界范围内,太阳能热水器技术已很成熟,并已形成产业,正在以其优良的性能不断地冲击电热水器市场和燃气热水器市场。国外太阳能热水器发展很早,1992 年国外太阳能热水器总量就达到 45 万米^2,其中日本为 20 万米^2,美国为 12 万米^2,欧洲为 8 万米^2,其他国家为 5 万米^2。该年世界环境发展大会之后,许多国家为了减少温室气体的排放,又把发展太阳能热水器放在重要地位。如美国加州首府萨克门托市,当时提出到 2000 年让太阳能热水器取代该州 47 000 套家用电热水器;以色列明文规定,所有新建房屋必须配备太阳能热水器。正是在各国政府的努力推广下,太阳能热水器的使用又有了迅速的发展。在技术上,太阳能热水器产品则经历了从闷晒式、全玻璃真空管式到平板式的发展。

太阳能热发电是太阳能利用的另一重点领域,它依靠太阳能集热器把收集到的太阳辐射能发送至接收器,产生热空气或热蒸汽,然后用传统的电力循环来产生电能。由于发电运行成本较低,并可以与化石燃料形成混合发电系统;而且太阳能热发电又无噪声、无污染、无须燃料、不受地域限制、规模大

厦门鼓浪屿铺设在屋顶的太阳能热水器

小灵活、故障率低、建站周期短等优势，就使其受到人们的极大青睐，不少发达国家都加大投入进行研究。经过近40年的研究，太阳能热力发电装置的单机容量已从千瓦级发展到了兆瓦级。目前世界上已有几十座上万千瓦级的太阳能热电站投入运行。科学家预测，至21世纪初中期，太阳能热发电的电价极有可能降到与化石能源电价相同的水平。

目前，国外发展的太阳能热发电系统，主要有三种应用形式：槽式系统、塔式系统和碟式系统。在这三种系统中，槽式发电系统受到了较多的关注。1981～1991年，美国在加州的沙漠相继建成了9座槽式太阳能热发电站，总装机容量353.8兆瓦，总投资额10亿美元，年发电总量为8亿千瓦·时。2007年，美国又建成64兆瓦的太阳能电站。同年，西班牙也分别建成4个50兆瓦槽式电站。之后，此类电站也列入阿尔及利亚、澳大利亚、埃及、印度、伊朗、意大利、摩洛哥、墨西哥等太阳能资源丰富国家的建设规划之中。塔式系统也先后在西班牙和阿联酋建成使用。其中阿联酋的塔式系统于2013年3月17日投入使用，其发电能力高达100兆瓦。总之，太阳能热发电技术同其他太阳能技术一样在不断地完善和发展中，但其商业化程度还未达到太阳能热水器和光伏发电的水平。

太阳能的光利用

太阳能的光利用,就是利用光生伏特效应(简称光伏效应,也称为光生电动势效应),将太阳光的辐射能直接转变为电能。

太阳能电池(又称光电池)就是一种对光有响应,能利用光伏效应将光能转换成电力的器件。目前,太阳能电池主要有单晶硅、多晶硅、非晶态硅三种。单晶硅太阳能电池的变换效率(光电转换效率)最高,已达20%以上,但价格也最贵。非晶态硅太阳能电池变换效率最低,但价格最便宜。今后最有希望用于一般发电的将是非晶态硅太阳能电池。一旦它的大面积组件的光电变换效率达到10%,每瓦发电设备价格降到1~2美元时,便足以同现在的火力发电方式竞争。当然,已知还有光伏效应更佳的太阳能电池。如美国波音公司开发的由砷化镓半导体同锑化镓半导体重叠而成的太阳能电池,光电变换效率可达36%,快赶上燃煤发电的效率了,但是由于它太贵,目前只限于在卫星上使用。

近几年,国际光伏发电迅猛发展。统计资料显示,自1990年以来,全球光伏组件年度产量从46兆瓦增加至2010年的23 500兆瓦,20年间增加了500倍以上,年均复合增长率超过36.5%。截至2010年,全球光伏发电累计装机容量达到了40吉瓦,近5年的增长率超过了49%。这一增速使得光伏产业成为到目前为止增长最快的产业之一。展望未来,国际能源署预计到2020年光伏发电在许多地区能够实现电网平价,到2050年能够提供全球发电量的11%。目前,世界太阳能电池的转换效率已可提高到15%以上,系统造价和发电成本可分别降至每瓦4美元和每千瓦·时电0.25美元。

国际光伏发电应用的另一趋势,是由往日的以边远农村和特殊应用为主,逐渐向并网发电、与建筑结合供电的方向发展;也即光伏发电已呈现出由补充能源向替代能源过渡的势头。

总之,从世界新能源发展态势来看,太阳能以其独具的优势,必将在世界能源结构的转移中担纲重任,有望成为21世纪后期的主要能源。

我国太阳能开发利用概况

太阳能作为一种储量巨大,可再生,又无地域限制,无须运输的清洁能源,世界各国纷纷投入开发和研究,使其迅速成长为世界新能源领域中的一支生力军。它在世界未来的能源结构中将占有举足轻重的地位。

那么我国太阳能开发利用的情况又如何呢?

我国太阳能热利用产业概况

我国现代太阳能的热利用,大约始于 20 世纪 50 年代。1958 年,天津大学建了一座 12.6 米^2 的太阳能浴室。之后,由于社会动荡等原因,使太阳能利用的研究处于停滞状态。20 世纪 70 年代,在世界石油危机的推动下,世界太阳能研究掀起了一轮新高潮,我国也加大了对太阳能集热器的研发与生产,并于 1979 年前后推出了全玻璃真空管集热器。清华大学还发明了铝—氮/铝太阳选择性吸收涂层,使真空管集热器可在严寒及低太阳辐射的条件下使用,很适合多种气候。这就为太阳能热利用产业的形成创造了条件。在这之后,太阳能热利用在产学研三方面的共同努力下,又突破了太阳能选择性吸收涂层的核心技术,使太阳能热利用有了快速的发展。

目前,我国太阳能热利用已较为成熟,形成了较完整的产业体系,太阳能热产业的核心技术遥遥领先于世界水平,其自主知识产权率达到了 95% 以上。我国已经成为世界上太阳能集热器最大的生产国和使用国。2009 年,我国太阳能集热器累计推广面积约 1.45 亿米^2,使用太阳能集热器的房屋建筑面积约 11.79 亿米^2,占世界总量的 76% 左右;太阳能集热器年产量 4 000 万米^2,接近世界总产量的 60%。"十二五"规划还要求:太阳能集热器面积保有量到 2015 年达 4 亿米^2,2020 年达 8 亿米^2。总之,在太阳能热利用方面,我国无论在规模、数量、市场成熟度方面,还是在核心技术和民族品牌方面,都领先于世界平均水平。

另外,从 20 世纪 70 年代中期开始,我国一些高等院校和研究单位,也对太阳能热发电技术做了不少应用性基础实验研究。2005 年,河海大学、南京春辉科技实业有限公司与以色列合作,在南京江宁建成了一座 75 千瓦的塔式太阳能热发电示范电站,并成功运行发电。2012 年 8 月,中科院电工研究所延庆八达岭太阳能热发电实验电站的太阳能发电实验获得了成功,从而使我国成为继美国、德国、西班牙之后掌握集成大型太阳能热发电站相关技术的国家。

我国太阳能光利用产业概况

我国光伏发电方面进展明显,形成了我国的光伏发电产业。全国光伏电池制造能力达 10 万千瓦以上。截至 2011 年年底,全国光伏总装机容量为 360 万千瓦,主要用于解决偏远地区居民的用电问题。除偏远地区和特殊领域(通讯、导航和交通)供电项目外,我国也开始着手进行屋顶并网光伏电示范项目。据 2009 年统计,我国光伏产业占全球生产的比例是:多晶硅占 25％,硅片占 65％,太阳能电池占 51％,配套组件占 61％;光电建筑应用装机

太阳能电池板与风力发电机

容量为42.09万千瓦。另外,国家科技部在北京延庆安排的光电试验项目,年发电能力10万千瓦;在山东济宁华瀚建设了亚洲最大、技术含量最高的薄膜光伏电站,发电能力为3万千瓦,一期为1.8万千瓦,已并网发电,年发电量3 833万千瓦·时,总投资9亿元。另外,中美合资42亿元,在沈阳建设多晶硅生产项目,采用国际先进的硅烷法生产多晶硅,生产成本比其他方法降低1/3。

虽然我国的光伏发电技术在不断进步,价格逐渐下降,但是由于发展时间短、经验不足,从整体水平来看,中国光伏产业的发展还落后于国际水平。从严格意义来讲,我国的光伏发电产业只能属于加工产业,光伏发电原材料90%以上至今仍然需要进口,超过90%利用太阳能的产品出口国外,企业拿到的只是5%~6%的加工费。也就是说,在我国太阳能光伏配套产业快速发展的背后,隐藏着原材料依赖进口、核心技术与设备缺失、产品主要出口等"三头在外"的严峻现实。这种对外依赖的局面,当前还受到了贸易保护主义的制约,欧美等主要进口国纷纷对我国的光伏产品进行反倾销反补贴的所谓"双反调查",致使我国光伏产业陷入产品滞销、产能过剩的尴尬局面。其中,最典型的例子是,曾是全球四大太阳能电池生产基地的无锡尚德公司,竟因此而于2013年3月20日宣布破产。

我国太阳能开发的主要症结

我国太阳能产业还存在畸形发展的现象,远未形成良性循环式的产业结构。在发展迅速的太阳能热利用方面,我国上千家相关产业厂家,大多集中在太阳能集热器生产方面,很少在环境保护、楼宇智能温控系统、生物孕育与孵化等领域进行卓有成效的探索。结果造成集热器生产企业竞争激烈,不能实现利润效益最大化。

在光伏发电产业方面,只能说是用半条腿走路。企业自主研发能力很弱,关键技术基本掌握在外企手里,国内企业目前还处在"来料加工"的组装阶段,仅承担了产业链中污染高、耗能高的生产环节,赚取的仅为5%~6%的加工利润。同时,光伏产业上游原料的技术壁垒高,主要由美、日等国控制,获取技术困难。由于国内企业目前技术水平较低,电池效率、封装水平同国外存在一定的差距,结果造成我国电池组件成本较高,缺乏市场竞争力。目前,我国电池组件每瓦成本约 30 元,平均售价约 42 元,生产成本比国际同类产品高 30% 左右,转换效率低 1%～2%。

再者,在产业发展上也存在诸多隐患。比如在光伏发电方面,笼罩在"高科技""新能源"等诸多光环之下的中国太阳能光伏企业,在全球产业链中仍只是"加工厂"而已。作为太阳能发电所必需的电子材料多晶硅的生产,我国承担的只是一个提纯过程,把金属硅转化成三氯氢硅,再用氢气进行一次性还原,这个过程中约有 25% 的三氯氢硅转化为多晶硅,其余大量进入尾气,同时形成副产品四氯化硅,每生产 1 吨多晶硅,就会产生 4 吨以上的四氯化硅废液。如果回收工艺不成熟,三氯氢硅、四氯化硅、氯化氢、氯气等有害物质极有可能外溢,造成重大的安全和污染事故。四氯化硅一遇潮湿空气就会分解成硅酸和剧毒气体氯化氢,对人的眼睛、皮肤、呼吸道有强刺激性,遇火星会爆炸;氯气的外溢则可以使人出现咳嗽、头晕、胸闷等病状,并导致农作物大面积减产或绝收。

尽管存在上述问题,但从宏观角度讲,发展太阳能产业的首要价值,是对传统发展模式的纠正,是对可持续发展道路的践行,更是对我国自然环境利用和保护机制的深刻变革。从具体产业发展上讲,太阳能产业是具有巨大发展潜力的阳光产业,开发运用的核心技术还有很大的提升空间,鼓励企业对技术进行研发创新,使我们有可能抢占新时代核心技术的制高点。此外,它在带动社会就业、促进上下游配套产业发展等方面都有显著的作用,可以成为地方新的经济增长点。

我国太阳能产业的发展目标

我国曾向世界公开承诺：2020年我国GDP二氧化碳排放强度将在2005年的基础上下降40%～45%，非化石能源占一次能源的比重将由目前的9%提高到15%。为此发展包括太阳能在内的各种清洁的新能源，已是刻不容缓的任务。为了完成这一庄严承诺的目标，国家能源局公布的可再生能源"十二五"规划中提到，到2015年太阳能发电的装机容量将达到1500万千瓦，年发电量200亿千瓦·时。紧接着工信部也公布了《太阳能光伏产业"十二五"发展规划》，并从四个方面确定了"十二五"太阳能光伏产业的发展目标。

"十二五"太阳能光伏产业的发展目标

经济目标

"十二五"期间，光伏产业保持平稳较快增长，多晶硅、太阳能电池等产品要适应国家可再生能源发展规划确定的装机容量要求，同时积极满足国际市场发展需要。支持骨干企业做优做强，到2015年形成：多晶硅领先企业产量达到5万吨级，骨干企业达到万吨级水平；太阳能电池领先企业的产量达到500万千瓦级，骨干企业达到百万千瓦级水平；出现1家年销售收入过千亿元的光伏企业，3～5家年销售收入过500亿元的光伏企业；3～4家年销售收入过10亿元的光伏专用设备企业。

技术目标

多晶硅生产实现产业规模、产品质量和环保水平的同步提高，还原尾气中四氯化硅、氯化氢、氢气的回收利用率分别不低于98.5%、99%、99%，到2015年平均综合电耗低于120千瓦·时/千克。单晶硅电池的产业化转换效率达到21%，多晶硅电池达到19%，非晶硅薄膜电池达到12%，新型薄膜太阳能电池实现产业化。光伏电池生产设备和辅助材料本土化率达到80%，掌握光伏并网、储能设备生产及系统集成的关键技术。

创新目标

到 2015 年,企业创新能力显著增强,涌现出一批具有掌握先进核心技术的品牌企业,掌握光伏产业各项关键技术和生产工艺。技术成果转化率显著提高,标准体系建设逐步完善,国际影响力大大增强。充分利用已有基础,建立光伏产业国家重点实验室及检测平台。

光伏发电成本目标

到 2015 年,光伏组件成本下降到 7 000 元/千瓦,光伏系统成本下降到 13 000 元/千瓦,发电成本下降到 0.8 元/(千瓦・时),光伏发电具有一定经济竞争力;到 2020 年,光伏组件成本下降到 5 000 元/千瓦,光伏系统成本下降到 10 000 元/千瓦,发电成本下降到 0.6 元/(千瓦・时),在主要电力市场实现有效竞争。

太阳能利用的"十二五"目标

我国将完善光伏发电补贴政策,支持分布式光伏发电的应用。在偏远山区、海岛、边防哨所、海上设施等场所都可充分利用光伏发电,以促进农村可再生能源利用。到 2015 年,在全国建设 200 个绿色能源示范县,并使太阳能发电装机容量达到 1 500 万千瓦。

在太阳能热利用产业方面,2010 年我国太阳能热水器的产量为 4 900 万米^2,占世界年产量的 80%,销售额为 735 亿元,出口额为 2.5 亿美元。"十二五"期间的发展目标,是实现产量同比"十一五"期间增长 25%。

未来 10 年,我国太阳能热利用产业总的任务和总目标可概括为:科技进步、扩大应用、产业升级、拓展市场。据此,太阳能热利用产业的增长方案是:2015 年和 2020 年我国太阳能热产业年产量分别要达到 13 500 万米^2 和 27 300 万米^2,年产值分别达到 1 800 亿元和 3 800 亿元;太阳能热水器总保有量将达 4 亿米^2 和 8 亿米^2;太阳能热利用占可再生能源的 16%、占总能源的 2%,为 1.22 亿吨标准煤,减排二氧化碳 2.62 亿吨;国际市场出口实现 2015 年 5 亿美元和 2020 年 10 亿美元的总目标。

要实现上述目标,显然需要继续推广和应用适合国情的直插和紧凑式全玻璃真空管太阳能热水器,进一步提高产品质量和可靠性,提高生产率,降低生产成本;要加大基础材料、新工艺、新部件、新产品、新装备的开发力度,继续提高系统的整体水平。

太阳能利用的四种方式

太阳能虽然蕴藏十分巨大,只是它很分散,能量密度很低,而且它又主要以光和热的形式存在,这就大大限制了它的直接利用。因此开发利用太阳能,一是要有太阳能聚光装置和太阳能集热器,设法把分散的太阳能聚集起来,提高它的能量密度;二是需要把太阳能转换成其他更便于利用的能量形式,这方面目前主要有光—热、光—电、光—化学、光—生物质四种转换方式。

太阳能的四种转换方式

太阳能的光—热转换:主要采用太阳集热器来实现

它又分为平板集热器、真空管集热器和聚焦集热器。太阳能的热利用还可分为:低温热利用,如塑料大棚、玻璃温室、太阳能热水器等;中温热利用,有制冷器,用于空调、制冰、太阳灶等;高温热利用,则有焊接机、高温炉等。

太阳能光—电转换:主要采用太阳能电池来实现

太阳能电池是一种半导体器件。目前常用的半导体材料多为单晶硅、多晶硅和非晶硅薄膜,此外还有硫化镉、砷化镓等。太阳能直接电利用就是太阳能电池,用于电子手表、电子仪器、人造地球卫星、太阳能动力卫星站、太阳能光伏发电站。太阳能间接电利用就是太阳能发电站。

太阳能光—化学转换:主要通过高效的光化学催化剂来实现

利用太阳能光催化分解水制氢是化学转化太阳能最理想的途径之一;此外还有利用太阳能光催化转化来处理"三废"排放物并同时制氢,以及利用太阳能光催化还原二氧化碳使其与氢结合制成有机燃料。还可通过太阳能光催化转化将太阳能储存于化学介质中,再通过电化学方法将高能化学物质转化为电能,也是未来发展的方向。

太阳能光—生物质转换:主要通过模拟植物的光合作用来实现

"人工树叶"是一种可模拟植物光合作用的器具,它可以让光在分解水的过程中释放出来的氢与二氧化碳相结合,以产生液体有机燃料,如甲醇等。

太阳能利用方式的开发进展情况

从目前世界太阳能利用情况来看,太阳能的光—热转换利用和光—电转换利用,都已有了相对较成熟的技术和经验,但还存在一些缺陷:广泛用于光—电转换的太阳能电池效率较低,每米^{2}太阳能电池所发出的功率约为100瓦,因此需要大面积的太阳能电池阵列,初始投资高;当无阳光而仍要求用电时,必须配备蓄电池等。相比之下,太阳能的光—化学转换和光—生物质转换还处于探索、试验的起步阶段,还未能形成有商业价值的产业系统。

以光—化学转换来看,比如最被人们看好的利用太阳能光催化分解水制氢,要提高太阳能利用率的关键,是开发在可见光区有高度活性的光催化剂,因为可见光区在太阳光谱中占40%以上。21世纪以来,在可见光区光催化剂的分解水产氢的量子效率已经接近5%。而根据评估,当可见光照射下催化剂分解水产氢的量子效率达到10%以上时,就具有工业化太阳能制氢的实用价值。显然要达到这一目标,还有很长的路要走。

以光能—生物质能转换来看,这在自然界中很普遍。植物光合作用把水和二氧化碳转化为碳水化合物和氧气,为地球提供了源源不断的氧气来源,也为人类文明提供了化石能源和生物质能源。如何模拟植物的这一光合作用过程,一直是人们孜孜以求的目标。目前,科研人员已提出了两个实现这一目标最主要的可能途径。一是经太阳能分解水制氢,然后将氢与二氧化碳经传统的光催化转化为甲醇和其他的化学品。此过程的关键是要开发高效的光催化剂,并将光催化制取的氢从反应体系中有效分离出来,使其与二氧化碳催化耦合成为有机燃料。二是在原位条件下将上述两个反应在一个催化体系中实现。即,利用太阳能光催化直接将二氧化碳与水转化成甲醇等有机燃料。此过程的关键是要发展兼具分解水制氢和二氧化碳加氢的光催化剂,并将过程中生成的氧及时地让其脱离催化剂的表面,避免氧化逆反应的发生。尽管途径已经指出,但其中的关键——高效的光催化剂,人们还在寻觅之中。

两种不同的太阳能电站

阳光是大自然赠送给人类最宝贵的礼物,是它为我们提供了温暖舒适的环境,也是它为世界万物的生长提供了能量。计算表明,我们只要一眨眼的时间,照射到地球上的阳光所包含的能量,就足够所有地球人一天的能量需要。然而,遗憾的是,阳光的能量密度很低,我们除了能直接利用它来取暖之外,就很难直接利用它来为人类做事。正是这一缘故,就使太阳能迟迟未能得到人们的广泛利用。

电的发现为人们利用太阳能提供了新的可能。但如何才能利用太阳能来发电,人们还是经历了长时间的探索。直到 20 世纪中叶,法国人才在奥德约建造了第一个太阳能发电站,当时发电功率才 64 千瓦,但它为后来的太阳能电站的研究与设计奠定了基础。1982 年美国在加利福尼亚州的莫哈维沙漠建造了另一座功率为 10 兆瓦的太阳能电站——巴斯托太阳能 1 号电站,从而正式拉开了太阳能电站建设的序幕。

太阳能热电站

美国的巴斯托太阳能 1 号电站是一种太阳能热电站,即是利用所谓的"聚光太阳能发电技术"发电的电站。其方法是先用抛物镜将阳光聚集到充满工作介质(简称工质)的吸热管上,等工质被阳光加热到 400℃ 以上,再将工质输送到热交换器里;然后通过热交换器加热循环水,产生水蒸气来推动涡轮机转动,从而带动发电机发电。也就是说,太阳能热发电与常规的火力发电的工作过程基本相似,不同的仅仅是它所使用的热能不是来自煤炭和石油的燃烧,而是直接来自太阳的热能。

目前太阳能热发电系统主要有三种类型:塔式系统、槽式系统和碟式系统。

塔式系统

美国的巴斯托太阳能 1 号电站采用的是塔式系统。它的采热器由 1 818

块平面镜组成,分布在高塔的周围。每块镜子的面积约 40 米^2,能自动跟踪太阳,并把阳光精确地反射和汇聚到一个高达 90 米的塔顶上。塔顶有用合金钢管组成的吸收体,吸收体中的工质在汇聚阳光的作用下迅速被加热,从而可用来加热循环水产生蒸汽,推动涡轮机发电。

槽式太阳能电站

槽式系统

它采用柱形抛物镜,并排列成行,其上则布置有与柱形抛物镜平行的吸热管。也就是说它把阳光聚焦成一条线,让它作用于上设的吸热管,而不是像塔式那样聚焦于塔顶的一个点上。

碟式系统

它将单个抛物镜与吸收体及发电机连成一体,跟踪太阳运动。它可以单个布置,也可以若干个联合布置,通常用于小型发电站。

初期的实验认为,槽式系统仅能得到 400℃ 的蒸汽,碟式系统可达 650℃,塔式系统可达 1 500℃。蒸汽温度高有利于提高热机效率。但从多年的实践表明,槽式系统具有综合优势,能提供最便宜的电力,是现在工业推广的主要形式。

太阳能光伏电站

上述三种太阳能热发电系统都是间接利用太阳能的发电系统,因为在这

由若干个碟式太阳能电站联合组成的电站

些系统里,太阳能都是先被转化成为热能,然后再用热能来发电。那么我们能不能直接利用太阳能来发电呢?答案是肯定的。这就是"太阳能光伏发电"。这种电站利用的是光生伏特效应(简称"光伏效应"),所以被称为光伏电站。光伏效应是指在光照下,一些组成不均匀的半导体会在不同部位之间产生电位差的现象。有了电位差就像有了水头落差一样,高的一方就会向低的一方流动,从而产生了电流。1954 年美国贝尔实验室率先制造出了第一块具有光伏效应的太阳能电池。

太阳能光伏发电系统依靠许多太阳能电池串联和并联组成的方阵来发电。为了保证它的正常运行,还要给它配备蓄电池组、充放电控制器、逆变器、交流配电柜、自动太阳能跟踪系统和自动太阳能组件除尘系统等设备。

太阳能光伏发电系统一般分为独立光伏发电系统与并网光伏发电系统。独立光伏发电系统也叫离网光伏发电系统。并网光伏发电系统是把太阳能组件产生的直流电,经过并网逆变器转换成符合国家电网要求的交流电后,直接接入公共电网,由电网统一调配向用户供电的发电系统。大型的并网光伏电站一般都是国家级电站。这种电站投资大、建设周期长、占地面积大,目

太阳能光伏电站的太阳能电池方阵

前还没有太大发展。而分散式小型并网光伏系统,特别是光伏建筑一体化发电系统,由于投资小、建设快、占地面积小、政策支持力度大等优点,是目前并网光伏发电的主流。

　　光伏太阳能电站是直接利用太阳能来发电,所以与间接利用太阳能的太阳能热电站相比,减少了一个能量转换的中间过程,这有利于提高太阳能的利用效率。另外,其发电系统主要由电子元器件构成,不涉及机械部件,所以光伏发电设备极为精炼,可靠稳定,寿命长,安装维护简便。但它是否一定优于太阳能热电站,目前还很难作出明确的判断,还有待证明。不过也有人指出,太阳能光伏电站虽然头顶清洁能源的光环,但实际上在生产太阳能电池的过程中造成的污染和能源消耗也是不容忽视的。

能 24 小时发电的太阳能电站

现行的太阳能电站的最大缺陷,是受地球昼夜交替和阴雨天气的影响。这使它不能持续不断地供电,严重地降低了工效。因此如何改变这一状况是许多太阳能开发者渴望解决的课题。

西班牙的杰马索拉电站

据报道,在西班牙安达卢西亚平原之上,一座可以 24 小时发电的太阳能电站——杰马索拉电站在 2011 年 5 月正式启用。

这座电站和普通的塔式太阳能热电站一样,呈巨大的圆形,占地约 195 公顷,中心矗立着一座高高的像灯塔一般的塔楼。塔楼的周围环绕着 2 600 块能反射阳光的太阳镜,每一块太阳镜都有 120 米² 大小。这些太阳镜能准确地把阳光反射、汇聚到塔顶上,从而使塔顶接收到相当于地面所接收阳光的千倍强度的能量,产生出超过 500℃ 的高温,加热着装满熔盐的特殊容器。炙热的熔盐又会把热传递给存有循环水的水槽,让其产生蒸汽来推动涡轮机发电。由于熔盐具有很强的储热能力,所以即使在没有阳光的阴天和夜间,它也能照样加热循环水,让其持续不断地推动涡轮机发电。

西班牙可 24 小时发电的太阳能电站

熔盐的储热能力是这座电站与众不同的关键,它让电站可以不受阳光的限制,在晚上依靠白天收集到的能量来发电。因此该发电站比没有存储阳光能力的发电站能够多产生 60% 的电能,即每年能工作 6 400 小时,而其他的太阳能发电站只能工作 1 200～2 000 小时。目前该电站一年所产生的能量总数足够支撑 3 万个西班牙家庭消费。

不过这种电站所配备的各种装置需要有巨额的投资,经费超过了 2.6 亿美元。但该电站的经营者指出,18 年后,在完全偿还银行贷款之后,它将像一台印钞机那样为企业带来丰厚的收益。2013 年 3 月 17 日阿联酋在阿布扎比建设的一座能 24 小时不间断发电的太阳能电站开始成功并网发电。

能储热的熔盐

杰马索拉电站的成功是熔盐储热技术成熟的结果。其实熔盐存储技术早在 20 世纪 90 年代就已出现。当时美国就曾为太阳塔 2 号试验电站开发了熔盐存储技术。但是,由于在克林顿时代油价暴跌,美国于是放弃了其宏大的太阳热能发电试验,以致熔盐技术也被打入了冷宫。近些年来,对新能源的需求,使人们又重新把目光投向熔盐储能技术,意识到这将是突破太阳能储存这一瓶颈的关键。

现在的问题是,需要寻找一种更好的熔盐混合物。这种熔盐混合物能在更高的温度下储存热能,从而提高发电量,同时能在较低温度下保持液态,以减少用于避免其固化的能源消耗。据报道,美国光环技术公司于 2009 年就开始筛选 5 000 种不同的熔盐混合物,研发出一种新型的玻璃液态存储系统。这种新的基于氧化物的化学成分与其他玻璃材料相比,其黏稠度及熔点要低得多。实际上,可以像液体一样用抽水机对它进行抽吸,像熔盐那样把它储存在一个大罐子里。但它在温度高得多的环境中能够保持稳定。据说温度已可高达 1 200℃,这样的高温将使其能够把空气加热到足以驱动像在矿物燃料发电厂使用的那种高效涡轮机。

随着熔盐储能技术的进一步成熟,这种可以 24 小时发电的太阳能电站,定将出现在世界的众多角落。

2011 年 10 月,我国自主研制开发的首台太阳能 24 小时聚光储能发电机组已经在深圳开始安装,成功打破了太阳能光热发电的技术瓶颈。

会储蓄太阳能的盐水湖

盐水湖高温之谜

在 19 世纪末,罗马尼亚的一个医生发现了一个奇异的小湖。这个小湖一到冬天,湖面就结成冰,但在冰下的湖水深处,湖水的温度却高达 60℃。咦!为什么会有这样明显的温度差?难道湖底有来自地下的热源?但调查的结果,结论却是否定的。于是,这奇异的湖水温度之谜便成为一件悬案遗留给世人。

20 世纪初,匈牙利物理学家凯莱辛斯基在作资源考察时,发现该小湖湖水的温差之谜并不是绝无仅有的,而是在另一些天然湖泊中也可以看到,其中位于匈牙利的迈达尔湖更益明显。在夏季,该湖水下 1.32 米处的水温竟达 70℃。

经过反复研究,科学家注意到这些怪湖都不是淡水湖,而是盐水湖,且湖泊中不同深度处水的含盐量也不同。湖水愈深,含盐量也愈高;近湖面处则因有降水补给,就使盐分降低,几近淡水。淡水湖之所以上下水温相近,是因为湖水会不断发生上下的对流,而这种盐水湖却因深部湖水含盐高,密度也较大,就不会和浅部密度小的淡水发生对流。这样被太阳晒热了的湖水,表面虽会因夜晚或季节等因素作用温度下降,使其散热降温,但深部的湖水却因密度大不会对流,并受到浅部水层的保护而不会散热,日积月累就使深部的水温越来越高。换句话说,盐水湖的深部湖水具有储蓄太阳能的作用。

盐水湖发电的尝试

1948 年,以色列科学家鲁道夫·布洛赫率先意识到,盐水湖的这一特点可以作为能源来开发,建议利用它来发电。在他的倡导下,不久,以色列便在死海的海岸旁建造了面积为 625 米^2 的人工小湖,并模仿天然盐水湖的含盐量来盐化人工湖的湖水。果然在太阳的暴晒下,一段时间以后,该湖水面下 80 厘米深处的湖水,水温就高达 90℃。20 世纪 70 年代末,以色列又建造了

盐湖

另一处面积为 7 000 米^2，深 2.5 米的人工盐水湖。同样在太阳的热力作用下，深部的湖水也很快升高到 90℃。为了让这些已被加热了的湖水能用来发电，人们向湖中布设了许多 U 形管，然后在 U 形管的一端灌入一种低沸点的液态氯化烷。在 90℃ 的高温下，氯化烷迅速气化，从 U 形管的另一端上升逸出，冲击连接着的汽轮发电机使其发电。1979 年 12 月 19 日，这座盐水湖太阳能发电站正式发电，功率达到 150 千瓦。

以色列的成功，使意大利、日本、美国等国也纷纷加入对这种能储蓄太阳能的盐水湖的研究。日本更形象地称其为"热量银行"。他们也建造了一处面积为 1 500 米^2、深 3 米的人工盐水湖。尽管处于较高纬度区，他们也成功地使水深 1.5 米处的水温上升到 80℃。而意大利一位叫赞格拉多的女物理学家，更创造了一项世界纪录。她建造的小型盐水湖，竟使深部水温高达 105℃。

储热盐水湖当然不仅仅可以用来发电，也可以用于其他需要热源的项目，如还可以在水下布设一些管道，然后注入冷水，经湖水加热以后，就可将管道中的水用于取暖、供热、温室栽培等领域（湖水因含盐，具有腐蚀性，不宜直接抽取使用）。

应该指出，我国迄今尚未开展盐水湖的储能和利用工作。但值得注意的是，我国境内有着众多的天然盐水湖。据不完全统计，其数量在 1 500 个以上。其中最大的青海湖，湖面面积达 4 583 千米^2，深 32.8 米。还有位于西藏的纳木措，面积 1 920 千米^2，是我国的第二大盐水湖。这些湖虽然都处于高原气候较冷的地区，但日照时间长，因此可以预见，在它们深部的水体里一定也积蓄有大量的热能，正等待着我们去开发利用。

来自盐水湖的启发

盐水湖储能的研究，还启发着人们去寻找其他更佳的储能方式。于是一种新型的硝酸盐太阳能储存罐诞生了。所使用的硝酸盐，是一种熔点很高，达到 232℃ 的多孔的固体盐。当它熔化后，便形成一种黄色的浆状物。它能保存比水或油高得多的热量，在 500℃ 时仍保持液态而不气化。所以利用聚焦的阳光可以把存放在接收器内的这种硝酸盐一直加热到 556℃。然后把这种仍保持液态的高温硝酸盐，抽放到绝热良好的储存罐内保存起来。据称，这种储存罐足以长时间地把热量保存下来，一旦在夜晚、多云或阴天下雨没有阳光时，便可以打开储存罐，让储存在罐中的热量释放出来。待罐中的硝酸盐温度下降到 288℃ 时，就将其再转移到早先用于接收太阳能的容器里，让其再次吸收太阳的热量。如此周而复始，可使太阳能的利用不会因昼夜或天气的变化而中断。

除了这种硝酸盐以外，是否还有其他更好的储能物质呢？人们正在继续探索中。

太阳能电池的市场状态

太阳能是未来世界的主要能源,太阳能电池则是开发利用太阳能的最主要部件。

太阳能电池可分为两大类:一类是通过光电效应,也即光生伏特效应来产生电能,所以又叫光伏电池;另一类是通过光化学效应把光能转化成电能。目前,以光电效应工作的薄膜式太阳能电池是太阳能电池的主流,而以光化学效应原理工作的太阳能电池则还处于萌芽阶段。

太阳能光伏电池

太阳能光伏电池,由美国皮尔逊等人于 1954 年首次制成,1958 年最先应用在"先锋 1 号"卫星上。1958 年我国也开始了光伏电池的研究,并在 1971 年 3 月发射的科学实验卫星上首次应用。20 世纪末,随着人们对开发利用太阳能的高度关注,光伏电池也以前所未有的态势迅速发展,产业规模不断扩大。据报道,2009 年全球光伏电池产量为 10.66 吉瓦,2012 年更升达 36 吉瓦。

根据所用材料的不同,光伏电池可分为四类:

(1)硅太阳能电池;

(2)以无机盐如砷化镓Ⅲ-Ⅴ族化合物、硫化镉、铜铟硒等多元化合物为材料的电池;

(3)功能高分子材料制备的太阳能电池;

(4)纳米晶太阳能电池等。

目前地面光伏系统大量使用的是以硅为基底的硅太阳能电池。它又可分为单晶硅、多晶硅、非晶硅太阳能电池。在能量转换效率和使用寿命等综合性能方面,单晶硅和多晶硅电池优于非晶硅电池。多晶硅比单晶硅转换效率低,但价格更便宜。

薄膜太阳能电池

按其形制，太阳能电池又可分为片状和薄膜状两类。

片状晶硅电池需大量半导体物料，价格昂贵，又较笨重，应用范围受限，从而阻碍了它的普及推广。薄膜电池用硅、硫化镉、砷化镓等薄膜为基体材料，用其制成的可产生电压的薄膜厚度仅需几微米。在同一受光面积之下，可较片状晶硅太阳能电池大幅减少原料的用量（厚度仅是晶硅太阳能电池的1/10）。目前实验室里的光电转换效率最高已达20%以上，规模化量产的转换效率最高也可稳定在13%左右。薄膜太阳能电池的优势还在于，可以将其使用在价格低廉的玻璃、塑料、陶瓷、石墨、金属片等不同材料的基底上；并且除了平面之外，也因为具有可挠性可以制作成非平面的构件，所以其应用范围非常广泛，可与建筑物结合而一体化，变成建筑体的一部分。薄膜太阳能电池还由于可制成折叠式，具有柔软、便携、耐用、光电转换效率高等特点，可广泛应用于电子消费品、远程监控、通讯、军事、野外和室内供电等领域。

薄膜太阳能电池除了使用硅和某些无机盐为材料外，人们也对使用功能高分子有机材料充满期望。日本产业技术综合研究所已经研制出目前世界上太阳能转换效率最高的有机薄膜太阳能电池，其转换效率已达到现有有机薄膜太阳能电池（转换效率约为1%）的4倍。通过进一步研究，有望开发出转换效率达20%的有机薄膜太阳能电池。这样，未来的薄膜太阳能电池的成本就会大幅降低，届时这种薄膜太阳能电池将广泛应用于手表、计算器、窗帘甚至服装上。

太阳能电池的市场状态

第一代晶硅太阳能电池　主流市场转换效率约为18%，由于发展早，产业链上各企业生产技术较为成熟，占应用市场约80%的份额。

第二代薄膜太阳能电池　已经产业化的主要有薄膜硅电池、CIGS（铜铟硒化物）电池和CdTe（碲化镉）电池等，占应用市场约19%的份额。由于生产成本较低，预计到2015年市场占有率将超过20%。

第三代太阳能电池　主要包括聚光和有机太阳能电池等。聚光光伏组件的最高转换效率达到 40%。但由于技术尚不成熟,目前聚光光伏电池仅占应用市场约 1%的市场份额;而有机太阳能电池则因转换效率太低,尚无商业价值。

目前的产业状态是三代技术共存,其中第一代晶体硅光伏技术,虽然技术比较成熟,产业化道路也比较可观,但生产过程存在高耗能、高污染的弊端;第三代技术虽然比较绿色,可惜技术尚未成熟,市场化前景不明。因此第二代技术是现今最主要的发展方向。不过,第一代技术虽然弊端很多,但是在实验室中硅基光伏电池的光电转换效率高于商业应用,因此如果在降低原料成本、进一步提高光电转换效率等方面有所突破,硅基光伏电池仍然有很大的市场发展空间。

我国在太阳能利用方面取得了突出的成绩,但是却存在很多问题,比如光伏电池市场虽然产能过剩,但市场推广不够。我国虽是世界上光伏电池产能最大的国家,但是大部分用于出口,而且由于一般采用第一代技术,结果把污染留在了国内,把清洁送给了国外。因此,我国一方面应积极拓宽光伏电池的国内应用市场,另一方面则应努力转变技术路线,让第二代甚至第三代技术迅速占领更多的市场份额。

太阳能电池的新进展

太阳能电池是太阳能利用的关键部件。它的性状优劣直接关系到利用太阳能的效率高低。目前使用的太阳能电池，主要是晶体硅电池。这种电池的生产技术虽然比较成熟，产业化道路也比较可观，但光电转换效率长期徘徊在18％左右，而且生产过程存在高耗能、高污染的弊端，因此一直受到人们的诟病。

非硅质太阳能电池的研发状况

为了寻找单晶硅电池的替代品，除开发了多晶硅、非晶硅薄膜太阳能电池外，人们又不断研制其他材料的太阳能电池。其中主要包括砷化镓Ⅲ-Ⅴ族化合物、硫化镉、硫化镉及铜铟硒薄膜电池等。在这些电池中，如硫化镉、硫化镉及铜铟硒薄膜电池等的光电转换效率较非晶硅薄膜太阳能电池效率高，成本较单晶硅电池低，并且也易于大规模生产，但由于镉有剧毒，会对环境造成严重的污染，因此，并不是晶体硅太阳能电池最理想的替代品。

至于砷化镓Ⅲ-Ⅴ族化合物及铜铟硒薄膜电池，由于具有较高的转换效率而受到人们的普遍重视。1998年德国费莱堡太阳能系统研究所制得的砷化镓太阳能电池转换效率为24.2％，为欧洲纪录。首次制备的镓铟磷电池转换效率为14.7％。另外，该研究所还采用堆叠结构制备砷化镓-锑化镓电池。该电池是将两个独立的电池堆叠在一起，砷化镓作为上电池，下电池用的是锑化镓，所得到的电池效率达到31.1％。

铜铟硒简称CIS。用其制作的CIS薄膜太阳电池不存在光致衰退问题。所以CIS用作高转换效率薄膜太阳能电池材料也引起了人们的注意。CIS薄膜电池的转换效率目前已达到15％左右。预计再经过若干年的发展，CIS电池的转换效率将达到20％，相当于多晶硅太阳能电池。CIS作为太阳能电池的半导体材料，具有价格低廉、性能良好和工艺简单等优点，将成为今后发展太阳能电池的一个重要方向。唯一的问题是材料的来源，由于铟和硒都是比较稀有的元素，因此，这类电池的发展又必然受到资源的限制。

纳米材料的出现,促进了太阳能电池发展。纳米晶二氧化钛（TiO_2）太阳能电池也备受瞩目。它成本廉价、工艺简单、性能稳定。目前其光电效率稳定在10%以上,制作成本仅为硅太阳电池的 10%～20%,寿命能达到 20 年以上。但此类电池的研究和开发刚刚起步。

新型硅晶体光伏电池厚 14～16 微米,直径为 0.25～1 毫米

微细化的太阳能电池

太阳能电池的研制还出现纤细化和微型化的趋势。如美国德州仪器公司和 SCE 公司开发出一种新的太阳电池,每一单元是直径不到 1 毫米的小珠,它们密密麻麻地规则分布在柔软的铝箔上,就像许多蚕卵紧贴在纸上一样。在大约 50 厘米^2 的面积上便分布有 1 700 个这样的单元。这种新电池的特点是:虽然变换效率只有 8%～10%,但价格便宜;而且铝箔底衬柔软结实,可以像布帛一样随意折叠,且经久耐用,挂在向阳处便可发电。据称,使用这种新太阳电池,每瓦发电能力的设备只要 1.5～2 美元,而且每千瓦·时的发电费用也可降到 0.14 美元左右,完全可以同火力电厂产生的电力相竞争。每个家庭将这种电池挂在向阳的屋顶或墙壁上,每年就可获得 1 000～2 000 千瓦·时的电力。

奥地利和日本的科学家还研制出了一款超薄太阳能电池,它比一根蜘蛛丝还纤薄,且非常柔软,可以缠绕在人的一根头发丝周围。该超薄太阳能电池由在塑料薄片上的电极组成,厚约 1.9 微米,仅为目前最纤薄太阳能电池的 10%,人们可以将该设备像一块徽章一样系在衣服上,以收集太阳能提供电力;另外,需要佩戴传感器监测自身健康状况的老人也不再需要带着电池四处走动了。

综上所述,寻找更加理想的太阳能电池,是能否更加有效地开发利用太阳能的关键,因此人们正为此而作出不懈的努力。

阳燧与太阳炉

2006年10月11日上午10时,人们曾利用一面直径1.4米,通体厚4厘米,重1.2吨的世界特大"虢国阳燧"在河南省三门峡虢国博物馆成功撷取天火,从而验证了《周礼》等史志"阳燧以铜为之,向日则生火"的记载。

另外,传说古希腊的著名学者阿基米德(公元前287～前212)也曾利用类似阳燧的凹面镜,聚集反射阳光烧毁了入侵的罗马战舰。

现代的大功率太阳炉

利用凹面镜聚集阳光,在今天也被大量用于太阳能的开发利用。太阳炉就是采用阳燧原理所制作的一种利用太阳能的大型加热炉。它由凹面的抛物面镜反射器、受热器、支持器、转动机械及调整装置组成。当太阳光线射到抛物面镜的反射器上,便会被聚集反射到该抛物面的焦点上,置于焦点处的

法国比利牛斯山上的太阳炉

物料就会被聚焦后的阳光所加热。反射镜可由机械转动和调整装置跟踪太阳转动，以便充分接收太阳能。由于太阳炉获取的高温是来自洁净的太阳能，没有电炉和煤气炉等所可能带来的污染，而且它调节既快又方便，因此它广泛被用于材料研究和热物理方面的研究，以及高纯度金属熔炼等方面。

世界上最大的太阳炉是由法国科学研究中心建造的，位于比利牛斯山坡上。它的抛物面反射镜有9层楼高，面积达1830米^2，是由9500块小镜片拼接而成。反射镜把阳光聚集到前面约18米处的焦点上；在焦点处安装有高温熔炉。熔炉的功率为1000千瓦，炉温可达3500℃，主要用于熔炼锆金属。由于这种高温熔炉不受电场、磁场和燃料产物的影响，所以用它来熔炼金属锆，可获得比一般电炉更高纯度的金属锆。

我国的大功率太阳炉

2012年7月，我国最大的太阳炉在宁夏惠安堡镇建成，它的热功率在世界排名第三。该太阳炉系统由五部分组成：3个平整度为1毫米的120米^{2}的正方形定日镜，跟踪控制系统，300米^{2}的大型高精度抛物面聚光器，高温熔炉和制氢系统（由于主要用于太阳能制氢，故连接有制氢系统）。它的总功率是0.3兆瓦，总聚光面积300米^2，跟踪精度好于1毫弧度，峰值能流密度设计值高达10兆瓦/米^2。

该系统通过将平面定日镜作为反射器把太阳光反射到对面的抛物面聚光器上，经过抛物面聚光器聚焦至焦点位置的高温熔炉中心处，中心温度高达3000℃，故可在氧化气氛和高温下对试验样品进行观察，不受电场、磁场和燃料产物的干扰。目前，该系统平台与西安交通大学的太阳能制氢反应器接口已经成功产出氢气。

此套系统是我国自主研发的第一台大功率太阳炉，其竣工表明我国科研工作者已掌握了大型高精度聚光器的核心技术和制作工艺。

太阳炉的高温和不受电场、磁场、燃料产物干扰的优势，还被我国科学家用于高纯多晶硅的熔炼。它可在3秒内迅速去除多晶硅中很难去除的磷、硼杂质，提高了多晶硅的熔炼纯度；而且制造成本也大大降低。原本每千克多晶硅的熔炼需耗电250～450千瓦·时，电费支出几乎占到总成本的 50％～75％,现在则几乎完全可用太阳能来替代。用这种高纯度多晶硅制成的光伏电池的转换率可达 16.5％,且不会因长时间的光照而导致转换率衰减。

四种家用太阳灶

小型的主要用于家庭炊事的太阳炉被称为太阳灶。

太阳灶早在 1860 年就已出现。当时法国设计家穆肖奉拿破仑之命,为解决远征非洲的法军煮食需要,设计了这种利用抛物面镜聚集阳光来煮食的装置。一百多年来,经过科技人员不断改进,太阳灶已有了十分成熟的技术。目前使用的太阳灶,基本上可分为箱式太阳灶、平板式太阳灶、聚光太阳灶和室内太阳灶四类。

箱式太阳灶

也称闷晒式太阳灶,是根据黑色物体吸收太阳辐射较好的原理研制而成的。它呈箱形结构,朝阳面是 1～2 层平板玻璃盖板,安装在一个托盖条上,其目的是为了让太阳辐射尽可能多地进入箱内,并尽量减少向箱外环境的辐射和对流散热。里面放了一个挂条来挂放锅及食物。箱内表面喷刷黑色涂料,以提高吸收太阳辐射的能力。箱的四周和底部采用隔热保温层。箱的外表面可用金属或非金属,主要是为了抗老化和形状美观。整个箱子包括盖板与灶体之间用橡胶或密封胶堵严缝隙。使用时,盖板朝阳,就能够吸收太阳的直射和散射能量,温度可以达到 100℃ 以上,能够满足蒸煮食物的要求。这种太阳灶结构极为简单,可以手工制作,且不需要跟踪装置,故产品价格相对低廉。但由于箱内温度较低,不能满足所有的炊事要求,推广应用受到很大限制。

平板式太阳灶

它是利用平板集热器和箱式太阳灶的箱体结合起来制成的。平板集热器可以应用全玻璃真空管,它们均可以达到 100℃ 以上,产生蒸汽或高温液体,将热量传入箱内进行烹调。这种类型的太阳灶只能用于蒸煮或烧开水,致使其推广受限。目前,此类太阳灶经改良后,已发展为民间广为采用的太阳能热水器。

聚光太阳灶

它采用抛物面反射镜或特殊的透镜(如菲涅尔透镜)将入射的太阳辐射聚集在某一较小的区域,此区域称为焦区或焦斑,直径为15～30厘米,温度可达400℃以上,可以满足烧、炒、蒸、煮、烤等多种烹调的需求。这种太阳灶的关键部件是聚光镜,不仅有镜面材料的选择,还有几何形状的设计。最普通的反光镜为镀银或镀铝玻璃镜,也有铝抛光镜面和涤纶薄膜镀铝材料等。根据我国推广太阳灶的经验,设计一个500～700瓦功率的聚光式太阳灶,通常采光面积为1.5～2.0米^2。

聚光太阳灶

室内太阳灶

这种太阳灶的主要特点是采用传热介质(液体),把室外聚集接收到的太阳辐射能传递到室内,然后供人们用来烹调食物。考虑到室内操作的稳定性,应增加蓄热装置。

太阳灶不用煤,不用电,不用液化气,不用柴草,不用花一分钱,就能用来烧水和做饭;它又不产生污染,有利于环境保护,值得大力推广。事实上我国也确实在西部太阳能丰富的甘肃、青海、宁夏、西藏等地鼎力推广。但由于使用于太阳灶的抛物面反光板基材料不过关,在风吹雨淋和阳光暴晒下极易变形,导致板基稍有翘曲,焦斑便不能集中,整个灶易损坏甚至报废。所以要使太阳灶得到广泛的应用,相关技术的提高当是至关重要的。

太阳能建筑

太阳能建筑是在综合考虑了社会进步、技术发展和经济能力等因素后，在建筑物的策划、建造、设计、使用、维护以及改造等活动中，主动与被动地利用太阳能的建筑物的统称。太阳能建筑发展的长远目标，是在此基础上，进一步让太阳能利用与地热能、风能、生物质能以及自然界中的低温热能等复合能源的利用结合起来，并进行系统的优化配置。

早在1941年，美国麻省理工学院就建立了第一批太阳能建筑，并取得了专利。1996年美国亚特兰大奥运会上，东道主将太阳能电池发电与场馆建设结合起来。2000年澳大利亚悉尼奥运会上，迎接世界各国运动员的是665套永久性太阳能住宅和500座太阳能活动房。此外，在悉尼奥运村中的宴会厅和自助餐厅的屋顶上也安装了太阳能电池，开创了绿色奥运的先例。

与其他建筑相比，太阳能建筑从技术上看，增加了三大系统：太阳能热利用系统、太阳能储热系统和太阳能发电系统。

太阳能建筑的热利用系统

太阳能热利用系统最初级的就是太阳能热水器。太阳能热水器不仅在发达国家已得到普遍应用，我国从20世纪90年代起也已有了产业化的大发展。目前我国家庭普遍采用的是分散式太阳能供热水系统，即一家一个热水器。这种方式虽然有节约用水、便于管理等优点，但也有总体造价高、与建筑结合比较困难等缺点。因此在宾馆、学校、办公楼等公共建筑中普遍应用的是集中式的供热水系统。这样，水箱可放在室内，具有保温性能好、造价低、便于维修等优点。

太阳能热利用的进一步发展就是太阳能采暖。太阳能采暖包括主动式和被动式两种形式。主动式是通过太阳集热器、管道、风机或泵、散热器以及储热装置等组成采暖系统来收集、储存及分配太阳热能；被动式是完全通过建筑朝向和内部空间的合理布置，外部空间的巧妙处理，材料、结构的恰当选择来收集、储存和分配太阳热量。

近几年发展了一种新型太阳能采暖技术——太阳墙。太阳墙由集热和气流输送两部分组成。钢制或铝制的深色太阳墙板材覆盖在向阳的外墙上，板面开有小孔。太阳墙板与墙体有 20 厘米左右的间距，形成的空腔与建筑内部通风系统的管道相连。管道中设置风机，用于抽取空腔内的空气。冬季，太阳墙空腔中被外墙太阳能加热的空气，以及由小孔进入空腔的热空气，由通风系统送入室内空腔起了供热的作用；夏季，风扇停止工作，空腔中的热空气可以从太阳墙的孔洞中流出，空腔起到了隔热的作用。

太阳能建筑的热储存

大家知道，太阳能只能在白天利用，晚上的供热只能靠白天的蓄热来解决。常用的蓄热材料不过是些水、石子和砂粒等。若是要储存够三五天使用的热量，就要修建一个专门的蓄热池。蓄热池一般都建在地下室内。蓄热池里可以装水，也可以装石子。在晴天时，把多余的太阳能转换成热水或热风，送进蓄热池，使水或石子的温度升高，积蓄热量。等到夜间和阴雨天，再用水泵或鼓风机把积蓄的热量输送到室内。

利用水和石子储热，材料易得，价格便宜。但是储存的能量密度低，温度波动大，比较好的办法是利用物质的"相变潜热"储存热量。所谓"相变潜热"是指物质由固态变液态时会吸热，而由液态变固态时会放热。常用的相变材料有十水硫酸钠、六水氯化钙等。所需的相变材料在储存相同热量的情况下，体积只有水的 20%～25%，或岩石的 6.7%～10%。而且储热和取热时温度的波动只有 2～3℃。

太阳能建筑的发电系统

太阳能建筑的主要系统之一是太阳能发电系统，这是利用光伏电池来发电的。目前最常见的形式是将太阳能电池铺放在倾斜的屋顶上，下雨时雨水可对太阳能电池进行冲洗。现在人们已制作出了能够直接用来做屋顶和幕墙的彩色太阳能电池及半透光太阳能电池，这种屋顶看起来好看，同时也节省了建筑材料。现在又出现了太阳能瓦，即将太阳能电池做成瓦片的形状。

太阳能发电的电能也需要储存，以备夜晚和阴雨天使用。最简单的方法就是利用蓄电池。但蓄电池储电量有限，改进的办法是将太阳能建筑的发电系统与外电网并网。当白天处于大规模工业用电高峰时，太阳能建筑产生的电能除了自用和用来充满蓄电池之外，多余的电能还可以向工业电网输送，此时屋内的电表倒转；到夜晚一旦蓄电池的电能被耗尽时，可以从外电网中补充所需的能量，电表正转。到了月底，住太阳能房的住户和电力公司进行结算，只须缴纳"净电费"。当太阳能建筑输出的电能大于外电网输入的电能时，住户还可以从电力公司得到"创收"的电费。

日月坛——我国太阳能建筑的典范

2009年11月27日，位于山东德州的日月坛投入使用，这是我国太阳能建筑的典型实例。该建筑的外形取自我国古代的象形字"日""月"二字。总建筑面积达到7.5万米^2，集展示、科研、办公、会议、培训、宾馆等功能于一身。整个建筑处处渗透节能环保的构思，融入绿色的设计理念，如屋面和外墙采用了远远大于国家现行标准厚度的聚苯保温板，整体传热系数大大降低，比节能标准低30%左右；尤其是门窗、天窗和幕墙，采用了温屏节能玻璃和光伏建筑一体化的温屏光伏组件，传热系数降低为国家节能标准的一半，而且隔热，隔音，防结霜露。总之，它综合采用了一系列太阳能等新能源技术，包括太阳能热水供应，采暖，制冷；发电量20千瓦的光伏并网发电、光电水幕遮阳、游泳池节水、雨水收集、中水（循环再利用的水）处理系统、滞水层跨季节蓄能和楼宇智能控制等，是目前世界上最大的集太阳能光热、光伏、建筑节能于一体的高层公共建筑。其节能效率高达88%（建筑节能70%以上，加上60%的采暖和制冷），从而为我国的太阳能建筑树立了一个良好的典范。

（周载　张庆麟）

太阳能交通工具

太阳能飞机

早在 1980 年 8 月,世界上第一架太阳能飞机就已在美国出现。它除了有一对又大又长的翅膀外,机身上方还架有一个天棚,翅膀上和天棚上都装有太阳能电池。该架飞机只有 22.7 千克重,在女驾驶员布朗(体重只有 45 千克)的操纵下,成功地飞上了天,飞行了 14 分 32 秒,飞行距离为 3.2 千米。

不久,另一架美国研制的太阳能飞机"挑战者"号又展现在世人面前。该飞机 14.3 米长的机翼上,贴着 16 128 块太阳电池片,能产生 3 千瓦的电力。1981 年 7 月,"挑战者"号从法国巴黎起飞,历时 5 小时 22 分,越过英吉利海峡,到达英国的伦敦,从而完成了太阳能飞机载人长途飞行。但由于"挑战者"号的功率太小,平均时速只有 54 千米,比汽车还慢,而且由于要求机身自重轻的关系,无法携带各种飞行仪器,因此实用性不大,只是能验证一种设计理念的概念飞机。于是,科学家们提出了研制无人驾驶的高空低速太阳能飞机的方案。

1996 年取名为"开拓者"号的无人驾驶太阳能飞机试飞了。这架飞机的机翼有 30 米长,上面铺满了太阳电池,翼板前方安有 8 个电动机,用来驱动 8 个螺旋桨,以产生牵引力,并能控制飞行的方向。这架飞机就没有方向舵,没有尾翼,甚至没有机身。这已不是一架"概念飞机"了,它的实用意义是用于气象观察和执行特殊的侦察任务。这种飞机可以在白天飞行时利用取得的太阳能尽量爬高,或者将太阳能贮存在蓄电池内,夜间利用高度作滑翔飞行或由蓄电池供电进行飞行。这样,就可以依靠太阳能维持长时间的飞行了。

稍后,人们又对太阳能飞机进行了新的改进。一架机翼 74 米长(比波音747 飞机的机翼还长),机翼上装有 6.5 万块太阳能电池的太阳能飞机,首次试飞就成功地上升到海拔 24.7 千米的高度。

瑞士太阳能飞机"太阳驱动"号 2012 年 6 月 24 日从瑞士起飞,飞经多个国家,最终抵达摩洛哥的中部城市瓦尔扎扎特,全程飞行约 2 500 千米。此

太阳能汽车

次长途飞行的主要目的是协调该项目与各机场的合作，并检验飞行保障水平，同时也是"太阳驱动"号在 2014 年进行环球飞行前的预演。

"太阳驱动"号翼展 63.4 米，与空客 A 340 型飞机翼展相仿，但重量只有 1.6 吨，相当于一辆普通小汽车。该飞机主要由超轻碳纤维材料制成，是世界上第一架设计为昼夜飞行的太阳能环保飞机，机翼上装有 1.2 万块太阳能电池板，为机上 4 台螺旋桨引擎提供动力。飞机白天飞行时，可将多余的太阳能电力储备到高性能蓄电池中供夜间飞行，实现无燃油昼夜飞行。

太阳能汽车

太阳能汽车和传统的汽车不同，它没有发动机、底盘、驱动变速箱等构件，而是由电池板、储电器和电机组成。太阳能汽车的行驶只要控制流入电机的电流就可以解决。全车主要有三个技术环节：一是将太阳光转化为电能，二是将电能储存起来，三是将电能最大限度地发挥到动力上。

太阳能汽车是新能源汽车，它代表了汽车发展的一个方向，被人们称为"未来汽车"。但因其造价昂贵、动力受太阳照射时间的限制以及承载能力差等缺点暂时还无法普及。

太阳能汽车的形状大都很古怪。这是因为，太阳能汽车首先要解决的是把太阳能转化为电能。这就需要电池板和太阳光有一个大的接触面，而且太阳光越是直射，转化率越高，所以，一般太阳能汽车大都做成扁平状。另外，世界各地每年都会举行规模很大的太阳能汽车赛，而且每一项赛事对汽车都有不同的要求，大多数太阳能汽车力图做得车体轻，风阻小，这就形成了各种古怪的样子。

（周戟　张庆麟）

太阳能海水淡化

　　大家知道,地球上的淡水资源十分有限,仅占地球总水量的 3%。就这有限淡水,还有约 2/3 囤积在极地和高山的厚厚冰雪之中,另有约 1/3 则深埋在地下的地层里,真正能被我们方便地利用的淡水只有地球总水量的 0.26% 左右。而且它们的时空分布还极为不均,与人口、耕地、矿产资源的分布也不相匹配。在内陆的某些干旱地区、苦咸水地区、沿海盐碱地区和海岛,淡水供应严重不足。世界卫生组织曾经发出警告:全球淡水不足的陆地面积占陆地总面积的 60%;全世界有 20 亿人口面临饮用水紧缺,有 10 亿人口饮用被污染的水。

　　面临这样严峻的局面,我们该怎么办?

太阳能海水淡化的优势

　　海水淡化显然是解决这一困境的途径之一。然而曾经使用的海水淡化技术,由于使用的是传统能源,要消耗大量的燃料或电力,给环境带来了一系列负面的影响。在此情况下,太阳能海水淡化技术的提出,就为解决这一难题,找到了新路。

　　与现有海水淡化利用项目相比,太阳能海水淡化系统有许多新特点:首先是可独立运行,不受蒸汽、电力等条件限制,无污染,低能耗,运行安全稳定可靠,不消耗石油、天然气、煤炭等传统能源,对能源紧缺、环保要求高的地区有很大的应用价值。其次是生产规模可有机组合,适应性好,投资相对较小,产水成本低,具备淡水供应市场的竞争力。尤其是对缺乏淡水的海岛和近海用水量小且地处偏僻分散的地方来说也更经济,更适宜。据报道,位于阿拉伯半岛有一半国土被沙漠覆盖的沙特,为解决用水问题,目前需每天处理 400 万米^3 的海水,占全世界海水淡化量的 18%。为此每天要消耗 150 万桶石油,致使沙特经济背上了沉重的负担。鉴于此,沙特政府决心改变这一状态,用 7 年的时间(即到 2019 年)实现全部用太阳能来进行海水淡化。到那时不仅可彻底排除因海水淡化所带来的环境问题，而且海水淡化的成本也可以大幅降低。

其实，利用太阳能进行海水淡化由来已久。据说15世纪时，就有一名阿拉伯炼丹术士使用抛光的大马士革镜进行太阳能蒸馏。而世界上第一个大型的太阳能海水淡化装置，是于1874年在智利北部的拉斯莎利纳斯建造的。它由许多宽1.14米、长61米的盘形蒸馏器组合而成，总面积47 000米^2。在晴天条件下，它每天能生产2.3万升淡水。这个系统一直运行了近40年。

蒸馏法太阳能海水淡化技术

太阳能海水淡化一般都采用蒸馏法。目前太阳能蒸馏装置主要有被动式蒸馏系统和主动式蒸馏系统。被动式蒸馏系统最典型的装置是盘式太阳能蒸馏器。这种装置的最简单模式是设有一个平底的存放海水的池盘，其上则覆有一个可透过阳光的冷却罩。阳光照在海水上使其蒸发气化；蒸发的水汽在上升到冷却罩后，便冷凝为蒸馏水，汇集这些蒸馏水便获得了淡水。显然这一模式的关键是如何提高太阳能的利用效率，以获得更多的淡水。故目前对盘式太阳能蒸馏器的研究，主要集中在新材料的选用、各种热性能的改善以及将它与各类太阳能集热器配合使用等方面。当前，比较理想的盘式太阳能蒸馏器的效率在35%左右；晴天时，产水量一般在3～4升/米^{2}左右。如果在海水中添加浓度为172.5毫克/升的黑色萘胺，蒸馏水产量可以提高约30%。另外，人们还发展出多级盘式系统，产水量还可因此而提高10%～20%。

被动式太阳能蒸馏系统一个严重的缺点是工作温度低，产水量不高，也不利于在夜间、阴雨天工作及利用其他热能。1976年苏利曼等人最先提出主动式太阳能蒸馏器的设想。经过多年的研究和发展，目前的主动式太阳能蒸馏系统有多种形式。但总的说来，不外乎是在被动式太阳能蒸馏系统中，增加一些可提供额外热能的附属设备，使其运行温度大幅度提高，其内部传质过程得以改善，并且大部分设备都能主动回收蒸汽在冷凝过程中释放的潜热，使其能得到比传统太阳能蒸馏器高出一倍甚至数倍的产水量，因而目前受到广泛重视。

渗析法太阳能海水淡化技术

除蒸馏法外，太阳能海水淡化系统，也有采用先把太阳能转化为电能，然后利用电能来驱动海水进行渗析法处理的。该法的技术关键是新型离子交换膜的研制。离子交换膜是厚 0.5～1.0 毫米的功能性膜片，按其选择透过性，分为正离子交换膜（阳膜）与负离子交换膜（阴膜）。渗析法是将具有选择透过性的阳膜与阴膜交替排列，组成多个隔室。当海水流经这些隔室时，在直流电场的作用下，阴离子透过阴膜向阳极方向迁移，途中被阳膜挡住去路，被水流冲洗而出；阳离子透过阳膜向阴极方向迁移，途中被阴膜挡住，也被水流冲出。透过阳膜或阴膜的水为淡水。结果，从大约一半的隔室流出的水为淡水，从另一半流出的则为浓缩的海水。这样淡水与浓缩水就得以分离。渗析法由于需要采取太阳能转化为电能的这一前期举措，不利于小型海水淡化装置，所以多用于大规模的海水淡化企业，而且其耗能较大，也不经济，因此已逐渐淡出人们的视线。

海水淡化系统

我国海水淡化业的前景

我国是水资源相对贫乏的国家，人均占有水量只居世界的第 108 位。一些岛屿和沿海盐碱地区以及内陆苦咸水地区，由于缺乏淡水，人们不得不长期饮用不符合卫生标准的水，以致产生了各种病症，直接影响着人们的身体健康和当地的经济建设。因此，利用太阳能进行海水和苦碱水的淡化，显然有着十分广泛的应用前景。2012 年 2 月发布了《国务院办公厅关于加快发展海水淡化产业的意见》,明确提出了"十二五"期间海水淡化产业的发展目标,要求:到 2015 年,我国海水淡化能力要达到 220 万～260 万米^3/日(目前我国海水淡化能力仅为 60 万米^3/日);《意见》还要求海水淡化原材料和装备制造自主创新率要达到 70%以上。据此,按目前的投资成本计算,到2015 年将带动 108 亿～136 亿元投资。所以海水淡化产业具有十分巨大的发展潜力。

应该指出,我国太阳能海水淡化技术的研究也已有较好的基础,从 20 世纪 80 年代初开始至今已有三十多年的探索经历,先后提出了一些"高效太阳能海水淡化新型装置",如天津大学提出的"回收潜热的太阳能蒸馏器",中国科学技术大学提出的"降膜蒸发气流吸附太阳能蒸馏器",西安交通大学、北京理工大学等提出了"横管降膜蒸发多效回热的太阳能海水淡化系统",清华大学等提出的多级闪蒸技术在太阳能海水淡化领域的应用等。因此积极推广这些技术,加快建设的步伐,打破当前的"规模小、发展慢、推广难"的现状,克服体制、价格和技术等诸多方面的制约因素,是实现"十二五"目标的关键所在。

新能源产业
XINNENGYUAN CHANYE

风能

风能资源概况

2012 年 4 月 3 日,美国得克萨斯州部分地区遭遇多起龙卷风的袭击,狂风将卡车卷到了空中,撕毁了民居房顶,并使多辆拖拉机和重型挂车散落到高速公路和停车场,显示出风的无比威力。

风的产生和影响因素

风是空气流动的表现,风能则是风流动所产生的能量。据测算,风速9~10 米/秒的 5 级风,吹到物体表面上的力,每米^2 面积上约有 10 千克。风速20 米/秒的 9 级风,吹到物体表面上的力,每米^2 面积可达 50 千克左右。台风的风速可达50~60 米/秒,它对每米^2 物体表面上的压力,竟可高达 200 千克以上。所以在狂风呼啸之时,大地飞沙走石,折木毁屋,甚至重达百吨的机具也随风飞舞。

而空气之所以流动,其主因是来自太阳的辐射,是太阳辐射产生的地区温度差,导致大气对流的产生,形成了风。据估计,每年来自外层空间的太阳辐射能约 2.5% 被大气吸收,每小时产生大约 4.3×10^{12} 千瓦的风能。

风能的总量虽然十分巨大,但在分布上很不均匀。它受制于各地的大气环境和地理环境,如季节、纬度、地形、海拔、气候等因素。

风能的地理分布

美国斯坦福大学土木和环境工程系,曾根据1998~2002 年获得的 7 753 个地面和 446 个(其中 414 个位于距地面高度为 80 米±20 米)空间观测点的风速和温度数据,对全球风能资源进行了统计和计算。其结果是:欧洲和北美有着较强的风力(3 级以上),海洋和南极洲则有着极广的风能覆盖面,北海沿岸的北欧地区,南美的最南端及澳大利亚的塔斯马尼亚岛,加拿大和美国的东北及西海岸均属于暴风区领域,在利用风能方面具有极大的潜力。此外,若按在 80 米高度处 6.9 米/秒的风速来计算,全球风能可利用资源量为 72 万亿千瓦。即使只成功利用了其中的 20%，依然相当于世界能源消费量的总和或电力需求的 7 倍。当然要利用这些风能，显然会有许多技术难题需要克服。

需要指出，美国斯坦福大学的这些结论存在一定的不足，在其所用的数据中，似乎缺失了亚洲部分，尤其是我国方面的观测数据。因此未能对这些地区的风能资源作出正确的评估。亚洲腹地包括我国西部也是风能资源丰富的地区，那里不乏风速大于 6 米/秒的区域，甚至还有大于 8 米/秒的区域。所以这些地区的风能资源一点也不亚于欧洲和北美洲。

另外，世界气象组织曾按平均风能密度和相应的年平均风速将全世界风能资源分为 10 个等级。其中 8 级以上的风能高值区主要分布于南半球中高纬度洋面和北半球的北大西洋、北太平洋以及北冰洋的中高纬度部分洋面上，大陆上风能则一般不超过 7 级，其中以美国西部、西北欧沿海、乌拉尔山顶部和黑海地区等多风地带较大。

总之，风能资源在地理分布上受地形的影响较大，多集中在辽阔的海洋、沿海和开阔大陆的收缩地带（如山口、峡谷等）。当大风从海面吹向陆地时，由于地面的地物的存在，会使风速逐步降低，所以风能资源会从沿海地区，向陆地逐渐延伸减弱。另外，年平均风速还会随海拔高度变化，趋势是由低到高逐渐增大。

被风蚀并最后被刮倒的大树

国际风能产业发展状况

风力发电的发展概况

现代风能的利用,大约始于 1888 年,该年美国电力工业奠基人之一查尔斯·布鲁许在俄亥俄州安装了一台被现代人认为是第一台自动运行的且用于发电的风力机。该发电机发电功率仅 12 千瓦。1920 年起,人们开始研究利用风力机作大规模发电。1931 年,苏联建造了一座 100 千瓦容量的风力发电机,这是最早商业化的风力发电机。20 世纪中叶,二战期间,在丹麦,出现一批采用直流发电方式的风力发电机。1950 年,在丹麦有了第一台交流风力发电机。20 世纪 80 年代初,美国在加利福尼亚州建设数千台风力发电机,单机容量在 50～100 千瓦,单个风电厂装机容量超过 10 万千瓦;而且由于风力发电技术取得新的突破,使风力发电成本下降 50%,于是风力发电产业成为一种新兴的产业。在这之后,随着风电技术的不断进步,装机容量逐步增大,单机容量从几百千瓦,发展到兆瓦级,风力发电机产品质量有了显著提高。因此作为一种安全可靠又干净的新能源,风力发电正受到风能资源丰富地区的关注与大规模的开发。

近些年来,世界风能市场获得了飞速发展,风电技术已经比较成熟,成本逐渐降低,风能已经成为足以与常规能源一较高下的主流能源。据统计,2011 年尽管全球经济持续低迷,但风电表现仍然良好。目前,全球风能产业仍由亚洲、欧洲和北美三大市场主导。我国是亚洲市场的主要引领者,印度紧随其后;欧洲市场的主导者是德国和西班牙;而美国则继续维持其在北美市场的霸主地位;拉美的巴西则紧随其后。人们还估计,未来几年欧洲海上风电将引领全球市场进入新高峰,到 2017 年,全球约 75% 的海上风机将安装在欧洲。

风力发电展望

风能在与太阳能、地热能等新能源竞争中,风能产业有望脱颖而出,成为

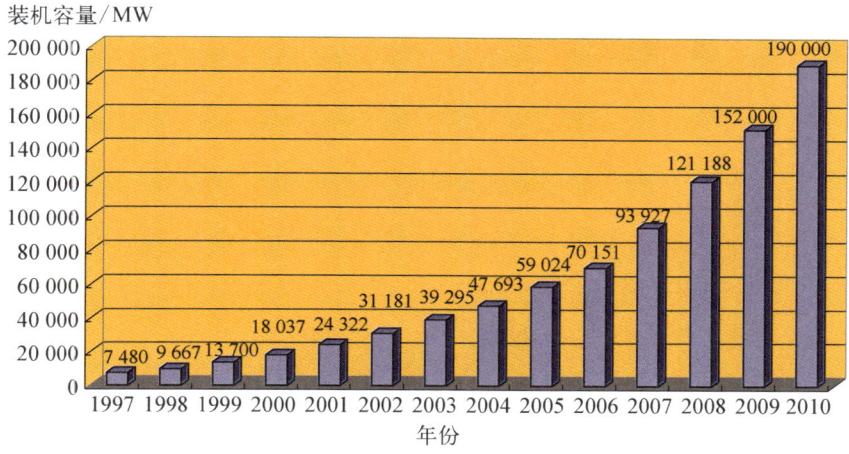

装机容量/MW

1997～2010 年全球风力发电装机容量变化情况

清洁能源市场中最具厚积薄发实力的产业。事实上,目前风力发电装机容量已经占到全球非水电可再生能源发电装机容量的大头,而且在一些国家总电量中有 20% 是风能带来的,可见风电正在逐渐成为全球主流发电产业。有关报告还预测,到 2017 年,全球在风电项目的投资将从 2011 年的 770 亿美元增至 1 530 亿美元。而全球风电装机总容量,包括陆上和海上项目,将从 2011 年的 2.38 亿千瓦上升到 5.63 亿千瓦。

我国的风能资源

风能作为一种储量巨大、可再生、无须运输的清洁能源,正受到各国政府的极大重视。2010 年年底,全球风电总装机容量已达 199 520 兆瓦,发电量超过 4 099 亿千瓦·时,占世界电力总发电量的 1.92%。同样,风电的开发利用也得到我国政府的高度重视。"十一五"期间我国风电的装机容量连续五年翻番。《可再生能源中长期发展规划》中预计在 2020 年达到 30 000 兆瓦的风电装机目标,也在 2010 年提前实现。事实上,2011 年我国累计风电装机容量已突破 60 000 兆瓦,达到 62 364 兆瓦,成为全球风电装机容量的第一大国。预计"十二五"期间,我国风电产业仍将持续以每年 10 000 兆瓦以上的新增装机速度快速发展。

我国的风力状况

我国位于亚洲大陆东部,濒临太平洋,季风强盛;内陆还有许多山系,地形复杂,尤其是作为"世界屋脊"的青藏高原的大面积突起,对大气环流和气压的分布产生了额外的影响,从而更增加了我国季风的复杂性。冬天,季风来自西伯利亚和蒙古等中高纬度的内陆,寒冷干燥的西北风反复侵袭我国北方各省市、自治区。夏天,季风是来自太平洋的东南风,它的影响遍及我国东部;另外还有来自印度洋和南海的西南风,它影响我国西南各省和南部沿海,但风速远不及东南季风大。

热带风暴是太平洋西部和南海热带海洋上形成的空气涡漩,是破坏力极大的海洋风暴,每年夏秋两季频繁侵袭我国,登陆我国南海之滨和东南沿海。西南地区青藏高原耸立,地势高亢开阔,其冬季东南部盛行偏南风,东北部多为东北风,其他地方一般为偏西风;夏季大约以唐古拉山为界,以南盛行东南风,以北为东至东北风。

总之,我国的风能资源十分丰富,其储量规模居世界第三。风能的理论储量为 32.26 亿千瓦,可利用开发为 2.53 亿千瓦。目前已开发利用

6 236.4 万千瓦，还不及可开发利用风能资源的 1/4。

我国两大风能丰富区

三北(东北、华北、西北)地区丰富带

该带风能功率密度在 200 瓦/米^2 以上，有的可达 500 瓦/米^2 以上，如阿拉山口、达坂城、辉腾锡勒、锡林浩特的灰腾梁等，可利用的小时数在 5 000 以上，有的可达 7 000 以上。这一风能丰富带的形成，主要是与三北地区处于中高纬度的地理位置有关。这一带面积很大，十分有利于风电的发展。

东部沿海及其岛屿丰富带

这里冬春季的冷空气和夏秋的台风，都能影响到，加上台湾海峡的狭管效应，更增大了风的威力，所以形成了我国风能最佳丰富区。我国有漫长的海岸线，众多的岛屿，这些都是风能大有开发利用前景的地区。该带风能功率密度在 200 瓦/米^2 以上，且风能功率密度线平行于海岸线；而沿海岛屿风能功率密度则在 500 瓦/米^2 以上，如台山岛、平潭岛、东山岛、南鹿岛、大陈岛、嵊泗岛、南澳岛、马祖岛等地，可利用小时数在 7 000～8 000。只可惜该带的分布范围十分狭窄，尤其是东南沿海，由海岸向内陆是丘陵连绵，所以风能丰富地区仅在近海岸 50 千米之内，再向内陆不但不是风能丰富区，反而成为全国最小风能区，风能功率密度仅 50 瓦/米^2 左右，基本上是风能不能利用的地区。

综上所述，我国风力资源丰富，有着很好的开发前景。但也应该看到，就目前而言，它的发展还不同程度地存在一些困难，这主要是风电与电网的连接尚不顺畅，储能技术薄弱；加之风电规模小，机组一些主要部件(如变流器、主轴轴承等)依赖进口，开发一次性投入较大，价格比煤电和水电要高，市场化运作存在较大难度等，仍须加大努力。

我国风能利用现状

我国有着丰富的风能资源。早在上古时期,人们就在领略风的威力同时,萌发出利用风力的意识。如传说黄帝与蚩尤之战,就曾请风伯来助战。史载,尧舜时代也已有在生产和生活中用风的记叙。在这之后,利用风助航的风帆,用于农业生产的风车,用于冶金的风箱等纷纷出现。三国时期的赤壁之战更是风力利用的经典之作。当然,所有这些都只是对风能的一种低级利用。

在现代科学技术基础上对风能的开发利用,始于 20 世纪 50 年代。1954年,我国试制成功一台水平轴风力机,4 级风时设计功率为 16.6 千瓦。在这之后,各地又陆续推出一些小型的风力机。

风力的提水应用

这些小型风力机除用于发电外,也有相当一部分用于提水。根据地理环境和使用要求的不同,此类风力机已发展出两个不同的系列,即南方型低扬程大流量风力提水机组和北方型高扬程小流量风力提水机组两大系列,并已有十几种不同型号的产品。其中低扬程大流量风力提水机主要用于东南沿海地区,那里风能资源较丰富,而常规能源则供应紧张。这就使此类风机在满足农田灌溉、水产养殖和盐场制盐等低扬程大流量提水作业方面能发挥出重要的作用。相比之下,在北方,如内蒙古北部、甘肃、青海一带,土地干旱,水源埋藏较深,电网又难通达,这就使高扬程小流量风力提水机成为保证人们正常生活的重要角色。目前,经过严格的生产考核运行和多年的实际应用,此两系列机组的产品质量基本可靠;有些机组的水平已达到或处于国际领先地位。一些低扬程风力提水机组还已出口到斯里兰卡和马来西亚等国家。

风力提水机使用的是清洁可再生也几乎是免费的风能作能源,对那些电网不能覆盖或电源紧张,又急需水源供应的地区来说,无疑是一种良好的选择。由于我国已有此类装置的成熟制造技术,今后应大力发展,积极推广。

风力提水机

风电的发展现状

在风电开发方面,从 20 世纪 80 年代开始,我国小型风力发电就被选作实现农村电气化的重要途径。其中,供农民一家一户使用,1 千瓦以下的机组技术已经十分成熟,形成了年产万台以上的生产能力。机型最小的为 100 瓦,最大的为 10 千瓦。这些风机使电网不能通达的偏远地区实现了电气化。而且,这些小型风机还从早期的一户一台扩大到联网供电。即由若干台小型机组并联为几户或一个村庄供电,并出现由单一风力发电发展到多能互补,即"风力—光伏"互补、"风力机—柴油机"互补和"风力—光伏—柴油"互补。小型风机的应用范围也逐步扩大,由家庭用电扩大到通讯和气象部门、部队边防哨所,以及公路、铁路等领域的相关企事业单位。

大型风机的开发利用始于 20 世纪 80 年代。2012 年在电力企业高峰会上,中国电力企业联合会理事长刘振亚指出,近 10 年来,我国风电装机累计增长 118 倍,年均增长超过 60%。至 2012 年年底,全国风电总装机容量达 6 300 万千瓦,位居世界第一。"十二五"规划还要求:到 2015 年把风电装机总量推升到 1 亿千瓦,年发电量为 1 900 亿千瓦·时,其中海上风电 500 万千瓦。

风电发展的两个障碍

然而,我国风电的发展也存在一些亟待解决的问题。首先,我国并网风力发电技术的研究和开发滞后,虽然已具备兆瓦级风机的自主研发能力,风电机组整机制造和关键零部件的配套,也已能基本满足国内风电发展的需求,但与世界先进水平相比,差距仍很大;同时,风力发电部件远远落后于我国风电场建设的需求。其中特别是一些技术要求较高的部件,如变流器、主轴轴承等还要依靠进口,这就使本已有限的建设投资不免更加捉襟见肘。

另外,我国风力发电的发展也遭遇并网的难题。已建的分布在新疆、甘肃、内蒙古、河北、东北等风能资源较好地区的风电场,却由于这些地区经济发展速度较慢、电网结构薄弱、配套建设投资巨大、电力消纳市场难以落实等现实因素,以致迟迟未能并网,或因未能全部消纳而开工不足,被形象地比喻为"晒太阳",很多开发商赚不到钱,影响了进一步开发的积极性。

尽管如此,风能产业作为新能源产业的一个重要组成,其发展前景仍然被看好,预计未来很长一段时间都将继续保持高速发展的态势,同时盈利能力也将随着技术的逐渐成熟而稳步提升。

风力发电机

风轮机的构成

风能利用的关键设备是风力发电机，即风轮机。

从古至今，人们曾使用过各种各样的风轮机，而现代使用的风力发电机大致可分为两类：一类是风力发电机的风轮转轴与地面平行，就像常用的电风扇那样，称做水平轴风力发电机；另一类是风轮转轴与地面呈垂直状态，叶片绕垂直轴线旋转，这类风轮机叫做垂直轴风力发电机。目前，商用大型风力发电机组一般为水平轴风力发电机。根据风轮上叶片的多少，水平轴风力发电机又可分为单叶式、双叶式、三叶式和多叶式等。

一般的风力发电机都由风轮、调速装置、发电机、偏航装置、控制系统、塔架等部件组成。风轮的作用是将风能转化为机械能，它由气动性能优异的叶片装在轮毂上组成。受风的作用，风轮转动，通过传动系统将动力传递给发电机。上述这些部件都安装在机舱上，整个机舱由高大的塔架举起。由于风向经常变化，为了有效地利用风能，必须要有迎风调节装置。它可根据风向传感器测得风向信号，由控制器控制偏航电机，使机舱始终对着风。

自然界的风速经常变化，风轮的转速会随着风速的增大而变快，发电机的输出电压、频率、功率也会增大。当风轮的转速超过额定值时，有可能影响机组的使用寿命，甚至造成设备的损害。为使风轮能以一定的转速稳定地工作，调速装置就会起作用使其不致超过额定的范围，所以调速装置实际上也可视为限速装置。当风速增至停机风速时，调速装置能使风轮顺桨（即使风轮的旋转平面与风向平行）而停机。调速装置的种类根据原理不同归纳起来可大致分为三种：一是通过改变风轮的迎风角度，来改变风轮的迎风面积（风轮垂直风向时，面积最大）；二是通过使叶片上绕叶片长度方向的转动轴回转某个角度，来改变叶片翼型的所谓攻角值；三是设法增加空气在风轮圆周切线方向对叶片的阻力，使风能转速快不起来。

风轮机的新发展

另外,为了提高风力发电的效率,需要研制性能优异的风力发电机。尤其是在弱风的条件下,要让风力发电机也能转起来。美国洛杉矶的一家公司在 20 世纪 70 年代曾设计出一种"增能风力发电机"。这种风轮机的叶片周围有一圈套管式的围带,使风通过时产生一个低压区,低压区产生抽吸作用,使通过叶片的风速增加一倍以上。套管产生低压区的原理就像"过堂风"一样,因为过堂风就是空气通过狭窄的地方时产生低压和抽吸作用的缘故。

这家公司研制的这台增能风力发电机曾作过风洞试验,发现它比普通那种没有围带的风力发电机发出的电力要高 5 倍。当时由于没有理想的制造围带的材料(既要轻又要坚固而不变形),因此无法商业化生产。

直到 1997 年,新西兰的奥克兰公司用一种高强度的纤维复合材料制造了一台实验性的增能风力发电机。在同样条件下,这种纤维加强的复合材料的抗弯强度是钢的 3 倍。其后,该公司制造了 2 台 21 层楼高的增能风力发电机,每台能产生 3 兆瓦的电力。

2004 年环球风能科技有限公司研发出了磁悬浮原理无阻尼风力发电机技术。无阻尼风力发电机是利用磁悬浮原理,直接驱动发电机运转发电。也就是说传统风力发电使用滚珠轴承来固定转轴,而环球风能科技有限公司则利用磁悬浮效应来取代滚珠轴承。用磁悬浮取代滚珠轴承的好处是,能够大幅减小摩擦力,从而极大地降低了发电机的机械阻力和摩擦阻力,进而大幅提升风力发电效率。这就使风力发电机的风能利用率平均达到 40％以上(大多数风力发电机的风能利用率只有 30％左右),使风力发电的成本有望和火力发电的成本相媲美。

风力发电机的商业化发展,一方面是加大风轮机的尺寸,以提高功率;另一方面是向多样化发展,以扩大风力发电机的应用范围。

2004 年,德国北部地区安装了一台 5 000 千瓦当时世界上最高的风力发电机。该机的每一片螺旋桨叶片长 61.5 米,重 18 吨,风轮机中心轴高 120 米,可供 4 000 户家庭用电。

在风力发电机的多样化方面,现在已经生产出移动式微型风力发电机、固定式小型风力发电机、风力路灯、微型风力水泵、屋顶风力发电机等。

风力路灯是用微型风力发电机发电系统开发的免维修照明系统。它克服了太阳能电池日照时间短和太阳能面板清洁难的缺点,具有运行可靠、寿命长、安装容易及免维修等优点。它是园林、旅游景点、偏僻地区及高速公路等系统照明使用的最佳选择。

美国 LLC 公司成功推出导管风扇风力发电机,其特点是安全、无噪声、无震动,可在屋顶上安装。过去的风力发电机都使用大型风叶的涡轮发电机,投资巨大且风力输送系统复杂。利用新

风力太阳能路灯

技术,就可以根据消费者需求,决定规模大小,并且在风力小于 4 级风及强风时都可以用高功率宽带电机产生电力。

风力发电机发展的另一趋势,是趋向于大型化。几年前标准型号的风轮机功率为 1.5 兆瓦,随后 3 兆瓦、5 兆瓦、7.5 兆瓦的风轮机相继面市并投入运营。现今人们还在研制 10 兆瓦的特大风轮机,并从恒速、失速控制、简单的控制系统发展到优化驱动技术。

（张庆麟　周戟）

海上风力发电

风电引起的官司

1994年上半年,英国的一些报纸上展开了一场有关风力发电的争论,争论的焦点是要不要发展风力发电。过去普遍的看法认为,风力发电是无污染的绿色能源,然而在英国1990年正式建成第一座风力发电站后,却引出了一场官司。

英国是从20世纪80年代开始发展风力发电的,至1994年已建立了二十多个风力发电场。其中在兰迪南建立的风场有103台风力涡轮发电机,分布在约4千米²的高地上,组成一个发电能力达30.9兆瓦的风力发电站。

正是这个风电站成了其附近居民的控告对象。居民们指控风力发电场机器的嗡嗡声构成了严重的噪声污染;另一起官司则是居民指控,风电场中高耸的涡轮机严重干扰了电视信号的接收,使电视图像出现重影和闪跳现象。1994年9月,法院经过调查后裁决,原告胜诉。因为在调查中发现,风力发电机产生的噪声能被金属塔架放大,这种反常噪声的刺激特别令人烦恼;而风力发电机对电视信号的干扰也比来自建筑物的干扰更大。

海上风电的优势和劣势

风力发电引起的风波,迫使英国不得不重新考虑新的风力发电方针,把目光转向风力更强劲和稳定的海洋,用发展海洋中的风力发电,来解决陆地风场引起的噪声干扰和影响电视信号等问题。

十多年来,海上风力发电得到了长足发展。因为海上风力发电与陆地风力发电相比,除了不会扰民外,还有其他一些优点:由于海上没有山丘和建筑物等的阻挡,而且海水对风的摩擦阻力显然小于地面对风的摩擦阻力,故海上的风力明显地大于陆地,因而海上的风能输出比陆地高出50%左右。此外,就是海上风力发电机安装简便,一台海上风力发电机只需要300~400吨专用吊机进行安装,而在陆地上则要建造一条专用施工道路。

建造海上风力发电场虽然不用修路,但却需要给风力发电机打造一个稳固的基础。对于浅海的风电场,可以采用混凝土引力沉箱基础。所谓"引力基础"是指依靠地心引力,使涡轮机保持在垂直位置上。这个原理更像传统的桥梁建筑。

在深海无法建造落地的基础,工程师们就采用一个空心混凝土制成的稳定浮体平台。在浮体平台上便可固定风力发电机。这个漂浮的平台用高强度耐海水腐蚀的绳索系在许多锚上,即使在飓风中,风力发电机也能保持稳定。

总之,海上风电有不扰民、风力强而稳定、发电利用小时高、不占用土地、适宜大规模开发等优势。但与陆上风电相比,也有其相形见绌之处。这首先是海上风电运行环境更复杂,技术要求更高,施工难度更大。海上风电场的造价约为陆上风电场的 2~3 倍,平均发电成本也远远高于陆上风电。这是因为海上风电,除了需要建造稳固的基础外,还需要敷设海底电缆,以便把海上风力发电机发出的电能输送到岸上,与陆地上的电网连接。虽然敷设海底电缆在技术上是成熟的,但这笔投资还是相当可观的。所以海上风电场的初装成本中的基础建设和并网接线盒安装等费用,在总投资成本中所占的份额要比陆上风电场高;而且其成本占比随着风电场的离岸距离和水深程度等情况的不同大幅变动。另外,海上风电场建筑在海洋环境中,存在抗腐蚀等问题,维修费用和折旧费用高,在运营成本上所占的比例也远大于陆上风电场。由于海上风电的这些不足,致使许多国家虽然都对海上风电给予了特别关注,但在具体实施时态度却十分谨慎,甚至有的竟停止或放弃对海上风电项目的开发。

海上风电场

海上风电尽管存在着这些固有的缺陷,但相比之下,人们还是认为,它是利大于弊。而且实践还证明,海上风电场的发电成本与经济规模有关。目前,海上电场的最佳规模为 120~150 兆瓦。据丹麦某海上风电场的建设资料统计:总投资中,风电机占 51%、基础占 16%、电器接入系统(主要是海底电缆)占 19%、其他占 14%。若按 20 年寿命计算,发电成本每千瓦小时约合 0.05 美元。如果寿命按 25 年计算,还可减少 9%。由此可见,海上风力发电的经济效益已经可以与火力发电竞争。

我国的海上风电规划

自 21 世纪初,我国也着手考虑建造海上风电场。2002 年 12 月,上海 2 万千瓦海上风力发电项目设备采购书通过了评审,这是我国第一个海上风力发电项目。上海的海上风力发电机将建在浅海的水泥基础上。2004 年,广东省准备在南澳岛建立海上风力发电站,计划安装风力机 132 台,总装机容量达 5.7 万千瓦,年发电量达 1.4 亿千瓦·时,成为亚洲海岛最大的风力发电场。同年,香港也准备建造海上风力发电系统。而江苏更是后发先至,它所建造的位于江苏如东 15 万千瓦的海上风电场一期工程,已于 2012 年 2 月正式投产发电。

另外,在"十二五"规划中,也对发展海上风电提出了具体要求。要求重点开发上海、浙江、江苏、山东、河北、广东的海上风电,积极推进福建、广西、海南和辽宁等地区的海上风电规划和项目建设;要求"十二五"期间实现 500 万千瓦的海上风电的发展目标,并于 2015 年形成完整的海上风电产业链和服务体系,为 2020 年实现海上风电 3 000 万千瓦的目标奠定基础。

(周戟　张庆麟)

生物质能概述

　　生物质能,顾名思义就是指由生物质提供的能源。它实际上是太阳能以化学能形式贮存在生物质中的能量形式,是一种以生物质为载体的能量。

　　生物质能是人类最早使用的一种能源。原始人类正是通过燃烧草木来获取所需的能量。而且它作为最易取得的能源,在人类的历史上长期扮演着十分重要的地位,是人类农业社会的首要能源。即使在今天,人们利用的能源日趋多样化和智能化的情况下,生物质能作为一种可再生能源,依然占有一定的地位;并且随着科技的进步,它已不再以简单的草木燃烧的方式来为人们提供能源,而是以一种崭新的方式加入人们的能源世界,成为当今新能源的一个成员。

　　生物质能蕴含在所有生物质之内,它通常包括木材、森林废弃物、农业废弃物、水生植物、油料植物、城市和工业有机废弃物、动物粪便等。地球上的生物质资源甚为丰富。据估算,每年经光合作用产生的生物质有 1 730 亿吨,其中蕴含的能量相当于全世界能源消耗总量的 10～20 倍,但目前的利用率不到3%。

生物质能的优势

可再生

它可通过植物的光合作用不断再生,与风能和太阳能同属可再生能源,可保证此类能源的永续利用。

低污染

生物质的硫含量和氮含量都较低,燃烧过程中生成的硫氧化物和氮氧化物较少。另外,由于生物质在生长时需要的二氧化碳,与它燃烧时排放的二氧化碳的量大致相当,所以它的燃烧从全球碳循环的角度来看,并不会使大气中二氧化碳的含量增大,当然也就不会加剧温室效应。

化害为利

当代被人们利用的生物质能,除了传统的草木、秸秆之外,还大量使用原本会对环境带来诸多危害的城市垃圾、污水、粪便和其他有机废弃物，从而在相当程度上改善了环境，还为人们提供了一个新的能量来源。

广泛分布

已知生物质遍布全球，几乎无处不在，这对那些缺乏其他能源的地区来说，生物质能是一项简便易得的良好选择。

总量丰富

根据生物学家估算，地球陆地每年生产 1 000 亿～1 250 亿吨生物质，海洋年生产 500 亿～600 亿吨生物质。其蕴含的能量远远超过全世界的总能源需求量。而且随着农林业的发展，特别是炭薪林的推广，生物质资源还将越来越多。

生物质能的分类

依据来源的不同，可以将生物质能分为林业资源、农业资源、生活污水和工业有机废水、城市固体废物和粪便等类别。

这些生物质在作为能源利用时，目前主要通过三种途径——直接燃烧、热化学转换和生物化学转换。生物质的直接燃烧是传统的利用方式，它虽然具有热效率低和对环境有某种副作用的缺陷，但在今后相当长的时间内，特别是在经济发展比较落后的地区，仍将是生物质能利用的主要方式。不过，改进燃烧的方式和燃烧用的炉灶，有可能使热效率从目前的 10% 左右提高到 20%～30%。生物质的热化学转换是指在一定的温度和条件下，使生物质气化、炭化、热解和催化液化，以生产气态燃料、液态燃料和化学物质的技术。生物质的生物化学转换包括：生物质—沼气转换、生物质—乙醇转换、生物质—烃类转换等。沼气转化是有机物质在厌氧环境中，通过微生物发酵产生一种以甲烷为主要成分的可燃性混合气，也即沼气；乙醇转换是利用糖质、淀粉和纤维素等原料经发酵制成乙醇，可用于替代汽柴油，作为动力能源；烃类转化则是把采自生物质的烃类化合物转换为石油类化合物。

我国生物质能的开发状况

　　生物质能是生物光合作用的产物,它蕴藏十分丰富,其总量相当于世界能源消耗总量的 10~20 倍,但目前的利用率不到 3%。因此在当今世界能源紧缺,又备受化石能源的碳排放问题困扰时,加大对生物质能的开发显然是十分必要的。那么在这方面,我国的开发情况如何呢?

　　据了解,我国生物质能资源十分丰富,且种类多,分布广,理论资源量约有 50 亿吨,是我国目前总能耗的 4 倍左右。特别是我国有计划地研究开发各种速生能源作物和能源植物,生物质能资源的种类和产量还会越来越大,所以其开发利用潜力是非常巨大的。20 世纪 80 年代以来,我国政府就一直将生物质能的利用列为重点科技攻关项目,开展了生物质能利用新技术的研究和开发,中央和各地不断加大资金投入力度,积极展开了新应用方式和新应用技术的研究,并进行了不同形式的试点示范与建设,从而有力地促进了生物质能产业的发展。

我国生物质能开发的主要表现

高效直接燃烧技术与设备的研制

　　草木等生物质的直接燃烧,是我国长期利用生物质能的传统方式,迄今在许多农村也依然没有多大改变,其能源利用率很低,对环境污染较大,因此改进直接燃烧技术和燃烧使用的炉灶,是提高能源利用率的主要关键。经过多年的努力,我国已在农村推广节柴灶约 1.8 亿个,节能坑约 2 亿个,相当于每年可节约煤炭 8 000 万吨,保护了 2 000 万公顷的森林植被。为了更好地利用生物质能和保护环境,现阶段人们更注重于开发以农作物秸秆和林业废弃物为原料的固化技术,将其制成颗粒燃料、块状燃料和棒状燃料,并研发与之配套使用的生物质炉具和炊事取暖用具,而且也更加注重这些炉具的多功能性、自动化性和装饰性。目前我国成型燃料的固化技术基础好,设备水平与世界先进水平差别不大,不足的是应用水平还不高。

生物质直接燃烧

应该指出,生物质直接燃烧还被用来集中供热和发电。遗憾的是,在这方面我国还未能取得实质性进展,原因在于:一是由于国内分散式农户经营,机械化程度低,造成秸秆收集运输困难,费用高;二是因秸秆原料的多样性和复杂性,影响秸秆直燃锅炉的适应性、运行稳定性和设备寿命,从而限制了生物质发电产业的发展。

生物质的化学转换和开发利用

在这方面主要是沼气的开发和应用,使之成为我国农村能源的重要来源。20世纪70~80年代,我国农村沼气使用的蓬勃发展,曾引起国际上的广泛重视,不少国家专程来我国考察学习。联合国环境规划署和粮农组织还先后委托我国为27个发展中国家和地区,举办了两期沼气技术培训班。可惜由于技术成熟度不足等原因,致使沼气应用一度衰落。后经科研攻关和试点示范,沼气建设技术获得重大突破。在沼气池型设计、施工使用管理、发酵工艺和综合利用方面取得了世界领先水平。目前我国沼气产业已从单纯的能源利用发展成为废弃物处理和生物质多层次综合利用,并整合了太阳能技术,与养殖业和种植业广泛结合,探索出一系列适合中国农村地区推广应用的能源生态 模式,在农村生产和生活中发挥了重要作用。

生物质化学转换的另一重要领域是燃料酒精的生产。这方面我国也取得了显著的进步，企业规模和产量均有明显增加。"十二五"期间，我国燃料酒精的年利用规划目标确定为 500 万吨。然而，2010 年年底，我国燃料酒精总体利用规模仅为 172 万吨，没有实现"十一五"规划 200 万吨的年利用目标。原因主要在于原本用于生产燃料酒精的粮食和木薯供应不足。因此用于替代粮食和木薯的秸秆燃料酒精的研发已被列为国家重大科技专项，成为实现"十二五"规划的关键。

城市生活垃圾的开发利用

我国城市垃圾焚烧发电最早投入运行始于 1987 年。之后，随着一大批环保产业化和环保高技术产业化项目的相继启动，垃圾焚烧发电技术得到了快速发展，全国已建和在建垃圾发电厂有六十多座，可年处理垃圾 1 500 万吨左右。但这占我国垃圾的年产量还不到 10％。因此其发展空间显然十分巨大。"十二五"规划要求达到垃圾发电 300 万千瓦；新增垃圾焚烧处理能力 12 万吨/日。但就目前的情况来看，我国垃圾发电还存在技术不够成熟，垃圾焚烧不完全、运行不稳定、排放不易以及成本较高等急需解决的课题。

与垃圾利用相似的是城市污水的利用。我国城市污水的年排放量高达 730 亿吨。这些污水通常含有一定的热能，但迄今尚未能给予充分的利用。天津和威海曾采用热泵技术，用污水中所含的热能向个别居民小区供热和制冷。显然这只是一种初步的尝试，而且其规模与庞大的污水排放量相比是微不足道的。所以污水作为一种能源，在我国应有十分广阔的发展前景。

能源植物的开发

我国能源植物的开发研究也早就起步，但与国外先进国家相比仍存在很大的差距。这主要表现在，由于缺乏长期的观察研究，对我国能源植物的资源情况不清；已发现的相关品种，因未进行系统的筛选和详细研究，以致良莠不齐；又由于起步较晚，迄今缺乏大面积的栽培，未进行产业化规模的发展。另外，在国内的学术界和企业界对此尚未给予充分的重视，以致发展缓慢，未能形成应有的势头。不过，目前我国已发现的潜在能源植物近 4 000 种，这就为我国能源植物的发展奠定了十分有利的条件。

新技术开发

生物质能是最早被人们利用的能源,但今天我们要开发利用的早已不是那些可供直接燃烧的草木和秸秆,而是涉及更深层次的利用,因此就需要有许多与之相配套的新技术新工艺。即使是直接燃烧,也有如何提高它的热效率问题,如何才能更好地防止在燃烧过程中产生有害环境的废气等。在这些亟待开发研究的新技术和新工艺中,最重要的有两个方面:转基因能源作物的育种、栽培技术和生物工程发酵技术。前者在于希望能培育出产有更优质和产量更高的能源作物;后者则企求通过新技术新工艺的应用,把原先无法使用的生物质,变成可用的原料;而且达到简单、高效和无害的目的。应该说无论是前者还是后者,我国在这方面的研究和使用,都与世界先进水平有着相当的差距,应当奋起直追。

来自藻类的绿色能源

前面曾经谈到,寻找和开发新的能源植物,是当今生物质能开发的一个重要领域。

植物是自然界二氧化碳循环的重要环节,正是它大量吸收了大气中的二氧化碳,在阳光照射下与水化合形成有机物,从而极大地保证了大气中二氧化碳含量的平衡。然而,今天困扰人们的温室效应的产生,固然与人们广泛使用化石能源有关,但从某种程度说,也直接源自人们对森林的乱砍滥伐,致使地球上的植物总量减少,破坏了自然界的总体平衡。因此要想不让温室效应继续加重,在减少化石能源使用的同时,也应该积极发展和培植绿色植物。其中绿色能源植物,是人们发展和培植绿色植物的首选。因为它不仅能为我们提供优质的生物质能,而且还能有助于减少大气中的二氧化碳,真是一举两得的好事。

几种藻类能源植物

美国科学家在寻找新能源的探索中,筛选了千余种最富有生产能力的水藻,发现一些藻类植物含有丰富的脂类。脂类是由一些烃链组成的有机分子,而烃是石油和天然气的基本组成物质,因此显然可以用它们来生产出柴油或汽油。这些藻类有角刺藻、舟形藻和绿藻等。于是,他们决定用二氧化碳加速水藻的生长,以生产出更多的水藻。

貌不惊人的水藻,一旦条件合适,便能快速生长,成倍繁衍。水藻在灌入二氧化碳的池塘中,一天之内竟可使体积增大 5 倍之多。培植水藻的方法是:一开始,将它们放在光线、二氧化碳和肥料充足的大水塘里进行培育,使其快速生长。当整个水塘被水藻装满时,便中断"食物"供应,这时它们就开始制造并储存类脂化合物。待到这种化合物在水藻体内达到最大含量后,便开始采集。20 米直径的池塘,一年之中竟收获了 4 吨水藻,从中提炼出了约 300 升燃油。

提炼燃油的方法是在水藻中掺入一种盐酸和甲醇的混合物,通过加热使其发生化学反应,就能得到燃油。

日本的研究人员发现,有一种单细胞藻类能吸收大量的二氧化碳,这就是在日本冲绳一带生长的绿藻。于是科研人员就将燃料燃烧后排放的二氧化碳收集后,用泵送到养殖这种绿藻的水池中,促进绿藻的生长。日本的科学家估计,日本石油燃烧每年排放的二氧化碳大约有 5 亿吨,如果让绿藻全部吸收这些二氧化碳,就能生成约 2 000 亿升石油,几乎相当于日本全年的原油进口量。

英国也是石油进口国,为了摆脱能源缺少的困境,也在大力研究二氧化碳和水藻的结合。英国科学家将小球藻养殖在一个特制的池塘中。收获时,只须打捞出来,过滤掉水分,不用提炼,便可直接用在发电厂中燃烧发电,燃烧后排出的二氧化碳废气又被泵回到小球藻养殖池内,促进小球藻生长。他们也发现,往池塘内吹进二氧化碳气体后,藻的生长数量便增加好几倍。

巨藻

除了在池塘中培育水藻外,占地球总面积 70% 的海洋,也是藻类繁育的广阔天地。在澳大利亚沿海有一种巨藻,这种巨藻可以提炼出类似天然气的气体。巨藻也是海洋里最大的植物,其长度可以达到几十米到上百米。如此巨大的生物浮在水面上,可以充分接受阳光,从而固定大量的太阳能,同时还可吸收二氧化碳,并放出氧气。

藻类培植与环境治理

其实现在用的化石能源,都是过去植物固化太阳能与二氧化碳的结果。大规模地使用化石能源,实际上是将亿万年前遥远地质年代中储存的能量与二氧化碳同时释放,结果使地球上热量和二氧化碳的平衡受到破坏。使用水藻制造燃油,可大量吸收二氧化碳,将其转化成氧气,可以达到物质上的循环与平衡。如果将大量藻类养殖在钢铁厂、发电厂、造纸厂、酒精厂等大型污染企业附近,同时将整个池塘用玻璃密封起来,然后向大棚内通入这些工厂排放出的二氧化碳,再利用造纸厂和酒精厂的废水制成沼气,用沼渣做肥料加速水藻的培育。这样,便可在藻类大丰收的同时,也治理了环境。

对大气污染的治理,最难以处理的就是二氧化碳的排放。为此,国际上召开了有名的"京都会议",以限制世界各国在生产和生活中所排放的二氧化碳的总量。但这是不得已而为之的办法,因为限制二氧化碳的排放必然会影响社会生产的发展。若是在全球范围内大力发展水藻的养殖,水藻在生长的过程中可吸收大量的二氧化碳,这样,便可在促进生产的前提下,控制了二氧化碳对大气的污染。这比限制二氧化碳的排放更为积极,也更受欢迎,因此,也就更容易推广。

利用藻类不但可以制造燃油,而且可以产生氢气。有一种藻类植物能利用海水、阳光、二氧化碳产生氢气。氢能是世界上最干净且燃烧值最高的能源,可惜的是目前制造困难。如果可以利用藻类制造,那么,氢能的明天会非常灿烂。科学家们正在探索这项极为有意义的工作,而且已初步取得了成效。

(周戟　张庆麟)

高效的太阳能转换器——甜高粱

生物质能是太阳能以化学能形式贮存在生物质中的能量形式,是直接或间接地来源于绿色植物的光合作用。已知植物的光合作用能力受制于多种不同的因素,其中植物的品种差异就是一个很重要的关键因素。因此在寻找优质的能源植物时,能否高效地利用太阳能就成为筛选优质品种的重要指标。甜高粱在这方面显示出了它的诱人品质。

甜高粱,或称糖高粱,也叫芦粟、芦穄、芦黍、雅津甜高粱、芦稷、甜秫秸、甜秆,还因为它上边长粮食,下边长甘蔗,被叫做"二代甘蔗"和高粱甘蔗,是禾本科高粱属一年生草本植物高粱的一个变种,所以在植物学性状上与高粱相似。甜高粱生长快,产量高,茎秆高度从2米到5米不等,富含糖分,糖度在15%～21%,且产量极高,一般亩产量在5吨左右,高产纪录为11.2吨。

甜高粱之所以成为优质的生物质能,主要是甜高粱茎秆中的汁液能用于生产乙醇。目前,为了节省石油消耗和缓解环境污染,用乙醇汽油替代部分石油的运动正在全球悄然兴起。美国政府决定从1995年起,在空气严重污染的9个城市和14个州的部分地区,规定汽车使用的燃料中必须含有1/3的乙醇。巴西目前有35%的汽车所用的燃料全部是乙醇,其余为掺入20%～25%的乙醇与汽油的混合物。我国也从2002年起陆续在辽宁、吉林、黑龙江、河南等部分省市推广使用含有10%乙醇的汽油。

人们看好甜高粱除了它是优质高产作物之外,还在于它是作物中的"骆驼"。与其他禾谷类作物相比,甜高粱更为耐旱,耐涝,耐盐碱,耐瘠薄,耐倒伏,耐高温和耐严寒;甜高粱在我国从黑龙江到海南都可以种植,特别是在其他作物难以生长的沙荒地、盐碱地、河滩地也适合种植。

与其他可制造酒精的作物相比,甜高粱生长快且产量高,在生长旺期,平均每天增高12厘米,在各种农作物中居首位。甜高粱若以每亩产茎秆5 000千克(高产田可达10 000千克以上)计算,可产酒精360千克;以每亩产籽粒300～450千克计算,可产酒精100千克,比用玉米制酒精增产1倍多,比用甜

高粱

菜生产酒精成本低 50%。与甘蔗相比，甜高粱的优势主要在于生长期短，甘蔗的生长期为 7～24 个月，而甜高粱的生长期只需 5 个月。

为此，世界各国都很重视甜高粱的栽培种植。早在 1980 年，美国就把甜高粱列入发展绿色能源植物的目标，美国国会拨重金扩大甜高粱种植面积近 1 亿亩。欧洲共同体成立了甜高粱协作网，于 1996 年召开第一届欧洲甜高粱会议，认为这是欧共体新能源的主要发展方向之一。南美洲的乌拉圭则种植了 65 万公顷甜高粱，用于生产乙醇燃料。我国在 1997 年主持召开了第一届国际甜高粱会议；在《可再生能源发展"十一五"规划》中，将其列为生物液体燃料的第一个来源；并规划在"哈大齐工业走廊"经济区建设一个利用甜高粱秸秆年产 50 万吨乙醇的万亩甜高粱绿色能源生产基地。在"十二五"期间，为了不与粮争地，也要大力推广种植甜高粱。

综上所述，甜高粱作为高效太阳能转化器，将在未来的能源大家庭中大放异彩。

让汽车喝"鸡尾酒"——汽油醇

2004年夏天,国家有关部门宣布了河南、黑龙江、辽宁、吉林、安徽等八省开始酒精燃料"汽油醇"使用的试点工作,为的是缓解国际原油价格大幅上扬所造成的国内汽油和柴油价格的上涨。

"汽油醇"讲白了就是在汽油里加入一定比例的酒精即乙醇,这就如同用两种以上的酒调制而成的鸡尾酒。

汽油醇的使用

其实汽油中掺入其他燃料的混合汽油早就有了。早在20世纪20年代,巴西就开始了乙醇汽油的使用。由于巴西石油资源缺乏,但盛产甘蔗,于是发展出了用甘蔗生产蔗糖和醇的成套技术。目前,巴西是世界上乙醇汽油中乙醇含量最早达到20%的国家。美国则是世界上另一个燃料乙醇的消费大国。20世纪30年代,乙醇汽油就首次在美国内布拉斯加州地区面市。1978年含10%乙醇的汽油(E10汽油)在内布拉斯加州大规模使用,此后,美国联邦政府对E10汽油实行减免税。2012年美国燃料乙醇产量达到500亿升。随着MTBE(甲基叔丁基醚,是汽油的辛烷值改进剂,在汽油的无铅化中发挥了重要作用,但后来发现它会污染地下水)在美国使用量的减小和最终的禁用,燃料乙醇就成为MTBE最佳含氧化合物的替代产品,从而使燃料乙醇的需求在美国迅速增大。

我国在抗战时,也曾使用酒精作汽车燃料。在解放战争的时候,解放军为了军用,建立了南阳酒精厂,目前这个厂还是生产乙醇汽油用酒精的主要工厂。全国目前已有每年混配1 000万吨乙醇汽油的能力,乙醇汽油的消费量已占全国汽油消费量的20%,继巴西、美国之后,我国成为生产乙醇汽油的第三大国。

车用混合汽油也有采用掺入甲醇的。20世纪30年代,德国就对汽油混合甲醇作为发动机燃料进行研究试验。第二次世界大战期间和1973年中东战争后能源危机的出现,英国、美国、德国、日本、菲律宾等国和我国也都进行过甲醇汽油的研究和试用。

汽油醇的优势

乙醇(C_2H_5OH)和甲醇(CH_3OH)的化学分子式相近,看似兄弟,从使用情况来看,似乎也很难分出伯仲。它们的加入都能提高汽油的辛烷值。

辛烷值是衡量车用汽油抗爆性能好坏的一项重要指标。辛烷值越高,抗爆性能就越好,发动机就可以采用更高的压缩比工作。这样既可以提高发动机的效率,又可以节约燃料。测试表明汽油无论混合甲醇还是乙醇,都能提高汽油的辛烷值,动力性和经济性都比纯汽油好。另外,对发动机功率有直接影响的并不是燃料本身的热值,而是每一标准米³ 可燃混合气的热值。像甲醇和乙醇这类本身热值较低的燃料,由于其分子内含有氧,在燃烧时所需的空气量就少一些,因而混合气热值比石油燃料略高。由此可知,混合汽油热值并不比纯汽油低,当然也不会影响发动机功率,而且还会提高发动机的热效率。

经过测试,专家还发现混合汽油的使用,还可以大大改善汽车尾气的排放。一氧化碳等有毒气体明显减少,有利于环境的改善。混合汽油的这个优点似乎格外受人关注,使用干净能源正是现今人们孜孜追求的目标。

混合汽油"物美",但是不是"价廉"呢?答案也是肯定的。首先,甲醇及乙醇的现行价格都低于汽油。其次,从今后的价格看,我国自 1993 年后成为石油净进口国,原油的供求矛盾日益突出,再受全球资源或世界政治变化的影响,原油价格常会波动,进而影响到汽油和柴油的供应。而甲醇及乙醇的生产可基本满足自给,不会受制于国际市场的波动。所以从适应全球范围能源短缺的现状和生态环境保护需要的角度出发,混合汽油的使用是十分合算与必要的。

乙醇汽油和甲醇汽油的比较

那么,混合汽油究竟是掺甲醇好,还是掺乙醇好呢?

从市场价格看,甲醇的售价只相当于乙醇的一半,在经济上更为合算。但甲醇有很大的毒性,使用的安全性比乙醇差,存在着危害人体健康的潜在风险。而且甲醇掺和到汽油的互溶性比乙醇差,乙醇与汽油可以在很宽范围内掺和,甲醇掺和较多时会有分层的问题;甲醇对发动机和油路的影响比乙醇严重。再者,同样重量的甲醇,其能量密度比乙醇低。鉴于这些原因,甲醇汽油已逐渐退出了市场。

车用乙醇汽油的优点

(1)辛烷值高,抗爆性好。

(2)乙醇含氧量高达34.7%。在汽油中含10%的乙醇,含氧量就能达到3.5%。

(3)车用乙醇汽油的使用,可有效地减少汽车尾气的排放,改善能源结构。研究表明,E15乙醇汽油(汽油中乙醇含量为15%)的碳烃排量比纯车用无铅汽油下降16.2%,一氧化碳排量下降30%。

(4)燃料乙醇的生产资源丰富,技术成熟。当在汽油中掺兑少于10%时,对原本使用常规汽油的汽车发动机无须进行大的改动,即可直接使用乙醇汽油。

乙醇汽油的缺点

(1)乙醇的热值是常规车用汽油的60%。据有关资料的报道,若汽车不作任何改动就使用含乙醇10%的混合汽油时,发动机的油耗会增加5%。

(2)乙醇的汽化潜热大,理论空燃比(即混合气中空气与燃料之间的质量比例)下的蒸发温度大于常规汽油。影响混合气的形成及燃烧速度,导致汽车动力性、经济性及冷启动性的下降,不利于汽车的加速性能。

(3)乙醇在燃烧过程中会产生乙酸,对汽车金属特别是铜有腐蚀作用。有关试验表明,汽油中乙醇的含量在10%以下时,对金属基本没有腐蚀,但乙醇量超过15%时,必须添加有效的腐蚀抑止剂。

(4)乙醇是一种优良溶剂,易对汽车的密封橡胶和其他合成非金属材料产生轻微的腐蚀、溶胀、软化或龟裂作用。

(5)乙醇易吸水,车用乙醇汽油的含水量超过标准指标后,容易发生液相分离现象。

总之,汽车用乙醇汽油在燃烧值、动力性和耐腐蚀性上还是显示出一定的不足。尽管如此,在当今世界石油资源紧缺和生态环境治理的双重压力下,作为一种比较清洁的动力能源,乙醇汽油还是受到了各方的青睐,成为积极开发的目标。

变废为宝的秸秆压块燃料

秸秆压块燃料是利用新技术及专用设备将各种农作物秸秆,包括木屑、锯末、花生壳、玉米芯、稻草、麦秸、麦糠、树枝叶、杂草等农林废弃物压缩炭化成型的现代化清洁燃料。它既可改善农村环境,又可解决农村的基本生活能源需要,而且压结成型后体积缩小,便于运输,可用于城市传统的燃煤锅炉设备上,代替传统的煤炭,甚至用于发电。在当今煤炭资源日趋紧缺的情况下,它显然是一种重要的能源资源,其未来的市场需求和利润空间不可估量。

大家知道,有粮食生产就有秸秆的产生。它曾是农家惯用的生物资源,被用做燃料、饲料、肥料和原材料等。但现在富裕起来的农民开始摆脱古老的生活方式:土房变瓦房,烧饭、取暖用上了煤、液化气和电,畜力由机械代替。这样,在一些经济发达的农业地区,秸秆就越来越多地成了"废物"。特别是产粮区,大量的秸秆随处堆放,为了处理这些看似无用的秸秆,人们不得不采取焚烧的下策。那因焚烧而产生的弥漫烟尘,四方扩散的有害气体和可吸入颗粒,给周围的环境带来了严重的污染,使人们的健康受到了损害,甚至引发燎原的火灾。

其实,秸秆是一种非常好的可再生的生物质资源,它热值较高,且易燃,若能充分利用,将是能源领域中不可忽视的重要组成成分。而秸秆压块固结技术,就是为秸秆找到了一条变废为宝的理想之路。

秸秆煤的优势

经压结固化的秸秆燃料,即秸秆煤具有纯度高,不含其他不产生热量的杂物;其含碳量达 75%~85%,灰分为 3%~6%,含水量为 1%~3%,密度为 700~1 400 千克/米^3;绝对不含煤矸石、石头等不发热反而耗热的杂质,将直接为企业降低成本。每千克的热值则因秸秆的种类而不同,一般波动于 15 500~18 800 千焦。如以玉米秸秆为例:热值为煤的 0.7~0.8 倍,即 1.25 吨的玉米秸秆成型燃料块相当于 1 吨煤的热值;若将其置于配套的下燃式生物

秬秆堆

质燃烧炉中燃烧，其燃烧效率是燃煤锅炉的 1.3～1.5 倍，因此 1 吨玉米秬秆成型燃料块的热量利用率与 1 吨煤的热量利用率大致相当。

秬秆煤的优势还在于燃烧后的废气排放很低，二氧化碳为零排放；二氧化氮为 14 毫克/米^3（微量）；二氧化硫为 46 毫克/米^3，远低于国家标准，可忽略不计；烟尘低于 127 毫克/米^3，也远低于国家标准，所以是一种相当清洁的能源。另外，秬秆煤燃尽率可达 96％，剩余 4％的灰分可以回收做钾肥，实现了"秬秆→燃料→肥料"的有效循环，达到百分之百的利用目的。

对不同形式锅炉的使用试验表明，现有的燃煤锅炉完全适应秬秆压块，无须更换锅炉；且秬秆压块燃料燃烧的排放物完全符合环保标准，是国家部门认可的现代化清洁燃料。试验还表明，它的特点是挥发成分高，易析出，碳活性好，易燃，灰分少，点火快，更加节约燃料，能降低使用成本；而且因不含硫磷，不腐蚀锅炉，可延长锅炉的使用寿命。

再者，压块燃料清洁卫生，投料方便，可减少工人的劳动强度，极大地改善劳动环境，企业将减少用于劳动力方面的成本。总之，可说是好处多多。

秸秆煤的发展前景

据报道,我国年产秸秆6亿～7亿吨,其中约15%用于返田造肥,约25%用作饲料,9%用作工业原料,约31%被农户用作炉灶燃料,余下的约20%(相当于1.2亿～1.4亿吨)被随意废弃,造成很大的浪费。此外我国每年还有大量的与秸秆相似的其他生物质废弃物,若能将其压块成型,充分利用,将是一笔巨大的财富。

秸秆压块固结技术,是一种简便易行的技术方法,只要把秸秆及其类似废弃物粉碎成一定的细度后,在一定的压力、温度和湿度的条件下,加入黏结剂,通过压缩将其压成圆形、方形或棒状的块体,便可代替煤炭使用。这在丹麦、德国、比利时、美国、日本等国早已有了十分成熟的经验,实现了工厂化生产,其产品主要用于取暖炉取暖和锅炉发电等。我国也于20世纪80年代开始研制,虽然起步晚,但进展很快,有些省已经建成规模较大的压块燃料生产线。

秸秆煤的制造,在技术上并不复杂,只要有一台挤压机和简单的加热装置就能解决问题。既可以大规模生产,也可以中、小规模生产。大规模生产一般以产业和地区为基础,适用于机械化方式;中等规模生产,一般以村庄为基础,适用于畜力或电动机生产;小规模生产,以家庭为基础,用人力也可生产。

在压块时,对使用的黏结剂的基本要求是:能使压块充分变硬,不会掉皮、变软,不会受热碎裂,不会产生大量的烟雾、胶质、不良气味与粉尘,黏结剂的热值应与木柴相当。常用的黏结剂是有机黏结物,如玉米、小麦、木薯的淀粉,甘蔗糖浆,焦油,沥青,树脂,胶,纤维,鱼废料和水藻等。

在当今能源需求持续增长、能源价格显著上涨和环境保护减少碳排放的多重压力下,秸秆煤作为一种相对易于获得的可再生的清洁能源,其发展的前景显然是十分广阔的,值得有关方面给予更充分的关注。

让垃圾变害为宝

变垃圾为能源

焚烧曾经是世界各国广泛采用的城市垃圾处理技术。但焚烧的缺点也是十分明显的,它不仅会产生许多如二噁英这样的可致癌致畸的有害物质,还会给环境带来热污染,更会让燃烧时产生的热能白白丧失,此外还有耗资巨大及操作繁杂的缺点。所以从 20 世纪 70 年代起,一些发达国家便着手应用焚烧垃圾产生的热量来进行发电,建起了垃圾发电站,企求让有害的垃圾变废为宝,成为一种可利用的新能源。其中美国某垃圾发电站的发电能力高达 100 兆瓦,每天处理垃圾 60 万吨。在德国,垃圾发电厂不仅处理了本国自产的垃圾,甚至每年还要花费巨资从国外进口垃圾。据统计,目前全球已有各种类型的垃圾处理工厂近千家,预计几年后会迅速增至 3 000 家以上。

据科学家测算,垃圾中的有机可燃物等所含的热值很高,焚烧 2 吨垃圾产生的热量大约相当于 1 吨煤。如果我国能将垃圾充分有效地用于发电,每年将节省煤炭 5 000 万～6 000 万吨,其"资源效益"极为可观。

垃圾发电是把垃圾中含有的生物质能转换成电能,其方法是把各种垃圾收集后,进行分类处理,其中:一是对燃烧值较高的进行高温焚烧(这可彻底消灭垃圾中的病源性生物和腐蚀性有机物),然后把在高温焚烧中产生的热能转化为高温蒸汽,推动涡轮机转动,进行发电;二是对不易燃烧的有机物进行发酵和厌氧处理,最后干燥脱硫,让其产生甲烷气体(也即沼气);再让甲烷燃烧,把热能转化为蒸汽,推动涡轮机转动,带动发电机发电。

我国的垃圾发电规划

据报道,我国城市生活垃圾累积堆存量已达 70 亿吨;年产城市生活垃圾约 1.5 亿吨,其中填埋占 70%,焚烧和堆肥等占 10%,除一部分难以回收外,垃圾发电率还不到 10%,相当于每年白白浪费 2 800 兆瓦的电力,被丢弃的这种可再生垃圾价值高达 250 亿元。因此积极发展垃圾发电是改善城市环境、节能减排、发展经济的重要途径。据报道,到 2015 年我国垃圾发电作为生物质发电的组成部分,将占生物质发电整体比例的 20％以上。"十二五"期间,国家对垃圾发电的规划达到 300 万千瓦;新增垃圾焚烧处理能力为12 万吨/日,投资总额达 400 亿元。

垃圾焚烧应坚持的四条原则

从整个宏观的角度来审视,人们认为垃圾焚烧发电是化解垃圾围城之困,变害为宝的好方法。只要未雨绸缪,严格管理,做好充分准备,是有可能把它可能造成的危害降低到最低程度的。也就是说在对待垃圾发电的问题上,我们必须保持最大限度的审慎,并坚持以下四条基本原则。

不分拣到位不焚烧

健全的垃圾分类是垃圾焚烧发电的前置条件,是不可超越的。做好了分类和回收,可燃烧垃圾减少了,危害就会减小。二噁英就是燃烧塑料类氯化物而来的,所以只要不烧塑料,二噁英的产生就会有效减小。应该说严格分类后,也没有多少可以烧的。纸张、塑料、餐厨有机物等都是可以回收再利用的,塑料的体积有时占到了垃圾的一半。只要做好了回收,就可很大程度减小燃烧垃圾的危害。因此不搞好垃圾分类,就盲目上马建造垃圾焚烧炉,是极其不负责任的。

不财政全额不焚烧

应该注意到垃圾焚烧发电市场化蕴含着巨大风险,资本的贪婪性,使垃圾厂商很可能不顾公众利益,恣意妄为。如国家发改委之所以考虑要调整垃圾焚烧发电的发电补贴政策,就出于部分焚烧发电企业的弄虚作假。为骗取发电补贴,他们大量使用煤和油来发电,垃圾焚烧发电厂因此很大程度上蜕变为火电厂。又如中国科学院生态环境研究所张付申研究员在接受央视采访时一针见血地指出:炉温要达到设计标准,必须掺入大量的"活性炭"来辅助燃烧。但活性炭极昂贵,所以很多垃圾焚烧发电厂偷工减料,只在应付检测时才姑且照章使用。这是垃圾焚烧反而助长污染的重要因素。所以在这种背景下,把垃圾焚烧发电这种高风险产业交给企业去主导是不合适的。因此有必要把垃圾焚烧发电作为政府的公益事业来对待,由政府财政来维持其运转,让它完全摆脱逐利的冲动。

不规范操作不焚烧

首先,垃圾焚烧厂选址应符合当地城乡建设总体规划和环境保护规划的规定,并符合当地的大气污染防治、水资源防治、自然保护的要求。而且焚烧厂厂界距离居(村)民住宅、学校、医院等公共设施和类似建筑物的防护距离,应通过环境影响评价来确定,但不应小于 300 米。其次,为了让二噁英等有害物的排放能够达到欧盟标准,设备必须符合要求,焚烧过程不准偷工减料,炉温必须达到设计要求(理论上,在 320～850℃不会产生二噁英)。当然,这些要求必须配予严格的监管,方可保证它不致走样和弄虚作假。

不公开透明不焚烧

为了取信于民,垃圾焚烧发电厂必须做到向整个社会,尤其是向作为潜在受害者的所在社区的居民全方位开放,接受整个社会尤其是所在社区居民全方位的监督。这方面,台北的经验足资借鉴。据报道,现在台北的焚烧厂所在地,都会成立民间的监督委员会;焚烧厂每隔两月发布一次运行指标,方便市民质询。焚烧炉与民营业者之间的经营合约也在台湾环保部门网站上公开。台北市环保局还在垃圾倾泻平台上设置录像设备,并连接网络,市民可随时上网检查进炉烧的是什么。相信这样严格的监管,将会有效地防止权钱交易造成的监管疏失,最大限度地防止任何违规的操作。

相信如果切实贯彻了上述四条原则,垃圾焚烧发电就真正能成为变害为宝的好事。

化腐朽为能源的沼气

提起沼气,也许你并不陌生,人们常会发现池塘里会有一串串气泡从水底的污泥中往上冒。如果用瓶子收集这些逸出的气体,再用火点燃,就会看到瓶口会出现淡蓝色火焰。这种气体就是沼气。其实粪便、农作物的叶茎、杂草、树叶和含有机物的废渣、废液等,在适当的条件下,经过细菌的作用发酵,都会产生沼气。

经分析,沼气的主要成分是甲烷(CH_4),占 60%～70%,另有 30%～35%的二氧化碳,还有少量的氢气、氮气和硫化氢等气体。甲烷是无色、无臭、无味的气体,但硫化氢等却有臭鸡蛋味,所以沼气总带有臭味。由于甲烷密度比空气小,而且在水中的溶解度很低,沼气就可以用水封的容器方便地储藏。但是常温下,甲烷不能液化,沼气只能以气体的形态存在。甲烷能在空气中燃烧,同时放出大量的热。1 米^3 的沼气发热量相当于 1 千克煤炭或 0.5 千克汽油产生的热量。这样看来,甲烷也可算是优质燃料。因此沼气不仅可以用于民间炊事,也可以直接用于工业,甚至带动发电机发电。

中国的沼气事业

中国沼气事业开始于 1930 年。水压式沼气池早在 20 世纪 30 年代就有人加以研究,目前农村中推广较多的就是这种池型,并且受到国际上的重视,通常把它称作"中国式沼气池"。1936 年,著名科学家周培源教授在江苏省宜兴县建造了水压式沼气池,用以烧饭点灯,随后浙江省诸暨县安华镇和河北省武安县也建了沼气池。1958 年,全国不少省市曾推广过沼气,但因技术问题而没能巩固下来。20 世纪 70 年代,由于农村燃料严重缺乏,又一次重视并大力推进沼气建设,再次掀起了沼气建设高潮。农村沼气从 1970 年的 6 000 户发展到 1980 年的 723 万户。但由于技术问题,没有专业施工队,多数沼气池的质量问题突出,只能使用 1～3 年,出现了边建设边报废的情况;到 20 世纪 80 年代中期,土法上马的沼气池基本上全部报废。

20 世纪 80 年代以后,开展了大量有关沼气发酵的理论和应用技术的研究,并取得了可喜的研究成果,我国的沼气建设开始稳步发展。20 世纪 90 年代以来,经过多年的研究、开发、试点示范,各地认真吸取沼气建设的教训,加强科研攻关和试点示范,沼气建设技术获得重大突破。沼气建设从池型设计、建设施工到使用管理逐步成熟,发酵工艺和综合利用技术处于世界领先水平。

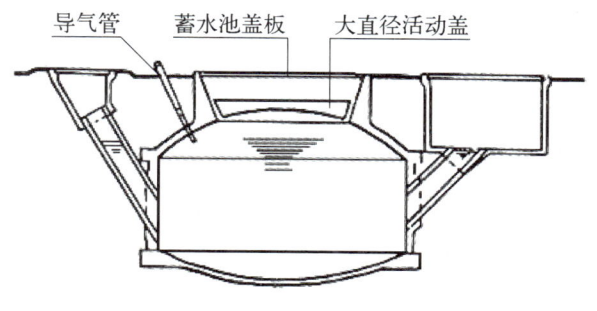

导气管　蓄水池盖板　大直径活动盖

大揭盖水压式沼气池示意图

目前沼气在我国农村能源中占有相当重要的地位,许多农村都用沼气烧饭、煮菜和照明。

我国地大人多,有着极其丰富的沼气资源。当有些国家试验在海洋中大量种植藻类,再以藻类植物发酵制取沼气时,我国仅粪便一项,如在一个 4 000 万人口的省份,用粪便来生产沼气,年产量就达 28 亿米^3,相当于 216 万吨煤。要是再加上稻草等植物叶茎和有机垃圾及废水,那生产的沼气就更多了。一个年产 2 万吨的酒精厂,如将全部废液用来生产沼气,可年产沼气 1 100 万米^3,相当于 8 600 吨煤。所以我国应在沼气问题上坚持科学开发,因地制宜,在把沼气作为农村首选能源的基础上,加大工业化发电的研究开发,开辟出沼气使用的无限美好的前景。

以沼气为纽带的生态模式

2003 年起,国家启动了农村沼气国债建设项目。项目建设以"一池三改"为基本单元,即沼气池建设与改圈、改厕和改厨同步进行,有条件的地方还鼓励推广以沼气为纽带的北方"四位一体"、南方"猪沼果"和西北"五配套"等生态家园模式。

沼气收集

在北方各地推广应用的将沼气、猪舍、厕所、大棚温室有机结合在一起的"四位一体"的生态模式。在这个模式中,日光温室的适宜温度为冬季的蔬菜种植和猪禽生育创造了良好的生长条件,同时保证了北方寒冷地区的沼气池常年正常运转,使沼气池技术在北方农村的推广应用发生了革命性的变化。人畜粪便及时入沼气池,解决了沼气发酵原料,同时净化了养殖环境,沼气池则为大棚蔬菜的生产提供了丰富的经厌氧发酵后的有机肥料。日光温室与畜禽暖圈相连,形成了动植物生长所需的氧气和二氧化碳的互补。利用这样一个"四位一体"生产系统,农民靠养猪种菜可实现投资当年便可收回成本,达到两年脱贫,三年致富,五年达小康的效果。由于日光温室常年使用有机肥,土壤有机质逐年增加,彻底解决了温室生产过去使用化肥造成土壤板结的难题。

南方的"猪沼果(菜、菌、药、花)生态模式",也非常有代表性。所谓"猪沼果生态模式",则是以沼气为纽带,把猪禽养殖和林果、粮食、蔬菜、食用菌种植连接起来,畜禽粪便入池发酵生产沼气,沼气点灯、做饭,沼液浸稻种、喷洒果树以增强抗逆性,沼渣肥田或种菜种菇,形成农业生态良性循环,提高产出率,显著地增加农民收入。

"五配套"模式是从西北地区干旱的特点出发,以农户土地资源为基础,以沼气为纽带,形成以农、牧、沼、果配套发展的良性循环体系。其主要内容是：以一个5亩左右的果园为基本生产单元,在果园或农户住宅前后配套一口8～10米^{3}的水窖,一座10～20米^{2}的猪舍或禽舍(4～6头猪,20～40只鸡),一种节水保墒措施(渗灌或秸秆覆盖),一幢10～15米^{2}的简易看护房。沼气是"五配套"的核心,起着联结种植与养殖、生活与生产的纽带作用；水窖除供人、畜、沼气池用水外,还可补充果园渗灌和穴灌用水；养猪养鸡实现以牧促沼、以沼促果、果牧结合；节水保墒措施是多蓄、少耗、巧用水的有效办法。

沼气利用的其他方面

虽然,我国沼气事业起步早,成绩大,但在利用沼气发电方面还相对滞后。已建的多为小型机组,功率大的在1万～2万千瓦。2004年我国广州与日本合资开发的沼气发电项目,则是利用日本技术,采用沼气通过燃料电池的化学作用,产生220伏交流电,每小时发电2万千瓦。发电所需沼气来自畜牧场的猪粪便。据悉,在国外,如英国1/3的污水处理厂已使用沼气开动机器,装机容量有的达5 000千瓦；美国一个污水处理厂仅利用污水发酵产生的一部分沼气,每天发电量就达1 000千瓦。

沼气是一种可以一直反复再生的生物能源。自然界的植物经过光合作用而得以生长。动物吃了植物,产生粪便。利用粪便、植物叶茎和一些有机废渣废水经发酵产生沼气。沼气作为能源使用,可代替汽油或柴油,开动内燃机用来发电。当然也能代替煤炭和柴草,用来煮饭及照明。人畜粪便和植物叶茎或有机废渣废水经沼气池的发酵沤制,既可以搞好粪便管理,改善环境卫生,又能提高肥效,用于肥田或作为养鱼饲料。此外,沼气又可作为化工原料,生产许多化工产品。因此,沼气在"以绿色的生物能源替代日益紧缺的矿物能源"和"保护生态环境"的今天,越来越受人们的重视。

用污水发电的微生物燃料电池

老上海的居民一定还会记得,20世纪70～80年代苏州河的黑臭问题,曾给人们带来了多少挥之不去的烦恼。

河道黑臭是城市的顽症,不仅苏州河有,其他大中城市的河道也都有类似现象。当年为了让苏州河早日摆脱让人见之蹙眉、闻之掩鼻的不良景况,上海市政府几经规划,花费了整整14年和上百亿元,方使其恢复了水清鱼现、碧波荡漾的局面。

对付这种令人头疼的城市污水,人们惯用的有两种方法:好氧生物处理和厌氧生物处理。前者要消耗大量能量,运行费用很高;后者虽然运行费用较低,但处理过程中产生的甲烷回收问题一直未能很好解决。

随着今天生物质能开发技术的日益成熟,人们终于找到了另一种更好地处理这些污水的方法。美国宾夕法尼亚州立大学的科学家洛根及其率领的研究小组宣布,他们研发出一种新型的微生物燃料电池,可以把未经处理的污水转变成净水和电源。

微生物燃料电池

细菌培养液能够产生电流,是1910年英国植物学家马克·比特率先发现的。当时他把石墨棒放进用大肠杆菌和普通酵母菌制成的培养液中,制造出了世界上第一个微生物燃料电池。洛根正是在此基础上设计制作了它的微生物燃料电池。这个电池是一个圆柱形的树脂玻璃密闭槽,看上去好像一个大型的汽水瓶子。上面装有8条阳极石墨棒,它们围绕着一个阴极棒。阳极棒与阴极棒之间隔有质子交换膜,所以槽中若有电子,是无法通过质子交换膜到达阳极的,只有通过密闭槽外由铜线组成的闭合电路到达阳极,于是电流便在电路中产生了。

使用时,把污水注入反应槽,槽中的细菌将会把污水中的有机物分解,并同时释放出电子和质子。其中,电子将以电流的形式,通过闭合电路流向阳极;质子(氢离子)则通过槽内的质子交换膜流向阴极。并在那里与空气中的氧以及电子结合成干净的水,从而完成了对污水的处理。

洛根初期试验时,只能使该装置发几瓦到几十瓦电,后来提高到可以发几百瓦电。但洛根认为,在正式投产后,它可以产生500千瓦的稳定电流,大约可满足300户家庭的用电需求。

微生物燃料电池的效益预测

过去污水处理一直是只有投入而没有产出的行业,不管是发达国家还是发展中国家都是如此。以美国为例,美国每年需要处理1 247亿升的生活污水,处理费用大约为250亿美元,而大部分的成本几乎都花在维持处理厂运转所需的能源上。若能用上微生物燃料电池,便可降低成本和提高发电效率,将会为废水处理节省巨大的开支。

洛根还认为,只要能利用污水中潜能的10%,便足以解决污水处理的成本开支。因此,若能进一步研发微生物燃料电池,使污水的潜能得以充分发挥,今后就有可能使污水处理成为产出大于投入的营利性的行业。洛根还指出,凡是富含有机物的地方,都可以使用这种电池。

要充分发挥污水潜能,关键就是要给微生物燃料电池选择好的菌种。而好的菌种一般来自基因工程的产物,它们有能力大幅降解污水里面的有机物,同时抑制里面的其他有害微生物的生长,还有就是能产生大量的游离电子以供发电。因此能否有好的菌种,便成为污水处理效果优劣的核心技术。

微生物燃料电池的其他用途

微生物燃料电池也可以用于处理其他有机废料,如用来处理食品加工厂和农场尤其是猪场的废水。以往,处理这些恶臭难闻的污水耗费巨大,而采用这一新的技术不仅可以大大节省开支,还能获得一定的电力。日前,英国布里斯托尔英格兰西部大学的研究人员还开发出一种只有手机大小、由生活有机垃圾提供能量的微生物燃料电池。这就意味着以前人们倒在垃圾筒里的剩饭剩菜,不久就可以变废为宝,为廉价的微生物燃料电池贡献一份“电量”。据悉,这种微生物电池的造价只要15美元。

微生物燃料电池在航天事业中的用途更具有特别的意义。它将为密闭的航天器生态系统的正常循环运转作出特殊的贡献。如它可以用来处理航天员排出的尿、粪便和废弃的食物，通过微生物的降解作用把它们还原为水，并释放出电力；这些新生的水则可用来培植为调节航天器内空气的正常比例而设置的绿色植物。

　　微生物电池的进一步发展将以"生物太阳能电池"为基础。以上提到的微生物电池的微生物都靠吃进"食物"（污水等废弃物中的有机物），并通过氧化反应获得能量，而"生物太阳能电池"中的微生物却能通过光合作用直接吸收并利用太阳能来产生电流。不过，由于种种技术方面的原因，微生物燃料电池的大规模利用目前尚无法做到。但它作为一种反应条件温和，电池维护成本较低，安全性强，清洁高效，无污染，零排放（只排放清水）的新能源技术，定会在不久的将来大放异彩。

话说核能

广岛的原子弹爆炸

1945 年 8 月 6 日上午 8 点 15 分，日本广岛的上空突然闪现出一种令人目眩的亮光，紧接着一朵巨大的暗红色的蘑菇云从半空中冉冉升起，并迅速向四周扩散；人们听到了一阵沉闷的爆炸声，接着是一股令人窒息的、炽热的、几乎是能横扫一切的狂风……这便是原子弹爆炸的情景。

这颗投放在广岛的原子弹，由于其实际长度比当初设计的长度要小，所

以被称为"小男孩"。它装有约 45 千克的铀 235，其中只有不到 1 000 克的铀在瞬间发生了核分裂，释放出了相当于 1.6 万吨高性能炸药的能量。其中冲击波占 50%，光辐射占 35%，放射线占 15%，它们交织作用，造成了毁灭性的破坏。当时广岛人口为 34 万多人，靠近爆炸中心的人大部分死亡，当日死者计 8.8 万余人，负伤和失踪的为 5.1 万余人；全市 7.6 万幢建筑物全被毁坏的有 4.8 万幢，严重毁坏的有 2.2 万幢。幸存下来的人也被烧伤炸伤……

日本广岛原子弹爆炸遗址

核裂变能

原子弹为什么会具有如此大的威力？原来这是来自它释放出来的核能（也称原子能）。1905 年，著名科学家爱因斯坦提出了质能互换公式：$E = mc^2$，即能量＝质量×光速^2。也就是说，在元素发生裂变时，只要有那么一

丁点儿质量的损失就会转化成巨大的能量。这也就是人们所说的原子能。

如以原子量为 235 的铀 235 为例：当一个中子撞击铀 235 原子核后，其内部就会因吸收中子的能量，而开始作剧烈的哑铃状震荡；其原本的原子结构终因震荡过剧而瓦解，产生出两个质量较小的原子核及放出 2～3 个新的中子，以及 β、γ 等射线，并释放出约 200 兆电子伏的能量。这些新产生的中子又会撞击附近的铀 235 原子核，使其继续发生分裂反应，此即所谓的"链式反应"。在这反应之后，所产生的全部原子核及中子等的总质量比未发生反应之前低。所损失的质量则转化成能量，按照爱因斯坦的公式，这些极小的损失质量就会变成极大的能量。1945 年美军投下的广岛原子弹，核分裂反应中只损失的 1 克质量转化成的能量就摧毁了整个城市。

核聚变能

在发现原子因裂变而释放出核能的同时，人们也注意到核能还可以通过氢原子的聚合而产生。1919 年，英国物理学家阿斯顿最先注意到，原子量为 4 的氦 4 的质量，要比构成它的 4 个氢原子的质量总和小 1% 左右。根据爱因斯坦的公式，显然这 1% 的质量已转化成为巨大的能量，但那时候人们还不知道有核聚变的可能。1929 年科学家们终于从理论计算中证明，在几千万摄氏度的高温环境下，4 个氢有可能聚合成为氦。1934 年，澳大利亚物理学家奥利芬特用氢的原子量为 2 的同位素氘去撞击另一个氘，结果获得了原子量为 3 的氢的另一个同位素氚，最先实现了轻元素的核聚变。1942 年美国科学家又实现了氘和氚的聚合反应。

核聚变之所以不像核裂变那样容易发生，是由于原子核都带有正电，电力使它们互相排斥，不易靠近。为了克服带正电的原子核之间的斥力，原子核需要以极快的速度运行，而要使原子核达到这种运行状态，就需要继续加温，直至上亿摄氏度，使得原子核之间的运动达到一个疯狂的水平。温度越高，原子核运动越快，以至于它们没有时间相互躲避。于是，氘的原子核和氚的原子核以极大的速度赤裸裸地发生了碰撞，结合成 1 个氦原子核，并放出 1 个中子和 17.6 兆电子伏的能量。

研究证明，质量轻的原子核间的静电斥力最小，也最容易发生聚变反应，所以核聚变物质一般选择氢的同位素氘和氚。氢是宇宙中最轻的元素,在自然界中存在 3 种同位素:原子量为 1 的氕,原子量为 2 的氘(重氢)和原子量为 3 的氚(超重氢)。在氢的同位素中,氘和氚之间的聚变最容易,氘和氘之间的聚变就困难些,氕和氕之间的聚变就更困难了。因此在考虑聚变时,先考虑氘、氚之间的聚变,后考虑氕、氕之间的聚变。重核元素如铁原子也能发生聚变反应,释放的能量也更多;但是以人类目前的科技水平,尚不能满足其聚变的条件。

核聚变释放的能量远远大于核裂变所释放的能量。1 000 克氘全部聚变释放的能量相当于 11 000 吨煤炭,而 1 000 克铀 235 裂变所释放的能量则相当于 2 500 吨煤炭。

1942 年,美国科学家在研制原子弹的过程中,推断原子弹爆炸提供的能量所产生的高温有可能点燃轻核,引起聚变反应。1952 年 11 月 1 日,美国进行了世界上首次利用氢聚变能量的氢弹试验。在这之后,从 20 世纪 50 年代初至 60 年代后期,美国、苏联、英国、中国和法国都相继研制成功了氢弹,并装备部队。

核衰变能

1896 年,法国物理学家贝克勒尔最先发现,铀及其化合物具有一种特殊的本领,能自动地、连续地放出一种人的肉眼看不见的射线。1897 年,居里夫人把元素的这一本领称为"放射性"。接着又发现一种元素可以通过放射性蜕变为另一种元素,同时辐射出一定的能量(放射性就是辐射能量的表现),这就是核衰变能。不过核衰变能的能级很小,而且一般是极其缓慢地逐渐释放,没有核裂变和核聚变那样的疾风暴雨式的释放。据计算,1 000 克镭完全衰变所释放出来的能量仅相当于 375 吨煤炭,而且要经过 1 600 年左右才能有一半发生衰变;再过 1 600 年左右又有这余下一半的一半发生衰变。所以若要这 1 000 克镭全部衰变,真是不知要等到猴年马月。

核能的利用

许多世纪以来,人类使用的能源,除了极小部分来自地球的热能、重力能和日月引力能之外,几乎都来自太阳能,生物质能和矿物质能,其实都是太阳能转化而来的二次能源;风能和水力能也不例外,根源都是太阳能。

对人类文明来说,20世纪最伟大的成就就是打破了太阳能的这一垄断地位,开辟了完全不依赖太阳能的能源利用新篇章,闯入了被深深禁锢着的核能新领域。

按其释放的方式,核能可分为核衰变能、核裂变能和核聚变能三种。

核衰变能的利用

核衰变能是最早被人们所发现的核能,它是通过放射性元素的衰变释放出来的。所以它也最先被人们所使用。放射性元素(确切地说应为放射性核素)最早应用的领域是医学和钟表工业。根据居里夫人的研究,人们知道镭的辐射具有强大的贯穿本领,因此镭的射线便成为当时治疗恶性肿瘤的重要工具;镭盐在暗处会发光,便被用于涂制夜光表盘。在这之后,利用放射性元素衰变能的领域越来越广泛,逐渐深入到各个领域,例如医学中使用的放射性标记化合物,工业探伤、测井(石油)、食品加工和肿瘤治疗等。

核裂变能的利用

核裂变能是继核衰变能之后也被人们所利用的一种新能源。由于它可瞬时释放出十分巨大的能量,因此它最先便被应用于军事领域。核裂变能的和平利用则始于1951年,该年美国在加利福尼亚州的希平港建成了世界上第一座利用核裂变能的试验性核电站。接着,1954年,苏联也建成了另一座装机容量为5兆瓦的核电站。到1960年,就有5个国家建成20座核电站,装机容量达1 279兆瓦。目前核电已成为三十多个国家能源组成中不可或缺的

德国巴伐利亚核电站

部分。全世界正在运行的核电站已超过 441 座,总装机容量超过 387 千兆瓦,其中法国核电占其国内总电力的 74.6%,比利时占 56.8%,瑞典占 39%,日本占 33.8%,德国占 30.6%,英国占 22%,美国占 20%,俄罗斯为 16%。

核能供热是 20 世纪 80 年代才发展起来的一项新技术,是开拓核能利用的一个重要方面。它以核裂变产生的能量为热源,向城市进行集中供热,也用于煤的气化和炼铁等耗热巨大的行业。这对解决城市能源供应,减轻运输压力和消除燃煤造成的环境污染是一种绝佳的途径。目前,正在发展的有三种核能供热方式:

城市集中供热专用低温供热堆

这种堆的压力为 1～2 兆帕,可以输出 100℃ 左右的热水供城市应用。由于反应堆工作参数低,安全性好,有可能建造在城市近郊。

核热电站

它和普通热电站原理相似,只是用核反应堆代替矿物燃料锅炉。核热电站反应堆工作参数高,必须按照核电站选址规程建在远离居民区的地点,从而使它的发展在一定程度上受到限制。

化学热管远程核供热系统

这是正在研究的先进技术。它利用高温气冷堆产生的 900℃ 左右的高温热源,让工作介质通过吸热相变为另一相态(如冰化为水),然后在常温下通过管道将其输送到用户,再让其发生释热相变还原为原来的物质。在此过程中释放的热量便可供用户应用。这种方法可将核热送到远处供大片地区使用。但目前技术还不成熟。

核能还是一种具有独特优越性的动力,因为它不需要空气助燃,所以核能可作为地下、水中和太空缺乏空气环境下的特殊动力;而且核能耗料少,能量大,一次装料后可以长时间供能,所以核能可作为潜艇、火箭、宇宙飞船、人造卫星等的特殊动力。如 1997 年 10 月 15 日美国宇航局发射的"卡西尼"号空间探测器飞往土星,行程达 35 亿千米,采用的就是核动力。

核聚变能的利用

核聚变能是量级比核裂变能更大的能源。太阳之所以发光发热就是来自核聚变能。1952 年美国进行的氢弹试验,是人类利用核聚变能的首次尝试。

氢弹爆炸是一种不受控制的核聚变。要想核聚变能被人类有效地利用,必须能够合理控制核聚变的速度和规模,实现持续而平稳的能量输出;而触发核聚变反应必须消耗能量(约 1 亿千瓦·时),因此人工核聚变的能量与触发核聚变的能量要达到一定的比例才能有经济效应。

目前核聚变利用的核原料——氘和氚,在地球上有着丰富的蕴藏,足够人们使用百亿年。而且聚变产物是稳定的氦,和裂变反应相比,放射性污染小得多,也容易处理得多,因此它将是一种解决地球上能源需求的理想途径。然而,遗憾的是,迄今人们还无法实现有控制的核聚变,因此核聚变能的非军事应用,暂时还无法付诸实施。

核电站

核能是一种能量量级很大的能源,人们要想广泛地利用它,最有效的途径就是把它转化成电能。因此建设核电站是核能利用的基础。

核电站的优势

与传统的火力发电站相比,核电站具有十分明显的优势:

(1)核能发电不像化石燃料发电那样排放巨量的污染物质到大气中,因此核能发电不会造成空气污染;

(2)核能发电无碳排放,不会加重地球温室效应;

(3)核能发电所使用的铀燃料,除了发电外,暂时没有其他的用途;

(4)核燃料的能量密度比起化石燃料高上几百万倍,故核能电厂所使用的燃料体积小,运输与储存都很方便,一座100万千瓦的核能电厂一年只需30吨的铀燃料,一航次的飞机就可以完成运送;

(5)核能发电的成本中,燃料费用所占的比例较低,核能发电的成本不易受到国际经济形势的影响,故发电成本较为稳定。

自1951年美国在加利福尼亚州海边希平港建成了世界上第一座试验性核电站以来,核电站就像雨后春笋般地在世界各地涌现。目前全世界正在运行的核电站已超过441座,总装机容量超过387兆千瓦,其发电量已占世界总发电量的16%左右。在法国、立陶宛、比利时,核电甚至已超过该国总发电量的一半以上。

核电站的发展历程

目前,世界上已建或在建的核电站都是利用核分裂能。其心脏部件就是核反应堆。它就像火电站中的锅炉一样,让核燃料在核反应堆中发生特殊形式的"燃烧"来产生热量,使核能转变成热能来加热水,产生蒸汽;然后利用蒸汽来推动汽轮发电机发电,使机械能转变成电能。一般说来,核电站的汽轮发电机及电器设备与普通火电站大同小异,其奥妙主要在于核反应堆。

核电站自 20 世纪 50 年代开始,发展至今,根据其工作原理和安全性能的差异,可将其分为四代。

第一代核电站

核电站的开发与建设开始于 20 世纪 50 年代。1951 年,美国最先建成世界上第一座试验性核电站。1954 年苏联也建成发电功率为 5 000 千瓦的实验性核电站。1957 年,美国建成发电功率为 9 万千瓦的原型核电站。这些成就证明了利用核能发电的技术可行性。上述实验性的原型核电机组被称为第一代核电站。

第二代核电站

20 世纪 60 年代后期,在实验性和原型核电机组的基础上,陆续建成发电功率为几十万千瓦或几百万千瓦,并采用不同工作原理的所谓"压水堆""沸水堆""重水堆""石墨水冷堆"等核反应堆技术的核发电机组。它们在进一步证明核能发电技术可行性的同时,使核电的经济性也得以证明。目前,世界上商业运行的四百多座核电机组绝大部分是在这一时期建成的,习惯上称其为第二代核电站。

第三代核电站

20 世纪 90 年代,为了消除美国三里岛和前苏联切尔诺贝利核电站事故的负面影响,世界核电业界集中力量对严重事故的预防和缓解进行了研究和攻关,美国和欧洲先后出台了《先进轻水堆用户要求文件》(URD 文件)、《欧洲用户对轻水堆核电站的要求》(EUR 文件),进一步明确了预防与缓解严重事故,提高安全可靠性等方面的要求。于是,国际上通常把满足 URD 文件或 EUR 文件的核电机组称为第三代核电机组。第三代核电机组有许多设计方案,例如早些时候由美国通用(GE)设计的 ABWR,日本三菱设计的 APWR,加拿大核能公司设计的 EC6 等。其中比较有代表性的设计就是美国西屋公司的 AP1000 和法国阿海珐公司开发的 EPR 技术。这两项技术在理论上都有很高的安全性。以 AP1000 为例,其安全设计采用了"非能动"技术,也就是靠自然力(如流体的自然对流、扩散、蒸发、冷凝等),在事故状态下启动安全保护。一旦出现地震等自然灾害,无须外来电力就可以自行将反应堆冷却。这就避免了出现福岛核电站那样的危机。这些设计理论上很好，但实践起来却困难重重。由于某些方面的技术还不够成熟，以致在世界各国使用三代核电技术的装机数却寥寥无几。在这方面我国走在了世界的前列，正在建设中的浙江三门和山东海阳就采用了美国西屋的 AP1000 技术；广东台山则采用法国的 EPR 技术，它们的建成，将成为世界第三代核电站建设的先行者。

第四代核电站

2000 年 1 月，在美国能源部的倡议下，美国、英国、瑞士、南非、日本、法国、加拿大、巴西、韩国和阿根廷这 10 个有意发展核能的国家，联合组成了"第四代国际核能论坛"，并于 2001 年 7 月签署了合约，约定共同合作研究开发第四代核能技术；期望进一步降低电站的建造成本，更有效地保证它的安全性，使核废料的产生最少化和防止核扩散。但遗憾的是，迄今还没有建成一个符合这些要求的第四代核电站。

核电站的缺点

核电站也存在一些明显的缺点：

（1）核电厂会产生高低阶放射性废料，或者是使用过的核燃料，虽然所占体积不大，但因其具有放射性，必须慎重处理；

（2）核电厂热效率较低，因而比一般的化石燃料电厂排放出更多的废热，故核电站对环境的热污染较严重；

（3）核电站的投资成本太大，电力公司的财务风险较高；

（4）核电较不适宜满负荷运转，也不适宜低于标准负荷运转；

（5）兴建核电站常易引发政治歧见的纷争；

（6）核电站的反应器内有大量的放射性物质，如果在事故中释放到外界环境，会对生态及民众造成伤害。

世界三大核事故

核电站具有相对清洁和能量密度大的先天优势,能为缓解能源危机作出积极的贡献。然而事物总是一分为二的。核电站在给我们带来利益的同时,也有可能给我们带来灾难。人们不会忘记美国三里岛核事故、苏联的切尔诺贝利核事故和日本福岛核事故带来的巨大创伤。认真回顾这些事故的经过,总结它们的经验教训,是以前车为鉴,避免重蹈覆辙的必要。

美国三里岛核事故

三里岛核电站位于美国东北部的宾夕法尼亚州的一个小岛上。1971 年兴建第一座压水堆,电功率约为 790 兆瓦,1974 年投入运转。1973 年动工兴建第二座压水堆,电功率为 880 兆瓦,于 1978 年 12 月建成。发生核突发事件的是第二座压水堆(也称 2 号堆),从建成到发生事故仅运转了约 3 个月的时间。

1979 年 3 月 28 日早晨 4 点 30 分左右,三里岛核电站的 2 号反应堆,在例行检修以后重新开始运行时,发生了堆芯失水而熔化和放射性物质外逸的重大事故。这次事故是由于二回路的水泵发生故障后,二回路的事故冷却系统自动投入,但因前些天工人检修后未将事故冷却系统的阀门打开,致使这一系统自动投入后,二回路的水仍断流。当堆内温度和压力在此情况下升高后,反应堆就自动停堆,卸压阀也自动打开,放出堆芯内的部分气水混合物。同时,当反应堆内压力下降至正常时,卸压阀由于故障未能自动回座,使堆芯冷却剂继续外流,压力降至正常值以下,于是应急堆芯冷却系统自动投入,但操作人员未判明卸压阀没有回座,反而关闭了应急堆芯冷却系统,停止了向堆芯内注水。这一系列的管理和操作上的失误与设备上的故障交织在一起,使一次小的故障急剧扩大,造成堆芯熔化的严重事故。

不过在这次事故中,主要的工程安全设施都自动投入,同时由于反应堆有几道安全屏障(燃料包壳、一回路压力边界和安全壳等),因而无一人员伤亡,在事故现场,只有 3 人受到了略高于半年的容许剂量的照射。核电厂附近 80 千米以内的公众,由于事故平均每人受到的剂量不到一年内天然本底的 1％,因此,三里岛事故对环境的影响较小。

回顾三里岛核事故的教训,主要在组织管理、操作人员素质培训与人机联系等方面。特别是操作人员的屡次操作失误,其教训尤为深刻。据报道,当时几个在处理事故过程中的操作人员,甚至连堆芯内因失水,温度升高引起堆芯沸腾的问题都没有想到过,在安全壳内观察到有强放射性水平以后的三四天里仍没意识到燃料元件包壳可能严重损坏等,可见操作人员的实际素质与技能水平是何等之差。本来,三里岛核电站为实现反应堆的安全,设计有多层设防的纵深防护结构,如果不是操作人员强行干预了安全系统与设备的工作,堆芯损坏和放射性的向外逸出是不会发生的,故加强组织管理和加强操作人员的技术培训,是确保安全的重要环节。另外,这次事故也暴露出安全控制系统的一些不足。如系统在设计时没有考虑到,怎样防止一些人为故障,怎样及时对操作人员的失误作出警告,提醒相关人员及时予以纠正等。

苏联切尔诺贝利核事故

切尔诺贝利核电站是苏联修建的一座核电站,曾被认为是世界上最安全最可靠的核电站。但 1986 年 4 月 26 日,核电站的第 4 号核反应堆在进行半烘烤实验中突然发生失火,引起爆炸,30 人当场死亡。据估算,核泄漏事故后产生的放射污染,相当于日本广岛原子弹爆炸产生的放射污染的 100 倍。爆炸使机组被完全损坏,8 吨多强辐射物质泄露,尘埃随风飘散,致使电站周围约 6 万千米^2 的土地受到直接污染,320 万人受到核辐射侵害;放射尘埃甚至随风扩散到整个欧洲,酿成人类和平利用核能史上的一大灾难。近邻白俄罗斯深受其害。据专家统计,事故泄漏的放射性尘埃 70％落在白俄罗斯境内,当地 20％的农业用地被废弃,四百多个居民点成为无人区(离核电站 30 千米以内的地区后被辟为隔离区,很多人称这一区域为"死亡区"),直接经济损失超过 2 000 亿美元。更严重的是事故造成的核污染将会长期存在。专家估计,要完全消除这场浩劫对自然环境的影响至少需要 800 年,而持续的核辐射危险将延续 10 万年。

苏联专家在总结这起核电站事故的教训时指出：有关人员玩忽职守、粗暴违反工艺规程是造成事故的主要原因。按规定，反应堆的反应区内至少应有15根控制反应的控制棒，但事故发生时反应区内只有8根控制棒。反应堆产生的蒸汽是供给两台涡轮发电机的。当关掉涡轮机时，自动保护系统会立即关掉反应堆。但事故当天，电站工作人员在进行实验之前却先切断了自动保护系统，致使涡轮机被关闭并开始实验时，反应堆却在继续工作。此外，电站工作人员还关掉了蒸汽分离器的安全联锁系统。这种做法宛如飞机要降落时，驾驶员却没有放下起落架。

除了人员操作上的原因外，反应堆本身也存在着设计上的缺陷，尤其是控制棒的设计。本来操纵员通过将控制棒插入反应堆可以降低反应速度。但在切尔诺贝利反应堆的设计中，控制棒的尾端是由石墨组成的，延伸部分（在尾端区域超出尾端的部分，大约长1米）中空且充满水；而控制棒的其他部分由碳化硼制成，是真正具有吸收中子能力的部分。因为这种设计，当控制棒一开始插入反应堆的时候，石墨端会取代冷却剂，反而大大地增加了核分裂的反应速度，因为石墨能够吸收的中子比沸腾的轻水少。因此一开始插入控制

117

棒的前几秒钟,反应堆的输出功率反而会增高,而不是预期的降低功率。

反应堆还有一个危险的空泡系数。空泡系数是一种衡量反应堆安全程度的数据,用于测量水冷却剂中蒸汽气泡的形成与增加对反应堆的影响。大部分的反应堆设计会在水温升高时产生较小的能量。这是因为如果冷却剂含有蒸汽气泡,则系统中能被减速的中子数量就会下降,使速度快的中子数量增大。速度快的中子一般不易造成铀原子的裂变,所以反应堆会产生较小的能量。然而,切尔诺贝利的反应堆,使用固体石墨当作中子慢化剂来降低中子的速度,且用吸收中子的轻水来冷却核心。因此尽管水中有蒸汽气泡产生,仍有大量中子被慢化。此外,因为蒸汽吸收中子不像水那样容易,因而增高了反应堆的温度,致使更多的中子具有激发铀原子裂变的能力,从而增加了反应堆的能量输出。这种设计导致反应堆在低功率时非常不稳定,在温度上升时存在输出能量在短时间内达到危险水平的倾向。

再者,为了降低成本,建造电厂时在巨大体积的反应堆周围并没有建筑任何作为屏障用的安全壳。这使得蒸汽爆炸造成反应堆破损后,放射性污染物直接进入环境之中,造成了这次空前的核灾难。

日本福岛核事故

日本福岛核电站是世界最大的核电站,它有两个电站。其中第一核电站拥有 6 个反应堆,它们均属沸水型反应堆。地震前 1、2、3 机组正常运行,4、5、6 机组正在大修或停机检修。

2011 年 3 月 11 日,日本发生了 9.0 级的东北关东大地震。当人们还在地震带来的"海啸"余悸中尚未缓过神来时,第一核电站的 1 号反应堆率先发生了爆炸,接着 2 号、3 号反应堆也跟着爆炸。原因和 1 号反应堆一样,都是反应堆缺乏冷却水导致堆芯温度过高而引起的。爆炸使大量的核辐射飘逸出来,当地居民纷纷"逃亡"。

据悉在地震发生时,1、2、3 号机组正在发电,4、5、6 号机组处于维修状态。地震一发生,1、2、3 号的控制棒立即启用,吸收中子,然后反应堆就停堆了。不过反应堆虽自动停止反应,燃料棒却依然会放射微弱的热量。由于反应堆是封闭的,所以热量会越聚越多,温度会越来越高。本来有备用的柴油机供应冷却水,可以使反应堆的堆芯温度降下来。但没有想到地震后 30 分钟,浪高 14.7 米的海啸袭来,而防海啸的堤坝只能防 5.8 米海啸,致使备用的柴油机迅速被淹没。没有了柴油机供应的电源,控制核电站的电脑程序、核电站内部的冷却系统都成了摆设。于是堆芯温度越来越高,并导致炉心熔化。另外,高温还使燃料棒周围的冷却用水越来越少,随之燃料棒露了出来。本来有 4 米长的燃料棒,现在有 1 米左右露出了水面之上。4 号反应堆,堆放废弃燃料棒的水池的水位也在下降;2 号反应堆的外壳破损,以致超危险的核放射物质就开始逃逸;而且反应堆里面的水蒸气在高温下被分解成氢和氧,当浓度越来越大时,就发生了爆炸。这样不仅是该核电站所在的福岛县核辐射高超标,如 15 日中午时分,测得核电站周围的辐射量为正常时的 350 万倍;连 240 千米外的东京,在 15 日也测出了微量的放射物质。

本来,在海啸还没到来之前,如果确认备用发电机被损坏了,东京电力公司应该开几辆供电车来。这样,结局也许就不是今天这个样子。另外,在地震发生后的第二天,日本东京电力公司就有人建议,备用柴油发电机不能工作,赶紧用海水冷却,当时的决策者有一点舍不得,如果用海水浇灌冷却反应堆,反应堆以后就不能用了。出于经济利益,希望侥幸把事故躲过去,反应堆将来还能继续使用,继续发电,继续挣钱,结果错失了最佳时机。就这样,3 月 12 日被白白耽误浪费掉了一天,终于导致爆炸的发生。眼看实在不行了,3 月 13 日决策者只好决定用海水浇灌。直到 3 月 18 号以后,外面的电力逐渐恢复供电,冷却系统能够工作了,情况才得到一定的控制。

3 个月后的评估结果是:1 号机组堆芯燃料破损一半以上,2 号、3 号机组堆芯燃料破损都达 35%,4 号机组因为停堆,把燃料卸下来放在水池里,所以它没有堆芯破损。放射性污染也已降至相当于人们坐飞机在 1 万米高空所接受的放射性剂量。

这次事故的教训是:第一,决策者不应错失良机,灌海水太慢,恢复外部供电措施也太晚。第二,一开始政府没有介入,完全是企业行为,这样严重的核事故,让民营企业来处理显然是错误的。第三,设计时对可能的威胁估计不足,如设计当初,只考虑到福岛会发生 7.9 级以下的地震,没想到发生了 9.0 级地震;防波堤的设计也太矮。其实对于这种存在可能风险的核电站,安全系数应是宜高不宜低。

谈"核"何须色变

说起核能,人们往往会产生种种疑虑,不免想起日本广岛和长崎的原子弹爆炸,美国三里岛的核事故,给环境带来灾难性后果的前苏联切尔诺贝利核事故······

正是出于这些疑虑,致使许多人对发展核电站开发核能持反对和否定的态度。那么核能是否真的那么可怕,要让人谈核色变吗?

切尔诺贝利核事故的后期调查

不!科学家们认为核能是安全的。世界卫生组织的 45 位专家、国际原子能机构的 36 位专家以及联合国都曾对 1986 年切尔诺贝利事故的后果作了详细的调查。调查发现,到 2001 年 4 月,当年有 134 位抢险人员患了急性放射病,28 人当年死亡,截至 2006 年,又有 19 人死亡,但后者的死因多种多样,一般不能认定与辐射暴露直接有关。

另外,人们对切尔诺贝利事故做了非常详细的医学观察和统计。最严重时,辐射剂量很高,达 6 希[沃特]以上。当时进入现场的 10 人里,9 人死了;后来进去的,暴露在 4~6 希,死亡率为 20%;剂量为 2 希时,死亡率不到5%;如果 2 希以下,则当场死亡为零,后期死亡也很低。希沃特(Sv)是什么意思呢? 1 千克的组织吸收 1 焦[耳]的能量,叫一个 Sv。日本福岛核事故,在反应堆第一次爆炸后的第三天,在距离爆炸约 21 千米处检测到 330 微希/时的辐射量,这相当于正常情况下的约 6 600 倍。3 个月后,福岛地区测得的辐射剂量则已降到 1.7 微希/时。这虽然还比正常值高出 10 倍左右,但和人们坐一次飞机在 1 万米高空所接受的剂量相比还要偏低一些。

调查人员还对俄罗斯的抢险工人和对照人群作了比较,1990~1999 年的统计结果表明,抢险工人死亡率和正常的死亡率相比居然小于 1。这至少说明,切尔诺贝利事故没有导致抢险工人死亡率的增大。

1990~2000 年,比较抢险工人得癌症的概率,和俄罗斯其他地区几乎相当。核污染地区的癌症发病率,包括乌克兰、白俄罗斯等,与对照地区相比也是接近 1。被污染地区的附近的居民,与俄罗斯远东等远离核事故的居民,没有什么统计学上有异议的差异。唯一发现有害的是儿童的甲状腺癌,1986～1997 年,乌克兰这个数据不高,但俄罗斯很高,大概每 10 万个儿童有 10 个俄罗斯小孩有甲状腺癌。

核辐射是普遍存在的

科学家们还指出:放射性即核辐射是普遍存在的。我们头顶有宇宙射线,脚底有土壤中的天然放射性元素铀、钍和钾 40。我们无时无刻不受到辐照,只是没有意识到而已,所以放射性是不可避免的。甚至有人说,没有放射性就没有生命。这句话不是一点科学证据都没有。

在正常情况下,人们一年接受的放射性平均在 2 毫希左右。其中有 0.4 来自宇宙线,0.5 来自土壤层,还有 0.3 来自人体自身。我们体内含有钾 40、碳 14 等这些微量的放射性元素。我们做 X 线光胸部透视,会接受0.4～1毫希;做一次脑 CT 是 7 希。从北京坐飞机到上海,会受到约 20 毫希辐射。因烟中含有放射性钋 210,每天抽 20 支烟,一年可达 1 毫希。

低剂量核辐射不可怕

地球上无处没有辐射,其中有一些地区辐射本底相当高。如伊朗有一个地区居然高达 10.2 毫希,个别地区甚至达到 260 毫希。但当地老百姓并没有受到白血病或癌症的骚扰。有一个诺贝尔奖获得者罗萨林·耶洛,研究了美国一些放射性比正常地方高了 10 倍的地区,结果发现那里的癌症死亡率比其他低放射性地区低了 15%。我国和巴西、印度也都有这种情况。

我国疾控中心辐射医学研究所的魏履新先生,一辈子研究高辐射本底对人体的危害,出了一本书——《中国阳江高本底辐射研究》。他的研究时间长达 16 年,调查了 1 698 508 人。这样大的样本,最后结果是高剂量辐射地区(阳江的本底辐射是 3.5 毫希,比其他地方约高出 3 倍)的人群与对照地区人群的发病率之比,非常接近于 1。

大家以前设想,放射性越高,人越危险,可能发病或者死亡,是正相关的关系。但是至今却没有什么实验结果支持这个假设。日本长崎曾遭到原子弹的袭击。一个日本医生在 1981 年发表了他跟踪长崎人寿命的调查结果，从 30、40、50、60、70、80 岁，一直到高龄的日本人，结果是几十年间的每年死亡率，长崎地区居然低于非原子弹爆炸区。还有美国科学家做了肺癌与氡辐射剂量的死亡率关系调查。原本以为是正相关的，即氡水平越高，则肺癌发病率越高。但结果却恰恰相反。

综上所述，我们可以看到，低剂量的辐射是不可怕的，我们无须对其抱有恐惧心理。

确保反应堆安全的三道防线和四道屏障

不过，话也要说回来，低剂量核辐射虽不可怕，但若发生核事故，有大量的放射性物质被释放出来，还是会造成可怕的后果。因此在反应堆及核电站的设计、建造和运行过程中，必须坚持和确保安全第一的原则，必须设置反应堆控制系统、反应堆保护系统和专设安全设施，确保在任何情况下都能充分实施有效的控制。

当今，为了确保反应堆的安全，一般设有三道防线。

第一道防线：预防事故

这包括在设计上使各种"参数"都留有充分的安全度，即要求具有相当大的安全系数。对一些关键设施如供电和链式裂变反应的控制系统等都配有相同功能的两个或两个以上的不同系统，即使一个系统"出事"，其备份系统也可立即顶替"上岗"。

第二道防线：控制事故

为了防止放射性物质的泄漏，核电站设置了四道安全屏。

第一道屏障：核燃料芯块　现代反应堆广泛采用耐高温、耐辐射和耐腐蚀的二氧化铀陶瓷核燃料。经过烧结并磨光的这些陶瓷型的核燃料芯块能保留住 98% 以上的放射性裂变物质，不使其逸出，只有穿透能力较强的中子和 γ 射线才能辐射出来。这就大大减少了放射性物质的泄漏。

第二道屏障：锆合金包壳管　二氧化铀陶瓷芯块被装入包壳管，叠成柱体，组成了燃料棒。由锆合金或不锈钢制成的包壳管必须绝对密封，在长期运行的条件下不使放射性裂变产物逸出,一旦有破损,要能及时发现,采取措施。

第三道屏障:压力容器和封闭的一回路系统 这道屏障足可挡住放射性物质外泄。即使堆芯中有1‰的核燃料元件发生破坏,放射性物质也不会从它的里面泄漏出来。

第四道屏障:安全壳厂房 它是阻止放射性物质向环境逸散的最后一道屏障,它一般采用双层壳体结构,对放射性物质有很强的防护作用,万一反应堆发生严重事故,放射性物质从堆内漏出,由于有安全壳厂房的屏障,对厂房外的环境和人员的影响也微乎其微。事实上,尽管全球有大约440个核电站在运行,但由于这些阻断屏障的到位,对外界年辐射剂量的贡献,只有约0.002毫希。

第三道防线:缓解事故

万一发生事故,当所有预防措施全部失效时,一方面应尽量维持可能已严重损坏的堆芯的冷却,另一方面紧急启动反应堆"专设安全设施",该设施主要包括堆芯冷却系统、安全壳喷淋系统、安全壳隔离系统、应急给水系统等,用于减低堆芯和安全壳的压力和降低高温。

在设置安全防线的同时,还应推行以核反应堆为主的全范围和全过程的质量保证体系,确保设计、施工、调试运行的质量和安全,实施国家环境法中规定的"三同时",即建立项目中的污染防治工程必须与主体工程同时设计、同时施工和同时投产使用。

核安全还体现在核事故的应急管理上。我国的核事故应急管理实行"常备不懈,积极兼容,统一指挥,大力协同,保护公众,保护环境"的方针。核事故应急组织实施三级制,即国家级应急组织、省(自治区、直辖市)级应急组织和核电事故应急组织,并于1991年8月正式成立了国家核事故应急委员会,充分表明我国对核安全的高度重视。

我国核电发展的概况

为了满足社会发展对能源的需要，核电站作为相对清洁、能量巨大、技术成熟度较高、发电成本较低的新能源，已成为许多国家发展能源的首选。我国也于 1985 年开始核电建设。

我国的核电站

秦山核电站是我国建造的第一座核电站。它坐落于浙江省嘉兴市海盐县秦山镇双龙岗，面临杭州湾，背靠秦山。这里风景如画，水源充沛，交通便利，又靠近华东电网枢纽，是建设核电站的理想之地。

作为我国大陆第一座自己研究、设计和建造的核电站，其一期工程额定发电功率为 30 万千瓦，采用国际上成熟的压水型反应堆，1984 年破土动工，1991 年 12 月 15 日并网发电。

秦山核电站的建成结束了中国大陆无核电的历史，也使我国成为继美国、英国、法国、俄罗斯、加拿大和瑞典之后，世界上第七个能自行设计、建造国内首座核电站的国家。而且该站投产以来，机组运行一直处于良好状态，成为我国自力更生和平利用核能的典范。

在一期工程成功运行的基础上，于 1996 年 6 月又开始二期工程和三期工程的建设。二期工程，仍由我国自主设计，自主建造，包含有 2 座 60 万千瓦压水型反应堆，分别于 2002 年 2 月 6 日和 2004 年 5 月 3 日建成发电。三期工程采用加拿大成熟的坎杜 6 重水堆核电技术，建造了两台 70 万千瓦级核电机组，分别于 2002 年 11 月 19 日和 2003 年 6 月 12 日并网发电。

广东深圳大亚湾核电站是继秦山核电站之后开工建设的第二座核电站。1987 年 8 月 7 日工程正式开工，1994 年 2 月 1 日和 5 月 6 日两台单机容量为 90 万千瓦压水型反应堆机组先后投入商业营运。稍后又在其近侧建造岭澳核电站，规划建设 4 台百万千瓦级压水堆发电机组。首期建设两台，采用的是翻版大亚湾核电技术加改进的方案，于 2003 年 1 月建成投入商业运行。

大亚湾核电站内景

另外两台的二期工程于 2010 年 7 月 15 日和 2011 年 8 月 7 日建成投入商业运行。这样它和大亚湾核电站,两者就共同构筑了我国目前正在运行核电装机容量最大的核电基地,拥有 6 台百万千瓦级压水堆核电机组,年发电能力约 450 亿千瓦·时。

除此之外,我国目前已建成的核电站还有:位于江苏省连云港市连云区田湾的田湾核电站。该站厂区按 4 台百万千瓦级核电机组规划,并留有再建 2～4 台的余地。现已建的是两台单机容量为 106 万千瓦的俄罗斯 AES‐91 型压水堆核电机组,年发电量为 140 亿千瓦·时。

也就是说,目前我国大陆正在运行的核电机组共有 13 台,装机容量达 906.8 万千瓦,核电年发电总量达到 775.26 亿千瓦·时。这虽然是一个不小的规模,但从我国经济发展对能源的需求来说,显然是很不相称的。据统计,目前核电在世界总发电量中已占 16%,全球已建的核电站有四百多座,美国就有 110 座,法国的土地面积仅相当于我国的四川省加重庆市,却有核电站 59 座,核电供应全国 78% 的电力。日本也有 54 座,供应全国 30% 的电力。而我国核电所占的比例只有 1.8%。

我国核电的发展规划

我国核电发展相对滞后的原因之一是,我国核电目前尚不足与煤电和水电进行商业竞争,还不能完全依靠市场的力量来发展核电,这就决定了我国核电产业需要依靠国家的政策支持,只能作为政策性产业才能度过起步期。

为了扭转核电发展的现状,2007 年 11 月国务院正式批准《国家核电发展专题规划(2005～2020 年)》。规划到 2020 年,争取将核电运行装机容量从目前的 906.8 万千瓦提高到 4 000 万千瓦,使其占全部电力装机容量的比重从现在的不到 2%提高到 4%。这意味着未来至少还要有 4 600 万千瓦机组要陆续开工,至少要新建 30 座核电站。但这一规划在"十二五"规划中进行了大幅调整。新的规划要求到 2015 年而不是 2020 年,核电装机规模就要达到 3 900 万千瓦;到 2020 年的核电装机规划将提高到 8 600 万千瓦,占届时总装机的 5%左右。使在建规模从目前已经投产的 1 000 万千瓦提高到 8 600 万千瓦,可见国家对发展核电的积极态度。

据测算,到 2050 年,我国的用电需求估计在 20 亿～25 亿千瓦,若按照核电占 16%的国际平均水平来计算,则届时应该有 3 亿～4 亿千瓦的核电装机。所以,发展核电具有十分广阔的前景。

目前我国已建和拟建的核电站都集中分布在沿海地区。这主要是因为改革开放以来,沿海地区经济比较发达,能源供应紧张,而电网建设又比较成熟,适合核电的发展。现在随着我国经济格局的逐渐变化,中部地区的崛起和西部的大开发战略,就使在内陆发展核电也势在必行。在内陆建设核电站不仅必要,也有可能。事实上,世界上有 60%左右的核电站建在内陆。如被称为"欧洲之巅"的瑞士,它是一个内陆国家,就建有 5 个核电站,可以满足整个国家 37%的能源需求,且一直运行得很好。所以在内陆建核电站是完全可能的,只要处理好废水排放的问题,就不会对环境和安全产生影响。

影响核电发展的制约因素

我国核电发展的另一制约因素是核电装备和技术方面,虽然经过多年的技术引进及合作,除少数部件需要由国外进口,目前已具备大部分设备的生产能力,核电站国产化率已有很大提高。如新近投产的田湾核电站国产化率已达 60%~70%。但由于长期以来,任务不足,核电发展规模小,使得对核科技和产业发展拉动不够,技术水平低,产业能力弱。核电自主化程度低,尚未形成完整的核电标准体系,尚不完全具备百万千瓦级先进压水堆核电站的自主设计和设备制造能力。核燃料生产能力和技术水平尚不能满足核电规模发展的需要。国内铀资源、铀浓缩、核燃料元件制造及乏燃料后处理等关键环节也都不适应新的要求。

此外,我国核电还存在堆型多的问题,有法国、俄罗斯、美国、加拿大等不同的堆型,在标准化、规范化方面会出现问题,应该引起重视。

发展核电的方针

发展核电是客观形势的需要,不过也应该充分认识到核电虽然已有很高的安全性,但毕竟还隐藏有一定的风险。因此自 2011 年日本福岛核事故以来,我国政府已改变了核电的发展方针,从以前的积极发展改为在确保安全的前提下高效发展核电。强调的首先是安全,其次才是高效。

我国核电安全标准很高,要求核电站远离火山及地震高发区,整个反应堆的堆芯应建在完整的基岩上,没有断裂带。抗震标准及防洪标准等都要高一级,另外还要有应急预案。新建的核电站采用的是技术安全度更高的第三代核电技术。

但是也要认识到,影响核电安全的因素很多,既有技术层面的,也有非技术层面的,还有自然灾害和恐怖活动等。而对我国来说,其严重性还在于,一些地方贪图 GDP 的高速增长,视核电建设为增长捷径。因为建一个核电站需耗资数百亿元,对地方的 GDP 推动非常有好处,是房地产之外新的生长点。为此,一些人急功近利,贪大求快,过于追求利润,便以大跃进的方式来发展核电,甚至官商勾结,贪污腐败,以致建筑质量低下,豆腐渣工程屡禁不止,给核电安全带来了严重的隐忧。因此必须高度警惕这种现象,并在组织管理上给予必要的监督和审查;应该考虑建立各自独立、能互相监督的核安全检查机构,以确保核安全的万无一失。

核废料处理——发展核能的难题

一次意外的海洋灾难

20世纪90年代初,在新西兰东北方的克马德克-汤加海沟附近的海域,发生了一次并不十分强烈的地震。除了在海中捕鱼的一艘渔船遇难沉没外,地震没有造成其他危害。然而,十几天之后,一桩奇怪的事情发生了。在南赤道海流区作业的船只,突然被一片黑色的水所包围,到处是漂浮着的难以胜数的死鱼。这是怎么回事? 调查发现,这些死鱼都受到了放射性的污染。造成这次污染的放射源又是从哪里来的呢?

经过调查,终于发现海底卧躺着一些奇怪的金属罐。捞上来一看,原来是储存核废料的容器。原来,为了不让这些长期具有放射性的核废料危害人类的健康,一些人认为可以把它们扔到深达几千米的海底,那里水流缓慢,很少有生物生存,因此可以把核废料的可能危害降低到最小。但却没有想到,这次偶然发生的地震,使储存罐中的放射性废物泄漏了出来,并被水流扩散,造成了这次海洋灾难。

核废料的来源

核废料是核能利用后的废弃物,由于它仍具有很强的长效的放射性,会给环境和生命带来严重的威胁。因此,怎样妥善处置这种危险品一直是核能利用的一个主要障碍。

大家知道,核能利用长期以来受到绿色和平组织的抵制,是因为人们担心它的安全性。核能的安全问题主要有两个:一是如何保证核反应堆的安全运行,不发生事故;二是反应堆运行过程中产生的废气、废液和固体废弃物,统称核废料。核废料大多仍具有很强的放射性,有的甚至几千几万年也不会完全衰减掉,而且它们又是核反应堆运行的必然产物,迄今无法避免。据统计,目前世界上的核电站每发出100万千瓦的电力,就会产生365克固体废弃物。以此算来,全世界每年光这种固体核废料就会有上百吨。所以若不能加以妥善地处理，势必会给地球环境带来严重的后患。而这也正是绿色和平组织反对核能的主要原因。

怎样处理这些危险的核废料呢？迄今的处理方法主要有三种：海洋处理、地质处理和太空处理。

核废料的海洋处理

海洋处理是最简单的方法，只要把核废料装入密封容器内，扔进深邃的海沟就可以了。据说大洋底已有被人们抛弃的此类危险物达两千多吨。本来人们以为洋底风平浪静，远离人们的生存环境，可以使这些危险品无害于人们的健康。但克马德克-汤加海沟的这次事故表明：深海并非安全。

又有人建议将核废料埋入潜没区。所谓潜没区是指地球上的大洋板块在与大陆板块迎面相撞时，海床会以潜没区的形式插入大陆板块之下。据此，一些人设想让用过的核燃料棒，沿着这种潜没区就像"传送带"一般，被传送进入地幔。但这一建议并没有受到众人的支持。人们担心核废料是否真的能像建议所设想的那样被传送入地幔。如果不能，那不是和海洋处理的可能后果一样吗？即使真的可能，核废料在潜没于大陆之下后，会不会又会随着潜没区众多的火山喷涌而出呢？

核废料的地质处理

地质处理是目前最主要的处理核废料的方法，分为废矿山处置、洞穴处置、地下工程处置、埋藏处置等方法。为了防止核废料中的放射性核素迁移扩散到地表，一般在堆置点要设置四重安全屏蔽系统。首先是让核废料形成固化体。固化体有玻璃固化体、水泥固化体、塑料固化体、沥青固化体和合成岩等。一般认为以合成岩为最好。在设计上，合成岩可以吸收轻水反应堆和钚核裂变产生的特定废物。它们是陶瓷制品，能够将核废料封入晶格内，用以模拟在地质构造上较为稳定的矿石。其次，再将这些固化体装入金属罐（多为合金制造）。第三，这些废物罐周围还要充填有由无机吸收剂（通常由黏土矿物组成）构成的回填材料。最后，还要找到一块巨大的天然岩石做处置库的外壳。人们认为有了这四重保障和周围稳定完整的岩体，可确保放射性物质不致向外泄漏。

但事实上这样做仍不能完全杜绝安全隐患。地下水的活动，在历经几十年或几百年之后，难免不会对这些屏蔽层产生侵蚀；而且核废料中的放射性

储存核废料的金属罐内剖面

物质在蜕变过程会释放出一定的热量，热量的长期积累有可能导致金属外壳的破损，甚至熔融，致使放射性物质泄漏出来。更何况它还可能遭受地震等地质活动的破坏。1957～1958年，苏联马拉尔地区克什特姆附近的一个核废料堆放地所发生的爆炸事故，就是一个可怕的教训。据说这次爆炸的能量相当于投在日本广岛原子弹的一百多倍，致使该地及其毗邻地区在几十年之后，仍因具有强放射性而被列为危险的禁区。造成这次事故的原因，一是核废料堆放过多，二是地下水浸透了富钚的土壤，致使钚发生链式反应而最终导致爆炸。

美国也是采取地下掩埋的措施来处理核废料。据说在美国内华达州北部的丝兰山脉，已有1.1万个30～80吨的处理罐被埋在地下几百米深处的隧道里。丝兰山一度被认为是解决美国核废料问题的最佳场所，但经过了长达22年的时间，以及花费了90亿美金的造价之后，人们的幻想正在逐渐破灭。而今，一些核泄漏现象的出现，使人们不禁对其忧心忡忡，并在美国国会引起了激烈的争论，人们不知道如何才能更妥善地处理它们。

综上所述，迄今还没有一个绝对可靠的核废料处置方法，它已成为发展核能时一个挥之不去的阴影。

最近一些科学家提出，与其为核废料的安放伤透脑筋，不如开动脑筋想办法让它变废为宝，使它成为新一代的核燃料。这个想法自然很好，但真要做到却不是那么容易。它需要人们去做一系列艰苦的探索。让我们期待着这一天的早日到来。

铀资源

据报道,世界上几家矿业巨头,包括我国的"五矿集团"都有意收购澳大利亚的"西部矿业资源公司"的股票。是什么原因使澳大利亚西部矿业资源公司变得如此吃香,成为人们竞相追逐的目标呢?原来,该公司宣布,它们在澳大利亚南部发现了全球最大的铀矿床,其铀矿资源有可能占世界已发现铀矿资源的1/3。

世界铀资源概况

大家知道,铀是当今世界核能利用的主要原料。在自然界中,铀有三种同位素——铀238、铀235和铀234。其中铀238在地球上数量最多,约占全部铀元素的99.28%。它比较稳定,不容易裂变,但在中子的轰击下可以转变为可裂变的钚239。铀235在铀元素中占0.71%,它很容易发生裂变,并同时释放出巨大的能量。据测定,1克铀235完全裂变时释放出来的能量相当于2.5吨优质煤完全燃烧时释放出来的能量。铀234在地球上含量最低,仅占铀元素的0.005%,目前它在核能与工业利用方面也不占重要地位。

据报道,由于当今世界石油价格不断攀升,加上使用石油和煤炭给环境带来的负面影响,使核能的利用受到许多国家的重视。世界上已有三十多个国家和地区建设有核电站。核电站总数已有四百多座,发电能力也提升很快,在世界能源总量中占16%。其中法国核发电能力已占全国总发电量的74.6%。为保证这些核电站的正常运转,每年需要6万~7万吨铀。若核电继续发展,必然会对铀矿资源提出更高的需求,以至于有人估计到2020年,铀矿产量仅能满足市场58%的需求。因此,加快铀矿资源的勘探和开发,已成为核能开发能否顺利进行的关键。尤其是在我国,已知的铀矿资源并不丰富。在国际原子能机构发布的《2009铀:资源、产量和需求》中,中国探明的铀矿储量只有17.14万吨。据了解,除去核电站新开工期需填装的燃料,每百万千瓦机组一年消耗160~180吨铀。那么,即使按照核电总装机到2020

年 6 000 万千瓦算,每年需耗铀超过 1 万吨。因此,一些人士担忧,对于中国未来的核电发展,铀资源的供应很可能成为一大障碍。显然,如果不能改变这一状况,这必将成为我国发展核电的瓶颈。为此,澳大利亚西部矿业资源公司发现大铀矿后,各国纷纷加入追逐行列。

已知铀在地壳中的平均含量是 $1.7 \times 10^{-4} \%$,与钨、锡、钽等金属元素的含量差不多,比银要高 38 倍,比汞高 34 倍,可见铀在地球上并不是十分稀缺的元素。只是铀具有很强的化学活性,它在自然界不会以自然金属的状态存在,而是以化合物的形式存在,而且它的天然化合物的最显著特征是永远有氧的加入。至今在自然界还未发现有不含氧的铀矿物。自然界已知有铀矿物大约 170 种,主要是铀的氧化物、硅酸盐、磷酸盐和砷酸盐。其中最重要的是沥青铀矿,含铀 42%～76%;晶质铀矿,含铀 55%～64%;铜铀云母,含铀42% 左右。除独立矿物外,铀也以类质同象或吸附状态成为某些其他矿物中的杂质。

铀矿藏的两大类型

形成铀矿床的地质作用大致可分为两类。一类与地球内部的岩浆作用有关。一些富硅的岩浆(如花岗岩浆)在冷却结晶过程中,会逐渐形成富集有较多气水挥发物的残余岩浆溶液。溶液中时常会含有较多的铀等金属物质。当这种溶液在适宜的环境下沉积凝固下来后,会形成铀等金属矿床。世界上早期发现的铀矿床大多属此类。其特点是品位大多较高,但规模相对较小。如 1915 年在今民主刚果发现的铀矿床,其铀含量平均品位可以达到 3%。另一类是在近地表环境下形成的,那些本来分散分布在普通岩石中的铀,在富氧的近地面环境里受到氧化成为六价铀的化合物,然后又被水从岩石中溶滤出来,或向下渗透或被水流搬运到一个适宜的环境里,再重新凝结沉淀下来形成矿床。世界上许多大型的铀矿床大多属此类。但它们大多品位较低,铀含量一般在 0.1%～0.5%。

据报道,目前全球已探明的铀矿资源大约是 400 万吨。若按目前的消耗水平,够使用 50～60 年。随着核电较快的发展,恐怕二三十年也就用完了。不过据估计,地球上铀矿资源的远景储量可能达 1 500 万吨,为了满足更长远的需求,必须加紧新的铀矿资源的寻找和开发。值得高兴的是,当澳大利亚发现新的丰富铀矿藏时,我国的铀矿勘探也传来了好消息:在新疆吐鲁番盆地发现了两条储量可能达万吨以上的大型铀矿带,相信这一发现会为我国核能源的利用奠定更好的物质基础。

潜在铀资源

虽然陆地上的铀资源相对有限,但海洋中却蕴藏着丰富的潜在铀资源,其数量可达 45 亿吨,超过陆地储量的几千倍。显然若能全部收集起来,足可保证人类几万年对铀资源的需要。不过,海水中含铀的浓度很低,1 000 吨海水只含有 3 克铀。也就是说,只有先把铀从海水中提取出来,才有可能加以应用。当然,要从海水中提取铀,从技术上讲是件十分困难的事情,需要处理大量海水,技术工艺十分复杂。大致说来,在现有技术条件下,从海水提铀的成本比从陆地贫铀矿提炼铀的成本要高 6 倍。为此,改进海水提铀的工艺是能否利用海水铀的关键。大约从 20 世纪 60 年代开始,日本、美国、法国等国家就一直在尝试研究和试验从海水中提铀的新技术。日本已取得一定成果,并于 1986 年 4 月在香川县建成了一座年产 10 千克铀的海水提铀试验厂。

初露微曦的人造小太阳

太阳之所以能发出威力巨大的光和热,是由于它的核心正在发生由氢聚合形成氦的核聚变反应——为太阳提供了无穷无尽的能量。

核聚变能

已知核聚变释放的能量远远大于核裂变所释放的能量。1 000 克氘全部聚变释放的能量相当于 11 000 吨煤炭燃烧释放的能量,而 1 000 克铀 235 裂变所释放的能量仅相当于 2 500 吨煤炭。毫无疑问,若能把这种威力巨大的核聚变能像核裂变能那样引入我们的生活,那么困扰人们的能源危机必将迎刃而解。

氢聚变之所以可以在太阳上自然地发生,是因为太阳上存在着高温高压的自然条件,使得原子核能克服强大的静电斥力。在地球的自然条件下,显然无法实现这种自发的核聚变。尽管我们已有在氢弹中使用核聚变能的实践,但那是依靠一颗原子弹爆炸所提供的高温和高压,而且由此而引发的核聚变是瞬时的爆发式的,不适合人们的和平利用。人们希望被利用的核聚变能也能像核裂变能一样,能在有控制的条件下,温和、缓慢、持续地释放,并把它转化成为可应用于诸多领域的电能。也就是说,建造一个由核聚变提供能源的新一代核电站。由于核聚变电站就像太阳一样发生着氢聚合成为氦的反应,所以被人们形象地称为"小太阳"。

众所周知,核聚变之所以不易发生,是由于所有原子核都带正电,两个原子核要聚到一起,必须克服静电斥力。两个核之间靠得越近,静电产生的斥力就越大,只有当它们之间互相接近的距离达到大约万亿分之 3 毫米时,核力(强作用力)才会伸出强有力的手,把它们拉到一起,从而放出巨大的能量。而要使它们有机会拉手,就要使粒子间有足够的高速碰撞的机会,这可以通过增大原子核的密度和运动速度来达到。但增大原子核的密度是有限制的,否则一旦反应加速,其自身放出的能量会使反应瞬间爆发而不可收拾。据计算,在维持一定的密度下,粒子的温度要达到上亿摄氏度才行,这要比太阳中心的温度还要高许多。

束缚高温离子的磁笼

如此高的温度,用什么容器才能盛放这些氢原子呢?幸亏这个问题并没有难倒科学家,20 世纪 50 年代初,苏联科学家塔姆和萨哈罗夫提出磁约束的概念。苏联库尔恰托夫原子能研究所的阿奇莫维奇按照这样的思路,不断进行研究和改进,于 1954 年建成了第一个磁约束装置。他将这一形如面包圈的环形容器命名为托卡马克(Tokamak)。托卡马克是"磁线圈圆环室"的俄文缩写,又称环流器。这是一个由封闭磁场组成的"容器",像一个中空的面包圈,可用来约束电离了的等离子体。我们知道,一般物质到达 100 000℃ 时,原子中的电子就脱离了原子核的束缚,形成等离子体。等离子体是由带正电的原子核和带负电的电子组成的气体。气体的整体是电中性的,但在磁场中,它们的每个粒子都是显电性的。这些带电粒子会沿着磁力线做螺旋式运动,所以等离子体就这样被约束在这种环形的磁场中。这种环形的磁场又叫磁瓶或磁笼,看不见,摸不着,也不接触有形的物体,因而也就不怕什么高温了,它可以把炙热的等离子体托举在空中。

科学家本以为有了这个装置就可以把氘、氚加热到所需的温度。但实践却发现,在加热等离子体的过程中,能量耗散严重,温度越高,耗散越大。一方面,高温下粒子的碰撞使等离子体的粒子会一步一步地横越磁力线,携带能量逃逸;另一方面,高温下的电磁辐射也要带走能量。这样,要想把氘、氚等离子体加热到所需的温度,并不是一件容易的事。另外,磁场和等离子体之间的边界会逐渐模糊,等离子体会从磁笼里钻出去,当约束等离子体的磁场一旦出现变形,就会变得极不稳定,造成磁笼断开或等离子体碰到聚变反应室的内壁上。

几十年来,科学家一直在研究如何改进磁场的形态和性质,以达到长时间对等离子体的稳定约束;同时也要解决如何让维持运转所耗费的能量不致大于输出能量的问题。尽管多年的探索已取得了很大进步,但障碍还是没有克服。到目前为止,托卡马克装置都是脉冲式的,等离子体约束时间很短,大多以毫秒计算，个别可达到分钟级，还没有一台托卡马克装置能实现长时间的稳态运行，而且在能量输出上也没有做到不赔本运转。

超导技术带来的进展

为了维持强大的约束磁场，电流的强度非常大，时间长了，线圈就要发热。从这个角度来说，常规托卡马克装置不可能长时间运转。为了解决这个问题，科学家把最新的超导技术引入到托卡马克装置中，这就为解决托卡马克稳态运转提供了有效的手段。目前，法国、日本、俄罗斯和中国共有 4 个超导的托卡马克装置在运行，但它们都只有纵向场线圈采用超导技术，属于部分超导。其中法国的超导托卡马克 Tore-Supra 体积较大，是世界上第一个真正实现高参数准稳态运行的装置，在放电时间长达 120 秒的条件下，等离子体温度为 2 000 万℃，中心粒子密度为 1.5×10^{19} 个/米^3。

五十多年来，全世界共建造了上百个托卡马克装置，在改善磁场约束和等离子体加热上下足了工夫。20 世纪 70 年代，人们对约束磁场的研究有了重大进展，通过改变约束磁场的分布和位形，解决了等离子体粒子的侧向漂移问题。其中欧洲的联合环（JET）已经实现了氘、氚的聚变反应。1991 年 11 月，JET 将含有 14% 的氘和 86% 的氚混合燃料加热到了 3 亿℃，聚变能量约束时间达 2 秒，反应持续 1 分钟，产生了 10^{18} 个聚变反应中子，聚变反应输出功率约 1.8 兆瓦。1997 年 9 月 22 日，又创造了核聚变输出功率达 12.9 兆瓦的新纪录。这一输出功率已达到当时输入功率的 60%。不久输出功率又提高到 16.1 兆瓦，使托卡马克上最高输出与输入功率之比达到 1.25。2003 年 3 月 31 日，我国也在实验中取得了重大突破，获得超过 1 分钟的等离子体放电，这是继法国之后第二个能产生分钟量级高温等离子体放电的托卡马克装置，并设计研制了全超导托卡马克装置，取名为 EAST（Experimental Advanced Superconducting Tokamak）。

EAST 又称"实验型先进超导托卡马克"，受到国际同行的瞩目。国际专家普遍认为，EAST 可能将成为世界上第一个可实现稳态运行、具有全超导磁体和主动冷却第一壁结构的托卡马克。该装置有真正意义的全超导和非圆截面特性，更有利于科学家探索等离子体稳态先进运行模式，其工程建设

ITER 结构示意图

和物理研究将为"国际热核聚变实验堆"(ITER)的建设提供直接经验和基础。据新华社 2012 年 4 月 19 日的报道,EAST 完成了氢离子束功率 3 兆瓦、脉冲宽度 500 毫秒的高能量离子束引出实验,创下了束能量和功率的国内纪录,标志着我国自行研制的这一系统已基本克服了所有的重大技术难关。

国际热核聚变实验堆

在托卡马克不断取得进展的情况下,1987 年春,国际原子能机构总干事邀请欧共体、日本、美国和加拿大、苏联的代表在维也纳开会,讨论加强核聚变研究的国际合作问题,并达成协议,由四方合作设计建造国际热核聚变实验堆(ITER),原计划于 2010 年建成,预期产生热功率 1 500 兆瓦和等离子体电流 2 400 万安[培],燃烧时间可达 16 分钟。

但随后,由于苏联的解体,计划受到很大影响;1999 年美国的退出又使 ITER 计划雪上加霜。日本和欧盟国家于是成为支持国际磁约束聚变研究计划的主体力量。经过多年的努力,ITER 工程设计修改方案也终于在 2001

年 6 月圆满完成。根据计划,首座热核反应堆于 2006 年开工,总造价约 40 亿欧元。聚变功率至少达到 500 兆瓦。等离子体的最大半径为 6 米,最小半径为 2 米,等离子体电流为 1 500 万安,约束时间至少维持 400 秒。未来发展计划包括一座原型聚变堆在 2025 年前投入运行,一座示范聚变堆在 2040 年前投入运行。

2003 年 2 月 18 日,美国宣布重新加入这一大型国际计划,中国也于前一个月正式加入该项计划。次日,国际热核实验反应堆计划参与各方在俄罗斯圣彼得堡决定,于 2013 年前在日本、西班牙、法国和加拿大四国之一建成世界上第一座热核反应堆。但由于各方意见的分歧,反应堆建在哪里迄今还没有最终确定。

另外,人们也指出尽管 ITER 计划采用了最先进的设计,综合了以往的经验和成果,但它仍面临重重挑战。如怎样实现聚变点火,怎样改善等离子体的约束性能,怎样防止中心区杂质积累……都有待于各国科技工作者的群力攻关。因此尽管人造小太阳已露出了晨曦,但要真正照耀世界,恐怕还要 30～50 年。

地热能概述

地热能在全球的分布

地热是来自地球内部的热能。地球的核心,温度高达 5 000℃以上。由核心向浅部,温度虽然会逐渐降低,但在近地面的 10 千米处,温度仍可平均高达 300℃左右。专家们据此估计,仅仅在靠近地面的 10 千米深度内所蕴含的地热资源,就相当于全世界煤炭总储量的 1.7 亿倍。还有人估计,这部分地热资源比水力发电的潜力大 100 倍;可供利用的地热能即使按 1‰ 计算,仅地下 3 千米以内的可开发的地热能就相当于 2.9 万亿吨标准煤的能量。而我国 2011 年全年的能源消费总量,只不过是 34.8 亿吨标准煤。也就是说,这部分地热能足可满足 830 个像我们这样的能源消费大国使用之需。

地热能虽然蕴藏量十分巨大,但在分布上则是十分不均匀的。就世界范围来说,它有三个最重要的分布地带。第一个是环太平洋带,包括其东边的北美洲和中南美洲的西海岸,南边的新西兰和南太平洋诸岛,西边的菲律宾、我国台湾和日本。第二个是大西洋中脊带,它大部分处在海洋中,北端则穿过冰岛。第三个是地中海到喜马拉雅,包括意大利、希腊、伊朗和我国的西藏、云南。此外非洲东部的东非裂谷区和太平洋中部的夏威夷诸岛也是地热蕴藏丰富的地区。

当然,地热并不仅仅存在于上述地热丰富带,它还普遍存在于世界各个地方,只是有些地方的地热热量较小而已。

地热的储存形式

地热在地球上有不同的呈现形式。按照其储存形式,地热资源可分为蒸汽型、热水型、地压型、干热岩型和熔岩型五大类。蒸汽型和热水型都是以水汽的形式释放出来的地热。它们有的来自地下的岩浆侵入体在冷凝过程中释放出来的水汽;也有的是来自被地下储热体加热了的循环地下水。这两种类型的地热是人们最便于使用的地热,也是目前开发利用最多的地热资源。

如温泉、热泉、间歇泉以及那些活动于地下的热水等。干热岩型和熔岩型则是一些蕴藏在地下深处已固结或未固结的岩浆熔岩所带来的地热，它们的使用一般都要经历开凿深井、人工注水和抽水的提取过程，所以它们的开发利用程度都相对较低。

地压型地热

地压型地热是一种相对不为人们熟悉的地热资源，它主要存在于大河入海处等新近地质时期形成的滨海盆地碎屑沉积物中。这种地热资源也是以热水的形式

美国黄石公园的间歇泉喷发

存在的，并多蕴藏在地下 2～3 千米。其流体的温度一般在 150～180℃，更深处可达 260℃。值得注意的是，它除了是一种热能资源外，同时还是一种具有一定压力的水能资源。另外，地压型热水中一般还溶解有较多的甲烷，少量的乙烷和丙烷等烷烃气体，也可以作为副产品回收，所以是一种很有开发前景并可综合利用的地热资源。如我国天津塘沽地区的地热田就属于这种类型。据说，其储量占已探明地热资源总量的 20% 左右。

地热的分类

上述五种类型的地热还可简单地归为两大类：蒸汽型、热水型、地压型可归纳为"湿地热"；干热岩型和熔岩型则归纳为"干地热"。

地热资源还可按温度的高低划分为高、中、低三种类型。我国一般把高于 150℃ 的称为高温地热，主要用于发电。低于此温度的叫中低温地热，通常直接用于采暖、工农业加温、水产养殖及医疗、洗浴等。

地球内部的巨大热能从哪里来

壮观的岩浆湖

你听说过岩浆湖吗？在夏威夷的基劳埃阿火山的火山口里就有这样一个岩浆湖（它是当今世上仅存的两个岩浆湖之一，另一个在非洲东部基伍湖畔的尼腊贡戈火山口里）。如果你有机会爬到火山口向里俯视，你不仅会感到灼人的气焰，还会看到湖中的熔岩就像翻滚的糖浆一般，时而涌起，时而沉落，时而还有火红的岩浆像喷泉一般，冲破湖面射向空中。而那湖面则像一个发光的电网，上面点缀着辉煌的焰火，它不停地晃动，网上的火花也此起彼落，令人目眩……如果你向湖面投入一根木头或树枝，你就会看到它顷刻间便燃烧了起来，化作了一股青烟。

岩浆湖里的岩浆，温度可高达 1 000℃，尽管它直接暴露在空气中，热量在不断向空中散失，为什么仍能长期维持炽热熔融的状态？原因就在于它的下面有着足够多的热源在支持；在于它是地球内部所蕴藏的巨大热能的一个宣泄口，就像冬天室内温热的暖气会从门缝和窗洞散泄出去一样。

当然地球内部热源的宣泄口，并不仅仅是这两个岩浆湖，活跃在世界许多地方的数以百计的活火山和那些难于胜数的沸泉、温泉也都是地球内部热源的一种规模不尽相同的宣泄口。其实不仅是这些宣泄口会把地球内部的热量释放出来，世界任何一个地方也都会时时刻刻或多或少地通过热传递的方式，散发出一部分地热来。这就像我们人体内部的热量会通过皮肤散发出来一样。

地热的成因

为什么地球内部会有如此众多的散之不尽的热能呢？

据地质学家的研究，原来地球的深部就像是一个高温高压的大火炉，它每时每刻都在向地面各处输送着热能。其核心部分（地核）的温度可达 4 000～5 000℃（有的资料估计可高达 6 000℃以上）。

那么如此庞大的地热资源又是从哪里来的呢?

研究表明,地热的来源主要有三个方面。首先是继承了来自地球形成初期的热能。根据当今已被人们广泛认同的太阳系起源的星云说,我们的地球是由星云物质凝聚而成的。在其凝聚过程中,物质会由于互相碰撞、摩擦而释放出热量;另外位能的改变也会转化为热能;加之在地球形成之初,还曾发生频繁的大小陨石坠落事件。剧烈而频繁的碰撞也产生了巨大的热量。正是这些热的聚集,曾使地球早期处于大面积的熔融状态。以后随着时间的推移,这部分热的逐渐散失,使地球浅部形成了厚达几十千米的固化层(地壳及地幔顶部的岩石圈)。由于固化层的热传导率非常低,就使蕴含在深部的这部分热未能全部散失掉,还有部分残余保存在地球深部。

地热的另一主要来源,是放射性元素蜕变释放出来的热量。自然界拥有众多种类的放射性元素,尤其是铀、钍等长寿命的放射性元素,可以在几十亿年的时间里不停地发生蜕变,并释放出热量来。虽然它们在地球物质中所占的平均含量非常低,但由于它们在蜕变过程中释放出来的热量,受到厚厚岩层的阻挡,很难向地面散发,致使几十亿年来它们所释放出来的热量,以及那些短寿命放射性元素在早些时候释放出来的热量,几乎全部累积在地球深处。从而就使这部分热量,成为地球内部的一个十分重要的热源。

地球热量的第三个来源则来自地球的自转、地球物质的运动和重力分异,以及地球物质的相转变等。大家知道,水在结晶成为冰雪时,会释放出一定的热量(所以人们有"下雪不冷,化雪冷"的感觉)。这就是物相转变产生的热。在地球深处,由于温度、压力环境的变化,许多矿物都会发生这种物相的转变,并释放出热量来。另外,日月引力所引发的潮汐并不仅仅发生在海洋中,也会发生在地球内部;而且由于地球的自转,就使地球内部发生的潮汐,也像海洋中的潮汐那样会随着地月之间位置的改变而此起彼落地发生迁移和变动。这种潮汐涨落的运动,所产生的物质之间的摩擦,也会释放出热量来。正是在这三部分热共同作用的结果,才使地球内部拥有一个火炉一般的世界。

国际地热能开发利用现况

人类对地热的利用由来已久,早在上古时期,人们就知道可以利用温泉水来沐浴、医疗,甚至蒸煮食物。

地热发电的发展概况

不过,对地热的大规模使用则始自近代。1904年,意大利率先建造了一座规模为500千瓦的地热发电站,从而揭开了现代地热利用的序幕。

当今地热能的开发利用,包括发电和非发电利用两个方面。世界各国利用地热能的经验表明:高温地热资源(150℃以上)主要用于发电,发电后排出的热水可进行梯级即逐级多用途的利用;中温(90~150℃)和低温(90℃以下)的地热资源,则以直接利用为主,多用于采暖、干燥、工业、农林牧副渔业、医疗、旅游及人民的日常生活等方面。

据报道,世界地热发电在20世纪上半叶,由于世界大战等原因,没有得到应有的发展。第二次世界大战后,1944~1960年地热发电的总装机容量也仅增加了7.9%。1973~1985年,由于两次世界范围内的石油危机,促使利用地热流体发电的投资迅速增加,使地热发电的总装机容量有了明显的增长,达到年平均增长17.2%;并新增了7个国家利用地热发电,使利用地热发电的国家总数达到17个;1985~1992年又新增4个国家。目前世界上有24个国家应用地热流体发电,地热发电总装机容量达10 715兆瓦。其中美国、菲律宾、墨西哥、意大利、新西兰、日本、印度尼西亚和萨尔瓦多地热发电总装机容量均大于100兆瓦。但这个数字从人类对能源需求的角度看,显然还是十分微小的,仅占目前全球能源消费的0.3%。不过,国际地热协会预计,2015年地热发电国家可能增至34个,总装机总容量将达到1.85万兆瓦。

地热发电的类型

目前,世界地热发电有三种类型,即干蒸汽、湿蒸汽或扩容蒸汽、中间介质。干蒸汽电站应用蒸汽热储发电,即将采自地下的热蒸汽从井中直接传输到发电机组发电。这类电站单机组装机容量一般为 35~120 兆瓦,在印度尼西亚、意大利、日本以及美国均建有此类电站,这些电站的总发电量占地热能总发电量的一半。世界上大多数地热田属液态热储,湿蒸汽或扩容蒸汽地热电站,应用的是此类液态地热系统中的热液流体。采自地下的热液流体在地表首先通过 1~2 个压力步骤,将大部分液态水扩容为蒸汽,然后输送到发电机组发电,此类电站单机组装机容量在 10~55 兆瓦。中间介质发电也应用液态地热系统发电,但由于热储的温度较低,不能通过压力变化扩容成蒸汽而发电,只能通过低沸点的中间介质来发电,一般单机组装机容量小于3 兆瓦。

地热能的直接利用

相比地热发电,地热能的直接利用更为广泛。据报道,目前全世界利用地热国家有 78 个之多。除了用于发电之外,绝大多数是直接利用;而且直接利用的发展比地热能发电快得多,近年来年均增长率达 30%~40%。截至2010 年,地热发电热力容量为 10 715 兆瓦,直接利用为 50 583 兆瓦,是前者的 5 倍。在直接利用中,最主要的利用形式是供暖,占了总量的 52%,而其中的 32% 是地源热泵;洗浴和游泳又占了 30%,其他的还有温室加热占 8%,水产养殖池塘供暖 4%,工业利用占 4%。

在世界各国中,我国直接利用的地热能数量最大,其次是瑞典、美国、土耳其和冰岛。冰岛由于国土面积较小,以致在数量上不及前 4 个国家,但实际上它是世界地热能利用最广泛的国家,被视为是全球地热开发的楷模。地热能在其一次能源中所占的比例已过半,有约 1/3 电力来自地热发电站。85% 的供暖由地热能提供。美国也是世界上开发利用地热最好的国家,它不仅地热资源多,而且利用很充分;既是利用地热发电最多的国家,也是在低温地热利用方面,设备容量最大的国家。据报道,美国现有 60 万台地热热泵在运转,占世界总数的 46%。

地热的开采

地热是宝贵的能源资源，并以储量大、可再生和无碳排放而深受青睐。不过它就像许多金属和非金属矿藏一样，埋藏于地面之下，要想利用地热就有一个如何从深部把它提取出来也即合理开采的问题。

地热的合理开发应从勘探开始。它采用地球科学（地质学、地球物理学和地球化学）的相关技术来确定地热资源储藏区，并对资源状况进行特征判别，以及采井最佳位置的选择等。也即需要圈划和确定出从经济上来说在温度、储量和可及性（指是否在人们可利用的深度范围内）方面，具有可利用价值地热资源的位置。

早先已知的地热储藏是根据像温（热）泉那样的地表现象发现的，但现在要寻找和发现隐藏在深部的地热资源，则越来越依靠地球科学方面的技术和仪器。例如评估岩石密度变化的重力仪、电子学法、地震仪、化学地热计、次表层测绘、温度测量、热流测量等。

勘探钻井和试采是为了探明储藏层的性质。如果确定了适合的储藏层，随后就是进行地热田的开发研究。地热水既可以用自流井的方法开采（即凭借环境压差力将热流从深井压至地面），也可用水泵抽到地面。前一种情况下，热流会"闪电般"地变成两相（即气相和液相）；而用泵抽吸时，流体始终保持为液相。选用什么样的生产方式，要视热流的特性和热能转换系统的设计而定。地热田一般适合"分阶段"开发。在地热田的初期评估阶段，可建适度规模的工厂。其规模可以较小，以便根据已掌握的资源情况，能够很有把握地使其运转起来。通过一段时间的运行，可获得更多的储层资料，为下一阶段的开采铺平道路。

地热开发中所用的钻井技术基本上是由石油工业派生出来的。为了适应高温环境下的工作要求，对某些石油钻井的关键技术，例如泥浆钻井，进行了改进，因为那些技术还不完全适用。所使用的材料和设备，不仅要满足高温作业的要求，还必须能适应在坚硬或断裂的岩层构造中和多盐的有化学作用的液体环境中工作。因此,现在在钻探行业中已形成了专门从事地热开发的分支行业。现在研究人员正在努力研究能适应高温、高盐度和有化学作用的地热环境的先进方法和材料以及能预报地热储藏层情况的更好方法。

对于那些埋藏较浅,拥有大流量热流体的地热类型,只要使用高温电潜泵,就能通过大口径生产井把它从热储层中采取出来。但这类地热在世界上分布有限,大多数的高温地热埋藏在地下较深的地层中,而且它们常常含水量少,渗透率低。要开采这种地热,目前大多数国家采用所谓"增强型地热系统"。其方法是对地下进行深层钻探,然后采用注水压裂的方法,让地下岩石产生人工的张开的连通裂隙。当水在透过这些高温岩石时就会被加热。抽取这些高温水汽就可用于发电等地热应用领域。但2009年瑞士巴塞尔的一个此类地热项目,却引发出数百起地震事件(虽然震级都很低)。人们认为这些地震的产生与地下岩石的破裂有关,因此不免对增强型地热系统的应用感到担心。

鉴于此,美国基特姆公司(Gtherm)研发出一种在开采地热过程中不需要任何裂缝或注入冷却水的新技术,有望避免地震的发生。该技术主要通过在井底使用一种固态热交换器(或称之为"热巢"),借助高导热泥浆,来更好地吸取周围岩石的热量,这不仅可以提高地热能的开采量,也不会造成地震风险。其工作原理具体如下:高导热泥浆在一个封闭环路中穿过长长的深井,把热量从巢底带到地面,随后在独立的封闭循环中转化为气体,从而驱动涡轮机进行发电。该公司发现,如果将一条长约30米、内含导热系统的细钻孔钻入主要垂直井,地热能的回收率能进一步提高,发电量也有望加大。

美国明尼苏达大学的研究人员,发明了另一种开采地热能的新技术,这种新方法被称作二氧化碳流体地热能开采系统(CPG)。它把二氧化碳视为地下热能载体,使二氧化碳在灼热的地下几千米处循环,这能有效地将热量带到地面,用于发电。其优点首先是,二氧化碳的穿透性优于水。因此,如果某一地热开采点从技术上及经济上而言,用传统的增强型开采方式存在难度的话,CPG就是一个更好的选择。它能帮助开创更广的地热能开采范围,哪怕是那些你想都未曾想到的地方。而如果是在那些开采难度不大的地方,CPG就能将开采率提高两倍。其次,该方法还能将二氧化碳深埋在地下,进而阻止了二氧化碳进入大气,对于气候变化而言,也可作出积极贡献。另外,高纯度的二氧化碳溶解周围物质的可能性要低于水,因此,它还保证了地热能开采系统的长期运行,不会在注入地下的过程中出现疏通不畅或堵塞等问题。此外,这一方式同样可以用于石油和天然气的开采过程,特别是针对目前产量下降的油井和气井。

人们认为这些方法应有利于更好地发展地热能,但在达到商业化规模之前,其安全性和可靠性还有待实践的检验,相信随着技术的不断改进,地热能必会更好地服务于人类。

地热发电的优点与缺点

地热是一项十分宝贵的能源资源，人类很早以前就开始利用地热能，例如利用温泉沐浴、医疗，利用地下热水取暖、建造农作物温室、水产养殖及烘干谷物等。但真正认识地热资源，并进行较大规模的开发利用却是始于 20 世纪。

地热发电的优点

1904 年，意大利最先建成了一座 500 千瓦的地热发电站。之后一些欧美国家也相继建成规模不等的地热发电站。我国则在 1970 年 12 月，在广东丰顺建成第一座地热发电站。目前世界上最大的地热发电站是美国建造的，其装机容量达 60 万千瓦。地热发电和火力发电的原理是一样的，都是利用蒸汽来推动汽轮机旋转，然后带动发电机发电。所不同的是，地热发电不像火力发电那样要装备庞大的锅炉，也不需要消耗燃料，它所用的能源就是地热能，并利用被地热加热了的蒸汽。地热发电由于不需要消耗大量的会污染环境的煤和石油，所以被人们认为是一种干净的清洁能源；而且地球深部像是一个庞大的高温的大火炉，它会源源不断地向浅部输送热能，因此我们也可以认为它是可再生的，是取之不尽用之不竭的。

地热发电的一大益处在于，它可以很经济地建立相对较小的发电机组（与水力发电相比）。在一些电力市场较小的发展中国家，建立 15～30 兆瓦的地热电站比建立 100～200 兆瓦的水力发电站要容易得多。其次，地热能发电需要的水量也很小，而且水流体的来源非常稳定，不受降水量大小的影响。第三，许多地热流体还具有综合利用的价值，它不仅可以用于梯级开发，而且还可用于提取含有溴、碘、硼砂、钾盐、铵盐等工业原料的热卤水资源和天然肥水资源，也是可以用作医疗热矿水资源及生活供水的水源。

新西兰北岛的地热发电站

地热发电的缺点

　　这么说来,地热发电是一项十分值得大力推崇的理想的能源利用方式了。不！情况并非完全这样。人们发现地热发电的热效率很低。所谓热效率就是能量的转换率,对于地热发电来说,它的热效率一般只有 6.4％～18.6％(由于地热类型不同,所采用的汽轮机的类型不同,以及工艺和管理等因素的制约,就使不同的地热电站有着不尽相同的热效率),这就使大量的热能被白白浪费。其次,地热发电还要求所使用的地下热水或蒸汽的温度一般要在 150℃以上,否则就会严重地影响它的经济效益。再者,还由于在大多数国家,蕴藏有高温地热的地方,往往都处于相对边远的工业欠发达地区,这就使地热电站不得不建造与其相配套的远距离输电线路,从而丧失了它原先所具有的投资较低的经济优势。正是这些原因,在很大程度上制约了地热电站的建设,以致它在世界总发电量中所占的比例,不仅没有增长,反而有所下降。

正由于地热发电存在这样的缺陷,致使许多人主张对地热采取直接利用的方式,而不是用于发电。他们指出,直接利用不仅可以大大减少地热能的无谓损耗,其热效率可以达到 $50\% \sim 70\%$;而且对地下热水的温度要求也可低得多,甚至只要高于常温就可利用。这样一来就可极大地扩大地热开发的区域范围(几乎无处不可开发),还可实现所谓的梯级开发。也即可以把已利用过的地热水,排放给可以利用较低地热水的部门,使地热得到最充分的利用。地热能直接利用的长处还在于,它的投资需求小且周期短。开发应用的技术要求也较低,所需设备也大多比较简易。通常只要用泵把地热流体直接抽上来,通过热交换器变成热气或热液后就可使用。鉴于这些优势,目前地热的直接利用已被广泛用于工业加工、民用采暖和空调、洗浴、医疗、农业温室、农田灌溉、土壤加温、水产养殖、禽畜饲养等领域,并取得了良好的经济效益。然而,地热能的直接利用也有其局限性,会受到地域的限制,因为很少能将地热蒸汽或热水传输很长的距离,通常它的利用均在地热田附近进行。而地热发电则可将电力传送到很远的地方。

我国地热能利用概况

我国地热资源的分布

我国有着相对较丰富的地热资源,估计可采储量相当于 4 626.5 亿吨标准煤,是我国河流水能的 625 倍。其中热储温度≥150℃的高温地热主要分布在藏南、滇西、川西以及台湾省。如位于环太平洋地热带的台湾省,就有高温温泉 90 处以上;位于地中海-喜马拉雅地热带的西藏南部,约有 108 个高温热田;同是处于该带的云南,则是全国发现温泉最多的省区,高温热田主要分布在怒江以西的腾冲-瑞丽地区,约 20 处;同属该带的川西也分布有 8 个高温地热区。除此之外,我国主要以中低温地热资源为主,并分布广泛,几乎遍布全国各地,较重要的分布区有:松辽平原、黄淮海平原、江汉平原、山东半岛和东南沿海地区等,其主要热储层为厚度数百米至数千米的第三系砂岩、砂砾岩,温度在 40~80℃。目前已发现全国共有地热温泉约 3 000 个,其中高于 25℃的约 2 200 个。从温泉出露的情况来看,我国主要有 4 个水热活动密集带:藏南-川西-滇西水热活动密集带;台湾水热活动密集带;东南沿海地区水热活动密集带;胶东、辽东半岛水热活动密集带。从地质构造上看,我国地热资源主要分布于构造活动带和大型沉积盆地中,主要类型为沉积盆地型和隆起山地型。

我国地热资源开发现状

我国地热资源的利用有着悠久的历史。据史料记述,公元前 500 年以前的东周时代,人们就知道利用地下热水来洗浴、治病和灌溉农田,还能从热泉中提取硫黄等有用物质。到了公元 500 年左右,南北朝的郦道元在《水经注》中更明确写道:"大融山石出温汤,疗治百病。"但真正大规模勘查和开发利用地热资源则始于 20 世纪 70 年代初期。1970 年 12 月在广东丰顺建成了第一个地热发电站,装机容量为 86 千瓦。1978 年又在西藏羊八井建成了另一座规模更大的地热电站,目前其总装机容量达 24 兆瓦。20 世纪 90 年代以来,在市场经济需求的推动下,地热资源的开发利用得到更加蓬勃的发展。而且随着社会经济发展、科学技术进步和人们对低碳新能源认识的提高,就使地热资源的开发利用受到了更广泛的重视,平均每年正以 12% 的速度增长;并以地热的直接利用为主要的开发利用方式。据报道,目前我国的地热直接利用量已居世界首位,约合 500 万吨标准煤,但地热能在我国整个能源结构中所占比例仍然还很小,不足 0.5%。

西藏羊八井地热电站

　　在地热直接利用方面,近年来,浅层地热利用有着较迅速显著的进展。其中,地源热泵技术,在我国虽然起步晚,但发展很快,其范围之广、规模之大已远超国外。据初步统计,目前在全国范围内,除港澳台地区外,31 个省自治区、直辖市均有开发浅层地热能的地源热泵系统工程。应用浅层地热能供暖制冷的建筑物面积达 1.4 亿米^2,利用浅层地热能供暖及制冷的单位(住宅小区、学校、工厂等)约 3 400 个,80% 集中在华北和东北的南部地区,包括北京、天津、河北、辽宁、河南、山东等省市。据估算,2010 年仅浅层地热能的开发利用,就使我国二氧化碳减排约 2 200 万吨。

除此之外,地热在农业、印染、干燥、供热、工业加工,以及医疗、洗浴与娱乐健身方面的使用也十分普遍。其中在养殖业方面发展较快,如陕西建立了两个面积分别为 30 000 米² 和 66 000 米² 的鱼塘,主要用于养殖非洲鱼苗。这可能是世界上应用地热养鱼规模最大的渔场。在北京小汤山则利用地热建立了鸵鸟养殖场,现有成年鸵鸟几百只,养殖周期为 3~5 年,其经济效益非常显著。就全国而言,地热利用最好的 4 个省(自治区、直辖市)分别是:河北(占全国的 24%),主要用于养鱼、洗浴和温室;天津(占全国 15%),用于供暖和养鱼;山东主要用于洗浴和养鱼;西藏自治区用于温室。但总的说来,也还有发展不够均衡,规模偏小,使用效率偏低,需要得到进一步推广和提升的问题。

地热开发存在的问题

总的说来,我国地热能的利用虽已取得良好的成绩,但也存在许多明显的不足。中科院院士汪集旸指出,当前我国地热能开发利用存在以下几个需要解决的主要问题。

地热利用技术发展严重失衡

20 年来,地热发电停滞不前,发展规模和水平已远远落后于地热直接利用。以往过多关注高温地热发电,但由于地处偏远,远离负荷中心,开发利用难度较大,使得地热发电水平远远落后于世界先进国家。地热直接利用虽然发展较好,但也存在资源利用率较低的问题,没有形成资源梯级开发综合利用的模式。

全国地热资源勘查评价程度低

目前全国地热资源虽然经几轮评价,但基数仍然不清,特别是大型含油气沉积盆地中的地热资源量尚未得到进一步评价。勘查评价滞后于开发利用,直接影响到地热产业的发展。

地热利用的关键技术尚待突破

我国地热利用技术尤其是地热发电技术没有形成积累,与世界先进水平差距较大。我国目前相关技术研究开发尚处于空白,基础科学问题的研究也尚未开展。

地热产业缺乏扶持政策

我国因长期忽视地热能在可再生能源中的作用,对其竞争力认识不足,导致地热产业在政策上支持力度偏弱,社会各界对地热的认知度不高。总体上看,地热供暖及地源热泵产业虽然已得到国家政策扶持,但力度还不够。而地热发电产业急需国家支持。

人力资源缺乏,研究力量薄弱

20世纪70~90年代,我国呈现地热开发热潮,培养了一批地热能研究开发骨干。但近30年人才资源缺乏,研究力量薄弱。整个科研队伍规模远远落后于风能、太阳能等可再生能源领域的研究队伍。

地热利用的前景预期

解决上述的几个问题,继续推进地热能的开发利用,显然必将成为我国发展清洁可再生能源的重要方向。2012年4月温家宝总理在冰岛访问期间,曾经告诉大家:中国在第十一个五年规划期间实现单位GDP能耗降低20%的目标。"十二五"期间,中国计划将单位GDP能耗再降16%,二氧化碳排放强度降低17%。努力的方向是改造原有电厂,建设新能源电厂,其中就包括地热电厂。另外,"十二五"规划还预计通过对地热资源的进一步开发利用,到2015年使地热能提供相当于6 880吨标准煤的能耗,约占全国总能耗的1.7%,每年可减排1.8亿吨二氧化碳等废气废渣。

值得推广的地热利用技术

地源热泵技术是当今世界深受人们重视和积极予以推广的地热利用技术。

它的主要特点是利用了地球浅部的"地能"。所谓地能,是指蕴藏在地球浅部(一般深度不超过 400 米)的土壤、地下水或河流、湖泊中长期来吸收到的太阳能和小部分地热能。地表浅层是一个巨大的太阳能集热器,收集了47%的太阳能量,比人类每年利用能量的 500 倍还多。它不受地域和资源等限制,真正是量大面广,无处不在。这种储存于地表浅层近乎无限的可再生能源,使得地能也成为清洁的可再生能源的一种形式。

地源热泵技术是一种利用地能的绿色高效的能源技术。它利用浅层常温土壤、岩石和水体中储藏的能量作为能源;并具有无污染、低运行成本,既可用于采暖又可制冷,并可提供卫生热水的新型空调技术。换言之,地源热泵系统就是利用地下土壤常年温度相对稳定的特性,通过输入少量的高品位能源(如电能),让埋入建筑物周围的地耦管与建筑物内部完成热交换的装置系统。在冬季通过热泵将大地中的低位热能提高品位后,对建筑物进行供暖,同时把建筑物内的冷量储存至地下,以备夏季制冷使用;夏季通过热泵将建筑物内的热量转移到地下,对建筑物进行降温,同时储存热量,以备冬季制热时使用。如果某个地区夏热冬冷的制冷和采暖天数基本一致,冷暖负荷大致相同,则使用同一系统,可以充分发挥地下储能的作用,同时还能供应生活热水。通常地源热泵消耗 1 千瓦·时的能量,用户可以得到 4 千瓦·时以上的热量或冷量。因此地源热泵技术被称为 21 世纪的"绿色空调技术"。地源热泵中央空调系统也成为目前中央空调方案中的最佳选择。

人们认为地源热泵的优势,在于污染物排放的减少。地源热泵与空气源热泵相比,相当于减少 40%以上;它与电供暖相比,相当于减少 70%以上。如果结合其他节能措施,地源热泵的节能减排会更明显。此外,它虽然也采用制冷剂,但比常规空调装置减少 25%的充灌量;而且是属于所谓的自含式系统,即相关装置能在工厂车间内事先整装密封好,使制冷剂泄漏的概率大为减小。该装置运行时,不消耗水也不污染水,不需要锅炉,不需要冷却塔,又没有燃烧,没有排烟,也没有废弃物,不需要堆放燃料废物的场地,可以建造在居民区内,且不用远距离输送热量。它的维护费用低,相关设备的机械运动部件非常少,所有的部件不是埋在地下便是安装在室内,从而避免了室外的恶劣天气;机组又紧凑,可节省安置空间,自动控制程度高,可无人值守。若使用聚乙烯和聚丙烯塑料管做地耦管,寿命可达 50 年,要比普通空调高35 年的使用寿命。

总之,地源热泵的环保效益十分显著。

鉴于地源热泵的这一优势,致使它深受许多国家的重视。在欧洲地源热泵在空调系统中所占的份额,奥地利是 80%、德国 72%、瑞典 72%、芬兰52%,其他各国也都占有相当的比例。在美国,它也同样受到政府的推荐。地源热泵占整个空调总量的 20%。1998 年美国能源部还曾颁布法规,要求在全国联邦政府机构的建筑中推广应用地耦管土壤换热器的地源热泵空调系统。

地源热泵中央空调系统主要分为三部分:一是能量采集系统,也即室外地能换热系统,由地耦管组成;二是能量提升系统,由地源热泵机组构成;三是能量释放系统,即室内采暖空调末端系统。

地源热泵系统一般采用封闭式系统。即把塑料地耦管深埋于地下,并在封闭的管中注入防冻液,通过防冻液的循环与水或土壤进行能量的交换。它可不受地下水位、水质等因素影响;不像开放式系统需要配备防砂堵、防结垢和水质净化等装置。

地耦管的安置则有两种方式。一种采取垂直埋管,置入深层土壤之中,这样可获取地下深层土壤的热量。垂直埋管通常安装在地下 50~150 米深处,可以是一组或多组管与热泵机组相连。封闭的塑料管内的防冻液将热能传送给热泵,然后由热泵转化为建筑物所需的暖气和热水。垂直埋管是地源热泵系统的主要方式,得到了各国政府部门的大力支持。另一种采用水平埋管,将地耦管水平埋置在地下 2 米深处。这种方式占地面积大,土方开挖量大,而且地下换热器受地表气候变化的影响。此外,还有一种把江河湖海的地表水以及深井水等水体作为热置换对象的水源热泵系统。这种系统造价低,运行效率高,但受地理位置(如江河湖海)和国家政策(如取深井水)的限制。

地源热泵技术自 20 世纪末引进我国以来,其市场也日趋活跃。在"十二五"规划中,国家初步计划在未来 5 年,完成地源热泵供暖(制冷)面积 3.5 亿米^2,预计总市场规模至少在 700 亿元左右。所以可以预计,该项技术将会成为 21 世纪最有效的供热和供冷空调技术。

地热开采会不会引起地质灾害

地热被人们广泛誉为是储量巨大的可再生的绿色能源。但这一说法也一直受到另一些人的质疑。他们认为地热的开采并不是不会给环境带来危害，而是有可能带来意想不到的地质灾害。

地热开采会诱发地震吗

一项位于美国加利福尼亚州北部，离旧金山市以北约 2 小时车程的地热工程就遭到了当地居民的抗议。本来开发商企图利用 3 200 米深的高温地热蒸汽来发电，而居民们则担心该工程会诱发地震，毕竟旧金山在 20 世纪曾经历了 1906 年和 1989 年两次大地震。

地热开采会不会真的诱发地震呢？对此人们持有不同的看法。

一些人认为开发深部地热时的钻井、采水采气确实会对地层结构产生一定的影响，但这种影响是有限的，与地震尤其是大地震所需要的能量级别相比是极其微小的。何况地震震源一般处于地下几十、几百千米的地壳深处，而目前施工最深的地热钻井也没有超过 10 千米。所以它们与地震不会有必然的联系。事实上一些已开发多年的地热开采区，如我国西藏羊八井的地热发电站从 1981 年即投产运行，经过三十多年的地热开采也没有带来什么地震。

但另一些人则持有相反的意见。他们注意到 2009 年瑞士巴塞尔地区，在地热井周围进行高压压裂岩石作业时，曾引发了数百起地震事件，有些地震级别甚至已造成财产破坏。虽然对这些地震的产生原因，人们还存在不同的看法，有的人认为是由于开发手段不当引起的，只要措施正确，是完全可以避免的。但一些人仍然担心，随着今后地热开采的普及，难免还会出现由此而诱发的更大地震；特别是在一些地壳活动比较活跃的地区，这种潜在的可能决不能忽视。另外，人们早就曾记录到因深井注水或抽水而诱发的地震。如 20 世纪 60 年代中期，美国丹佛一口处理废液的 3 671 米的深井，在停止注液后,就接连发生了 3 次 5 级以上的地震。丹佛的地震虽然与地热开采无关,但人们指出,在地热开采过程中,也常常采用注水的方法,因此我们不能不对可能因此而诱发的地震保持警惕。

地热开采与地面沉降

地热开采虽然未必会召唤出地震恶魔,但它对环境的一个更可能的伤害是地面沉降。这是因为本来埋藏于地下深处的地热水被抽取后,很难像浅层地下水那样通过自然降水来补充。如近年来,北京、天津每年地热水位下降的幅度都已超过国家允许的 1 米,西安甚至达到了 5 米。这些水位的下降是地热水得不到补充的最好证明。地下深处地热水的亏损,就会在地下产生空隙,致使其上覆地层失去了有效的支撑,地质结构慢慢地就会受到破坏,出现不同程度的沉降。例如在冰岛的斯瓦特森基和意大利的拉德瑞罗地热田的地面年平均沉降量分别为 11 毫米和 32 毫米,而在新西兰的怀拉基地热田开采区外的一个小区域内,年沉降量更高达 400 毫米。我国天津以及华北一些地区的地面沉降,其主要原因也是地下水、地热水和油气开采的结果。

为了克服因地热水亏损而引起的地面沉降,一些人倡导提高地热工程的回灌率,也就是尽可能将抽上来的地热水提取热能后重新灌回地下,并制定了回灌率标准。如天津市要求新建地热工程达到 100％回灌。然而,由于种种原因,回灌率始终不能达到标准。这固然有地热开发企业为了经济利益,逃避责任,不愿增加支出,以及相关审查部门还不是很严格,缺乏惩罚措施的主观原因外,也有因井孔堵塞,回灌困难的客观原因。这是因为地层深处的地热水矿物质含量高而氧气含量低,被抽上地面后则有较多氧气和微生物进入,发生生物化学反应以及水中原有的杂质、矿物质沉淀等,逐渐堵塞回灌井。为了解决这一现象,人们又提出采用闭路式循环回灌的方式,让被抽取上来的地热水尽量不接触外界环境。不改变地热水的成分来进行回灌。然而这虽然在一定程度上避免了地面上的氧气和微生物的加入,但却无法改变地热水在使用过程中的温度、压力变化,无法改变因温度、压力的变化而引起的水中矿物质因溶解度变化而析出的趋势。也就是说采用闭路循环的回灌方式,顶多只能延缓井孔堵塞的进程,并不能达到彻底解决的效果。因此因抽取地热水所可能带来的地面沉降,是地热利用的一个挥之不去的阴影。

地热开采的其他担忧

地热开采的另一个令人担忧的问题,是有可能导致地下深处有害气体的突然释放。2003年12月23日,重庆市开县境内一口开采天然气的钻井,在钻到4 049.68米时突然发生井喷,饱含硫化氢等有害气体的气流迅速喷出,向四周扩散,波及范围包括附近的4个乡镇28个村,191人因躲避不及而中毒死亡,四万余人被迫转移。开县的这次灾祸虽然不是地热开采引起的。但地热开采所施工的深井难免也会发生同样的遭遇。事实上,在火山喷发活动中,人们曾不止一次地在火山喷气中检测到多种有害的、可致人死命的气体。因此在某些地热富集区的深部,蕴含有这些有害气体是完全可能的。它们只是原本被封存在地下,而人们施工的钻井则为它们提供了一个骤然释放的机会。

人们还指出,即使地热开发没有造成有害气体的释放,但地热水所携带的矿物质,还是有可能给环境带来重金属等物质的化学污染,也可能带来热污染和噪声污染。

再有,许多人都认为,地热是一种可再生能源,但事实上除了地壳活动力强的岩浆地区的地热能外,由于通常人们开采地热能的速度比地球供给它的速度要快得多,这就使被消耗掉的地热能,很难在短时间内得到补充而再供利用。所以,地热资源的利用在一段期限内还是有限的,并非无穷无尽。

总而言之,事物总是一分为二,我们在看到地热利用的有利方面时,也不应忽略它所可能存在的负面作用。

氢能——未来能源家庭的宠儿

氢是宇宙中含量最丰富的元素,也是元素周期表中排行第一的元素。

四百多年前,瑞士科学家巴拉塞尔把铁片放进硫酸中,发现冒出许多气泡。当时,人们并不认识这种气体。1776 年英国化学家卡文迪许对这种气体产生了兴趣,发现它非常轻,只有同体积空气的 6.9%,他还发现这种气体和一定体积的空气混合后,一点火就会爆炸。以后又发现氢和空气化合爆炸后,在器具上留有小水珠。经反复试验,他得出水是这种可燃气体和氧的化合物的结论。1783 年,法国化学家拉瓦锡经过详尽研究,正式把这种物质命名为氢。

氢的最初利用

氢气一诞生,它的"才华"就初露锋芒。1780 年,法国化学家布拉克把氢气灌入猪的膀胱中,制造了世界上第一个最原始的飞上高空的氢气球,这是氢最初的用途。1869 年,俄国著名学者门捷列夫整理出化学元素周期表,赫然坐在第一把交椅上的就是氢元素。此后从氢出发,寻找其他元素与氢元素之间的关系,为众多元素的发现打下了基础,人们对氢的研究和利用也就更科学化了。

人们开始利用氢只是用它比空气轻的特点。最初是法国人乘坐氢气球飞上了蓝天。1901 年,巴西人制作了使用氢气的飞艇。第一次世界大战结束后,飞艇开始用于民用方面,直到 1936 年以前,充氢飞艇一直风靡世界。后来由于发生了氢气飞艇大爆炸事故,氢气飞艇才退出了历史舞台,被新式的充氦飞艇所代替。

用氢作燃料的火箭

从 20 世纪 70 年代初开始,全世界面临着严重的能源危机。在人们寻找其他替代能源中,燃烧值巨大的氢成为首选能源。科学家们发现,只要存在充足的氧,氢就可以很快地完全燃烧,其产生的热量比同等质量的汽油高

3 倍,比焦炭高 4.5 倍。事实上,氢作为一种高效能源,近半个世纪以来,它一直在作贡献。1957 年,世界上第一颗人造地球卫星就是使用氢氧火箭送入太空的。在这前后,苏联与美国所发射的导弹武器也都是用液氢和液氧作燃料的。1968 年,"阿波罗"号飞船也是用氢氧燃料为动力,实现了人类首次登上月球的创举。这一切都显示出氢燃料的功劳。许多实验数据证明,氢可能成为 21 世纪最重要的二次能源。

用氢作燃料,不仅热量大,而且污染少。一般化学燃料燃烧后会产生二氧化碳、一氧化碳、二氧化硫、碳氢化合物等有害物质,严重破坏环境,而燃烧氢时,它同氧化合生成水。这种水是纯净的,无任何害处。而氢本身也是无毒无味的,不会对人类和自然产生影响。

氢气可在 $-253℃$ 的低温下变成液态氢。因此,液态氢是储存在低温高压的大圆筒——氢瓶里。除此之外,还可用金属或非金属元素吸附氢的办法来储氢。基于氢的一系列特性,人们已经认识到,对于机动性强的交通运输工具来说,氢是汽油和柴油最理想的替代物。

大自然中蕴藏着丰富的氢,在地球上,除了大气中含有氢以外,它主要和氧化合成水,每 90 千克水中就有 1 千克氢,因此它具有分布广泛、来源稳定的优势;另一个更大的优势,是它可以循环利用。氢可以从水中分解出来,在它作为燃料燃烧后又形成水,如此反复,周而复始,所以科学家认为,氢是人类可以永久利用的清洁的可再生能源。

氢燃料电池

以氢为能源,不仅可以直接作为燃料取代汽油和柴油,还可以用氢制成氢燃料电池。氢燃料电池就像一个微型的发电厂,其原理是电解水的逆反应。把氢气送到燃料电池的阳极板(负极),经过催化剂(铂)的作用,氢原子中的一个电子被分离出来,失去电子的氢离子(质子)穿过质子交换膜,到达燃料电池的阴极板(正极),而电子是不能通过质子交换膜的,这个电子,只能经过外部电路,到达燃料电池的阴极板,从而在外电路中产生电流。电子到达阴极板后,与氧原子和氢离子重新结合为水。由于供应给阴极板的氧,可以从空气中获得,因此只要不断地给阳极板供应氢,给阴极板供应空气,并及时把水（蒸气）带走，就可以不断地提供电能。这种利用氢发电的模式，将成为继火力发电、水力发电、核电之后的第四代最灵活的发电模式。因此，一旦氢能成为人类社会主要的能源时，人们的生产和生活方式都会发生很大的变化，即所谓的"氢经济时代"就来临了。据报道，在冰岛政府的支持下，戴姆勒-克莱斯勒公司和壳牌公司 1999 年初就公布了把这个岛国变为世界上第一个"氢经济"的国家计划。计划最终用无污染的氢能源取代该国所有小轿车和公共汽车上使用的柴油和汽油。我国同济大学也自主研制了 20 辆用氢燃料电池作动力的汽车样机。

"奔驰"氢动力汽车

氢能既然有如此之多的好处，可是为什么今天还不能广泛利用呢？其实原因十分简单，一个是氢气的储存非常困难，氢气的渗漏速度是水的 200 倍以上，所以普通容器根本无法储存，它需要在高压低温的条件下方能储存。还有一个更重要的原因，就是单质的氢不存在于大自然，是以化合物形态存在于自然环境中。这是因为单质的氢过于活泼，一旦氢结合成化合物之后，化合物非常稳定，难以分解。因此，制氢工艺难度很大，成本很高。

氢的常规制备

尽管氢是自然界最丰富的元素之一，但是在地球上它却主要以各种化合物的形式存在，天然的不受其他元素离子制约的游离氢少之又少。因此要想利用氢，我们必须设法把它从各种氢化物中分离出来。

其实早在18世纪，英国科学家卡文迪许就曾用铁和锌等作用于盐酸及稀硫酸来制得氢气。两百多年来，在人们的努力下，制氢技术有了长足的发展。就目前而言，氢的制备已有多种不同的方法，如电解水制氢、热解制氢、光解制氢、放射能水解制氢、等离子电化学法制氢和生物制氢等。在这些方法中，氢主要是从水、烃类有机物、碳水化合物中分离出来。为了把氢从这些物质中分离出来，必须耗费相当数量的能源。因此开发出低能耗、高效率的制氢技术，是氢能否被广泛利用的关键。

几种常规的制氢方法

电解水制氢

这是目前应用较广且比较成熟的方法之一。人们最早的工业化制氢就是从电解水开始的，至今仍然是工业化制氢的重要方法之一。以水为原料制氢的过程是氢与氧燃烧生成水的逆过程，所以只要提供一定的能量，就可使水分解成氢气和氧气。提供电能使水分解制得的氢气的效率一般在75%～85%，但电能的消耗却很大，尽管改进型的电解槽已把制氢过程的电耗降低了许多，但还是工业生产中的"电老虎"。所以用燃烧石油或煤炭所获得的火电来制取氢，再用这样得来的氢去取代煤和石油是得不偿失的。其成本比石油至少要贵3倍，而且并未根本解决燃烧煤和石油对环境的污染。因此，目前用这种方法制取的氢，只用于专门用途，如推进太空火箭或在航天器中维持燃料电池。目的是利用氢燃料的优异性能，而非以氢作为能源来替代石油和煤炭。看来要用电解水制氢来替代石油，只有在太阳能发电的成本大大低于火力发电的价格时，有了来自太阳能的电源，才可能把这一方法大规模地商业化予以推广使用。

热解法制氢

需要把水加热到 3 000℃以上。这时,部分水蒸气可以热解为氢和氧,但是技术上的困难是高温和高压。较有希望的是利用太阳能聚焦或核反应产生的热能。关于利用核裂变的热能分解水制氢已有各种设想方案,可惜至今均未实现。人们更寄希望于今后通过核聚变产生的热能来制氢。

光解法制氢

20 世纪 80 年代末,国际上出现了光解海水制氢的方法。由于激光诱导制膜技术有所突破,制成了新型的金属-半导体-金属氧化物光电化学膜,用此膜作为海水电解的隔膜,能使海水分离制得氢和氧。其电耗低,转换率已达到 10% 左右。因此提高其转换率是该方法能否得到推广的关键。

烃类水蒸气重整制氢

烃类化合物如甲醇、乙醇等在催化剂作用下与水蒸气重整制氢反应是强吸热反应,反应时需外部供热。热效率较低,反应温度较高,反应过程中的能耗较高,造成资源的浪费;而且反应过程会释放二氧化碳,相关的各种副反应还会给体系引入杂质气体,从而给氢气的净化带来一定的干扰。因此开发研制更为有效去除杂质气体的高活性高选择性催化剂,已经成为备受关注的方向。在消除杂质气体的同时,如何减少此过程中对产物氢气的消耗也是非常重要的。与此同时,工业上应用的生产装置往往希望低能耗高产出,因此,如何减少生产中热能的消耗及降低蒸汽重整反应的起始温度也成为一个重要研究方向。

重油氧化制氢重整方法,同样由于要求反应温度较高,而且制得的氢纯度低,而不利于能源的综合利用。

显然,用这些方式来制取氢,不仅要付出很高的制造成本,还要付出环境代价,而利用效率却相当低。假如用这种形式来满足我们对能量的需求,则无疑是舍近求远,得不偿失,是绝对不可取的,还不如直接利用化石能源的好。所以目前用这些方法获得的氢,主要是以氢为化工原料,用于维持电子、冶金、炼油、化工等方面的需要。

几种值得关注的制氢新法

除上述方法外,近来在国外使用的硫化氢制氢的方法,不失为一种制氢的好方法。在石油炼制、煤和天然气脱硫过程中都有硫化氢产出,自然界也有硫化氢矿藏,或伴随地热等的开采也会产生硫化氢。用硫化氢制氢包括气相分解法(干法)和熔液分解法(湿法),都能同时获得硫黄和氢气。尽管这种工艺需要一定的高温(600℃)和适当的催化剂,或经过光照等措施,但是用这种方法制氢能化害为利,既能制得氢气和硫黄,又能清除硫化氢等的污染。

说起化害为利的制氢方法,我国最近研制成功的"烟气中氧化硫制氢技术"与硫化氢制氢有异曲同工之妙。这是利用烟气脱硫产物——稀硫酸与废金属经液相氧化反应进行制氢。令稀硫酸与废铁屑作用生成氢气和硫酸亚铁。这是让污染源(烟气)资源化的新途径,曾被列入我国"九五"国家重点科技攻关计划专题。现在中试(中间试验)研究已通过"九五"国家级验收。

利用焦炉气制氢是我国近年广为推广的制氢方法。焦炉气蕴含有高达55%以上的氢气资源,采用目前已经成熟的所谓 PSA(变压吸附工艺)可方便地获得氢气。方法是让原料气经脱萘脱硫后,压缩至 1.0 兆帕,再让其经过变温吸附工艺除去高沸点杂质;然后再经过 PSA 工艺除去甲烷气、氮气、一氧化碳、二氧化碳和氧气,便可获得纯度为 99.9%的氢气。该法的制氢成本低,只相当于电解水制氢成本的 25%～33%;且焦炉气所含的大量碳氢化合物也可应用重整技术转化为氢气。

我国是世界第一大焦炭生产国,历来有大量焦炉气在炼焦过程中被释放出来。据报道,目前我国年产炼焦等副产品氢气 900 亿米^3,其热值相当于 2008 年全国六千多万吨汽油用量的 1/3。但由于没有合适的用途,加之氢的储存和运输问题未能得到很好的解决,致使其利用率很低,大多被浪费。因此可以预期随着我国储氢技术和氢燃料电池的发展,焦炉气有望成为我国未来重要的氢气供应源。

利用生物方法制氢是一种很有发展前途的制氢方法。现代科学已经知

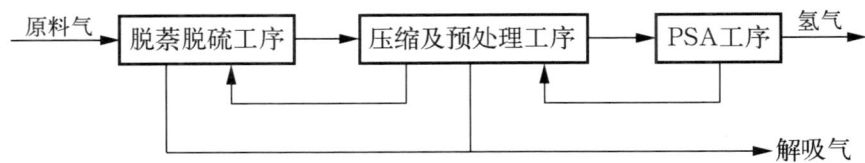

原料气 → 脱萘脱硫工序 → 压缩及预处理工序 → PSA工序 → 氢气

解吸气

PSA制氢工艺流程图解

道,几乎所有的光合细菌都可以放出氢气,50%以上的藻类植物在一定的条件下也可以放出氢气。如蓝绿藻既能进行光合固氮,又能进行光合放氢,即在光合作用的同时,释放出分子状态的氢气。利用生物制氢的另一种方法是用发酵菌制氢,它们能够在发酵的过程中放出氢气。我国生物发酵制氢技术研究于 1990 年在哈尔滨工业大学正式开展,该技术以有机废水为原料,利用微生物菌群的发酵作用生产氢气。这样便能在处理高浓度有机废水的同时制得氢气和甲烷。该项目于 1999 年完成了中试研究,其试验成果达到了国际先进水平。

综上所述,当今氢的制备虽然已有多种不同的方法,但那些已比较成熟的技术工艺,大多存在耗能大、功效偏低的现状。这显然无法满足人们把氢作为廉价的能源来使用的愿望,因此发展可能提供廉价氢来源的太阳能制氢和生物制氢,是人们的希望所在。

太阳能制氢

氢能是未来的理想能源,它来源丰富,洁净,热效率高。作为能源,必须解决工业化大生产的问题,但是目前的制氢技术尚不过关。用传统的以化石燃料为原料制氢,或用电解水的方法制氢,不仅经济上不合算,而且资源利用也不合理,有些还会造成环境污染。因此,科学家们把研究方向指向了用太阳能为一次能源的制氢方法。

不过,怎样利用太阳能来制氢,不同的研究者却提出了不同的方法,如有的主张用太阳能电解水制氢;也有的主张用太阳能热化学方法制氢;还有的提出了用太阳能光化学制氢,太阳能光解水制氢以及太阳能热解水制氢等。

太阳能电解水制氢

电解水制氢是人们早就采用的制取高纯度氢的传统方法。只不过该方法所使用的能源不是来自太阳能,而是其他来源的电能。其原理是:将酸性或碱性的电解质溶入水中,以增加水的导电性,然后让电流通过水;在电的作用下,阴极和阳极上就分别可以得到氢和氧。太阳能电解水制氢则是用来自太阳能的电能,替代了早些的其他能源而已。所以方法的第一步是通过太阳能电池将太阳能转换成电能;第二步就可用电解水制氢来获得氢气。把这两个步骤联合起来就构成了所谓的"太阳能光伏制氢系统"。该方法从技术上看,实际上就是太阳能光伏发电和电解水制氢两者的结合。应该说这两项都是较为成熟的技术,因此单从技术层面上看似乎没有问题。但从经济上说,它还不如传统的电解水制氢。因为目前太阳能发电技术的产业化生产尚未过关,太阳能发电的成本比火力发电还高出 2～3 倍。也就是说,太阳能电解水制氢的成本要比传统的电解水制氢高出 2～3 倍。目前来看,它肯定无法与传统的电解水制氢相竞争。该方法只有等太阳能发电技术取得重大突破,使生产成本大幅度下降的情况下,才可能大规模地投入生产。

太阳能热化学制氢

太阳能热化学制氢也是在原有的热化学制氢工艺的基础上,引进太阳能作为工作能源的方法,即利用太阳能加热化学反应来制取氢气。它一般又主要分为水热化学循环制氢和硫化氢热化学循环制氢。水热化学循环制氢是指在含有添加剂的水系统中,在不同温度下,经历几个不同反应阶段,最终将水分解为氢气和氧气的化学反应过程。在这个过程中,除消耗水和一定的热量外,参与过程的添加元素或化合物(理论上)均不消耗,可以再生和反复利用,整个反应过程构成一个封闭的循环系统。与水的直接热解制氢相比较,热化学制氢每一步的反应均在较低的温度(800~1 000℃)下进行。这一温度是普通太阳能旋转抛物面镜聚光器比较容易达到的温度。而且由于温度较低,就使其设备装置的耐温要求以及投资成本等问题,都比较容易解决。热化学循环分解水制氢之所以受到广泛重视,还因为从能量核算与电解法相比,可能成为能耗最低和最合理的制氢工艺。而太阳能的引入则可使这一工艺流程更加合理。另外,这种热解反应系统还可与今后高温核反应堆所提供的温度水平相匹配,易于实现工业化,使它成为成本最低廉的制氢工艺。其存在的主要问题是参与反应的添加剂的还原,即使按 99.9%~99. 99%还原,也还要作 0.1%~0.01%的补充。这将影响氢的价格,并造成环境污染。

硫化氢热化学循环制氢是目前研究的课题,它不仅仅获得氢气和有用的化工原料硫黄,同时为消除硫化氢的污染作出了重大贡献。

太阳能光化学制氢

太阳能光化学制氢是利用太阳光的能量,在某些催化剂的作用下,使含氢物质分解而制得氢气。目前光化学制氢的主要光解物(含氢物质)是乙醇。乙醇是很多工业生产中的副产品,也容易从农作物中得到。在适当条件下,阳光可使乙醇分解成氢气和乙醛。阳光使乙醇分解的条件相对比使水分解的条件要容易些,但是乙醇是透明的,它不会直接吸收光能,必须加入光敏剂(对光敏感的催化剂)。目前,科学家们选用的光敏剂主要是二苯酮。二苯酮能吸收可见光,并通过另一种催化剂胶状铂使乙醇分解,产生氢。然而,二苯酮只能吸收可见光谱中有用能量的 5％左右,因此科学家正在探索能提高二苯酮吸光率的新催化剂。有报道说,日本有人利用碘对光的敏感性,设计了一套包括光化学和热电反应的综合制氢流程,每小时可产氢 97 升,效率达 10％左右。

太阳能光解水制氢

20 年前,化学家们就提出了用太阳能光解水制氢的设想,但由于一直没有找到能用于批量生产的催化剂,所以至今仍停留在实验室试验阶段。在试验中,化学家发现比较有效的催化剂是二氧化钛,或者在水中放入一些钌化物,这样,在阳光的照射下,水就能不断分解成氢和氧。目前试验的结果,利用太阳能的效率已达到 10％左右。

日本理工化学研究所在 1989 年首次实现了利用太阳可见光分解水而获得氢的突破。其方法是在硝酸钾(电解质)水溶液中浸入一根 N 型硫化镉半导体电极和一根纯铂电极,把两根电极连接起来。然后把阳光收集器聚集的阳光照射到硫化镉半导体电极上。由于这种半导体具有与阳光中的可见光接触就能产生电流的性能,因而就在硝酸钾水溶液中引起化学反应,使水分解成氢和氧,氧从半导体电极上产生,氢则从铂电极上产生。这种方法看起来与电解原理相同,但它的独特之处是,虽然在电路中有电流通过,但却不是使用电池等外电源,而是使用遇到可见光后就产生电流的半导体作电源。因此,硫化镉半导体是使光能转变成电能的关键。另外,这一方法制氢的效率很低,在没有找到更好更低廉的电解质和催化剂之前,还无法进行实用性的运行。

此外,金属有机化合物用于光解水的研究,近年已取得不少令人鼓舞的重要结果,但距离高效产氢和达到实用阶段,仍有较大差距。

目前太阳能制氢虽然有多种途径,但大都尚处于探索试验阶段,未能真正投入实际运行。不过可以预期,由于这些技术都与太阳能技术的开发有关,因此随着太阳能光伏技术和太阳能热利用技术的进展,太阳能制氢技术也必定会随之获得令人满意的新突破。

即将投入生产的生物制氢

前面我们已经谈到，氢是一种蕴藏量极为丰富，不会产生任何污染，是极为理想的"绿色能源"。然而至今让人们无法将其大规模付诸实用的根本原因，就在于氢气制备的困难。

从目前世界产氢量来看，96％是由天然的碳氢化合物——天然气、煤、石油产品中提取的，4％是采用水电解法制取的。传统的化学方法制氢会消耗大量的矿物资源，在生产过程中产生的污染物还会对地球环境造成破坏，显然不适应社会发展的要求。而用电解法制氢，要消耗大量的电能，在大多数场合下是得不偿失，无扩大生产的可能。在这种情况下，寻找更高效、更廉价、更实用的制氢新方法，便成为我们能否把氢作为常规能源来使用的关键。

在寻找更高效廉价的制氢方法的探索过程中，一种被称为"生物制氢"的技术受到了人们的极大青睐。所谓生物制氢，就是利用各种有机物和微生物制得氢气。目前常用的有机物（底物）为葡萄糖、纤维素和有机污水等，而用于制氢的微生物则有许多种。从1942年起，科学家就开始了利用微生物产生氢气的最初探索。近些年来，他们先后发现了不少能够产生氢气的细菌。这些细菌属于两大类：一类是绿藻、蓝细菌和光合细菌等，这类微生物需要在光的作用下才能产生氢气；另一类是发酵菌，它们能够在发酵的过程中释放氢气。根据使用菌种和工艺流程的差异，一般还可分出四种不同的产氢技术。

光解水制氢技术

该技术是绿藻及蓝细菌以太阳能为能源，以水为原料，通过光合作用及其特有的产氢酶系，将水分解为氢气和氧气。此制氢过程不会产生二氧化碳。蓝细菌和绿藻均可光裂解水产生氢气，但它们的产氢机制却不相同。蓝细菌的产氢分为两类：一类是固氮酶催化产氢，另一类是氢酶催化产氢。绿藻产氢则是在光照和厌氧条件下由氢酶催化产氢。这一方法的优点是不会产生任何污染,缺点是效率低,产氢慢。

暗发酵制氢技术

暗发酵制氢是异养型厌氧细菌利用碳水化合物等有机物,通过无须光照的暗发酵作用产生氢气。在大多数的工业废水和农业废弃物中,如造纸工业废水、发酵工业废水、农业废料(秸秆、牲畜粪便等)、食品工业废液等存在大量的葡萄糖、淀粉、纤维素等碳水化合物,若不经过处理直接排放,会对环境造成污染,也浪费了有用的资源。但若将其作为原料进行生物制氢,既可获得洁净的氢气,又不会另外消耗大量的能源,是一举多得的好事。该方法的优势是效率高,产氢快;缺点是发酵后的余液必须进行处理,方可排放,否则会污染环境。

光发酵制氢技术

这一技术应用光合细菌利用光能,催化有机物发生厌氧酵解来产生氢气。许多有机废水,如牛粪废水、精制糖废水、豆制品废水、乳制品废水、淀粉废水、酿酒废水等含有大量可被光合细菌利用的有机物成分,故均可用作底物来制氢。近年来在这方面做过较多研究,人们注意到利用有机废水生产氢气要解决污水的颜色(颜色深的污水减少光的穿透性)、污水中的铵盐浓度(铵盐能够抑制固氮酶的活性从而减少氢气的产生)等问题;还有若污水中COD(化学需氧量)值较高或含有一些有毒物质(如重金属、多酚、多环芳烃),在制氢时必须经过预处理。

光发酵和暗发酵耦合制氢技术

将两种发酵方法结合在一起,比单独使用一种方法制氢更具优势。它们可以相互交替,相互利用,相互补充,从而提高氢气的产量。所以它是在这四种制氢方法中效率最高,产氢最快,但在发酵过程中需补充氧气,损耗能源。

目前,国内外对上述四种生物制氢都有研究,但大都尚处于实验室试验阶段。国际上,如日本、美国、德国、以色列、俄罗斯、瑞典、英国等都投入了大量的人力物力对该项技术进行研究开发。在国内,如中国科学院微生物研究所、上海植物生理研究所、上海交通大学等科研单位对光解生物制氢技术都有研究,而发酵法生物制氢技术的研究则以哈尔滨工业大学最具代表性。

1990 年,哈尔滨工业大学正式开展发酵法生物制氢技术研究。他们以有机废水为原料,利用厌氧微生物菌群的产酸发酵作用生产氢气,是一项集生物制氢和高浓度有机废水处理为一体的综合工艺技术。该技术在处理高浓度有机废水的同时,回收了大量的清洁能源和甲烷,其试验成果达到了国际先进水平。在这项技术中,反应器中的厌氧活性污泥来源广泛,系统启动时只需对所接种的菌群进行一定的驯化,就能达到连续产氢的目的。1994 年完成连续流程的小试研究,1999 年成功地完成了世界上首例中试研究,其成果被评为"2000 年中国十大科技进展新闻"之一,在国际上引起较大反响。

2003 年,一项世界瞩目的"有机废水发酵法生物制氢技术"作为黑龙江省首项生物制氢示范工程项目,落户哈尔滨工业大学科技园产业化基地环保生物城(位于哈尔滨市高新技术开发区内)。这是生物制氢技术进入产业化阶段的开始。该项目设计投资 2 500 万元,占地面积 2.1 万米^2,开创了利用非固定菌种生产氢气的新途径,创立了连续流混合菌种发酵法生物制氢的新工艺和新设备,比传统方法制氢节省成本 50%,氢气纯度大于 99%。据报道,目前日产 1 200 米^3 氢气生产示范基地已一次启动成功。在生物制氢产业化生产的领域中,成为"第一个吃螃蟹"的企业。

综上所述,与传统的物理和化学方法相比,生物制氢具有节能、可再生和不消耗矿物资源等优点,是未来氢生产的重要发展方向。但总的说来,生物制氢技术目前尚未完全成熟,在大规模应用之前尚须深入研究。其中,包括如何筛选产氢率相对高的菌株及设计合理的产氢工艺来提高产氢效率。还有在利用发酵型细菌产氢方面,产氢的稳定性和连续性问题一直是困扰产氢工业化的大障碍。另外,有机废水存在许多适合光合生物与发酵型细菌共同利用的底物。理论上可以实现在处理废水的同时,利用光合细菌和发酵细菌共同制取氢气,来提高产氢的效率。但是,实际操作过程中发现,混合细菌发酵产氢过程中彼此之间的抑制及发酵末端产物对细菌的反馈抑制等现象的存在,使得效果不明显甚至出现产氢效率偏低的现象。显然。只有诸如此类的问题得到妥善的解决,生物制氢才能走上康庄大道。

氢的储存方法

氢很轻,又容易燃烧,甚至会发生爆炸,是一种既不便携带,又不安全的气体。然而要想有效地利用氢能,就必须解决氢的储存和运输问题。据说,美国能源部用于氢储存方面的研究费用,占氢能开发研究总费用的 50%;日本的 1993～2020 年的"新阳光计划"中,一项投资 30 亿美元的能源发电计划的三大内容(高效分解水技术、储氢技术和氢燃料电池发电)之一也是储氢,可见人们对储氢问题的重视。

储氢的方法

目前的储氢方法有物理和化学两大类。物理方法主要有:液氢储存、高压氢气储存、玻璃微球储存、炭吸附储存、碳纳米管储存等。化学方法主要有:金属氢化物储存、有机物储存、无机物储存、氢化铁吸附储存等。

这些各种各样的储氢方法各有其优缺点。

液化储氢

如液化储氢的储氢量较大,因为液氢的密度为气态氢的 845 倍。但液化储氢面临两大技术难关:一是氢在液化时能耗大;二是液态氢低温储存时容器的绝热问题,当绝热不理想时,液氢的蒸发损失很大。

金属氢化物储氢是利用某些金属或合金与氢反应后,以金属氢化物形式吸氢,生成的金属氢化物加热减压后能释放出氢气。有些金属氢化物储氢密度可达标准状态下氢气的 1 000 倍,与液氢相近,甚至超过液氢。金属氢化物储氢的主要缺点是,由于储氢金属自身有重量,致使储氢金属单位重量的储氢能力低。另一方面,金属氢化物经多次使用后易变质,并降低储氢性能。常用于制备金属氢化物的金属有钛系、稀土系和镁系等。

有机物储氢是一种化学储氢方法,常用的有机物有苯、甲苯、甲基环己烷和萘。其中萘的储氢量最大,但萘烷的脱氢是非可逆反应,无法实现循环利用。而苯和甲苯的脱氢是可逆的,所以一般选用甲苯和甲基环己烷。使用时,氢经过催化加氢装置被寄存在甲苯和甲基环己烷中,在常压下呈液态,储存和运输简单易行;输送到目的地后,通过催化脱氢装置就可以使寄存的氢释放出来。甲苯和甲基环己烷冷却后又可循环利用。这种方法安全、方便、成本较低,因此曾被许多人所看好。但缺点是它使用的催化剂是铂等贵金属,而且在其脱氢时一般要消耗已储存氢能的 30% 左右。

相比之下,碳纳米管储氢被认为是最有发展前途的储氢技术。美国麻省波士顿东北大学的一个科研小组在 1997 年宣布,他们用石墨超细纤维(碳纳米管)在室温下可储存 3 倍于其自身重量的氢,比当时任何储氢材料的储氢量都要大 10 倍以上。

石墨超细纤维为什么能储存如此多的氢,其机制目前不完全清楚。石墨超细纤维的长度为 5～100 毫米,直径只有 5～100 纳米,将这些超细纤维堆积成石墨薄层,这种结构是储氢能力极高的关键。该科研小组的负责人罗德里格兹说,每克单晶石墨可吸收 6.2 升氢,其上限甚至可达 30 升氢。他认为,超细石墨纤维之所以有如此高的吸氢能力,是因为通过毛细管作用使几层氢分子凝聚在堆积的石墨薄层之间的缝隙内,缝隙的距离有 0.34 纳米,而氢分子的平均直径一般只有 0.26 纳米。当氢分子和石墨中的电子强烈地相互作用时,就可能在薄层之间的缝隙内挤进去好几层氢分子。这是因为当氢分子被吸收时,它们就损失了大量的振动能和旋转能,有效半径就会降低为0.064纳米,这就为更多的氢分子留下了足够的空间,从而大约可容纳5层氢分子。狭窄的缝隙还能阻止氧和其他较大的分子从外面挤进去,这样就可以使爆炸的可能性减小到最低程度。

现在罗德里格兹已找到了生产这种纤维的方法,但出于商业的目的,他们不肯提供具体的细节。只是轻描淡写地说,这种工艺可以使每千克超细石墨纤维的成本只需不到1美元。

为了把氢注入所有超细石墨纤维内,首先必须经过酸洗,从催化剂上去掉金属杂质,然后加热到900℃,并放在真空中以去掉石墨薄层之间狭缝内的任何其他气体。然后再用12兆帕的压力将氢注入石墨纤维内。经过2～24小时,就可以使之完全充满氢气,然后必须维持在4兆帕的压力下。

我国的储氢研究

用碳纳米管储氢,我国也有研究,并已取得可喜的进展。2002年,清华大学吴德海教授所领导的碳纳米材料研究小组发现了一种经处理后表现出显著储氢性能的碳纳米管。他们对处理过的碳纳米管的储氢特性进行了系统研究,发现这种碳纳米管具有许多全新的力学、电学、热学和光学性能,尤其是将它混以铜粉后,表现出了显著的储氢性能。课题小组将碳纳米管制成电极,进行电化学实验,结果表明,混铜粉的碳纳米管电极的储氢量是不混铜粉电极的10～13倍。根据美国能源部对车用储氢技术制订的标准,清华大学的这一成果已经接近其对储氢材料的重量和储氢密度的要求。

2008年有报道说:北京化工大学分子与材料模拟研究洗的理论研究发现,硅纳米管能够比同结构的碳纳米管具有更高效的储氢率,而且硅纳米管束中管子间的距离会明显地影响其储氢的能力。遗憾的是,这仅仅是理论研究成果,还没有实际的储氢实验数据的支持。如果实践证实了这一推测,这将极可能让硅在引发微电子革命后,又成为氢能源领域的关键材料。

(周戟　张庆麟)

氢燃料电池

氢能的广泛利用主要是通过燃料电池来发电。

燃料电池的工作原理

燃料电池是利用物质发生化学反应时释放的能量,直接将其变换为电能的装置。在它工作时,需要连续不断地向其供给燃料与氧化剂。因为它是将燃料通过化学反应(类似燃烧)释放出能量变为电能输出,所以被称为燃料电池。燃料电池由正极、负极和夹在中间的电解质构成,其中负极供给燃料,正极提供氧化剂。如果电解质是固体,就被称为固体氧化物燃料电池。这种装置的最大特点是由于反应过程不涉及燃烧,因此其能量转换率高达 $60\%\sim$ 80%,实际使用效率则是普通内燃机的 $2\sim3$ 倍。燃料电池除了效率高以外,还具有排气干净、噪声低、对环境污染小、无须充电、燃料多样化、可靠性好和维修方便等优点。燃料电池按所使用的电解质可划分为不同的种类,即碱性燃料电池、磷酸盐型燃料电池、熔融碳酸盐型燃料电池、固体氧化物型燃料电池、固体聚合物燃料电池、质子交换膜燃料电池、生物燃料电池等,从使用的燃料来分,则有氢气、乙醇、甲醇、甲烷、一氧化碳等的区别,其中最理想的是使用氢作燃料的氢燃料电池。

氢燃料电池本质上说是水电解的一个"逆"装置。在电解水的过程中,通过外加电源将水电解,产生氢和氧;而在氢燃料电池中,则是氢和氧通过电化学反应生成水,并释放电能。

燃料电池的工作原理与普通化学电池相类似,然而从实际应用来看,两者存在着较大差别。普通干电池和蓄电池是一种储能装置,把电能贮存起来,需要时再释放出来。也就是说它们将化学能储存在电池内部的化学物质中,当电池工作时,这些有限的物质发生反应,将储存的化学能转变成电能,直至这些化学物质全部发生反应,电池便告用完。对于原电池而言,电池放出的能量(使用寿命)取决于电池中储存的化学物质的量;对于可充电电池而言,则可通过外部电源进行充电,使电池工作时发生的化学反应逆向进行,得到新的活性化学物质,电池可重新工作。因此,实际上普通电池只是一个有限的电能输出和储存装置。燃料电池严格地说则是一种发电装置,像发电厂一样,是把化学能直接转化为电能的电化学发电装置。另外,氢燃料电池的电极用特制多孔性材料制成,这是氢燃料电池的一项关键技术,它不仅要为气体和电解质提供较大的接触面,还要对电池的化学反应起催化作用,参与反应的化学物质氢和氧,分别由燃料电池外部的单独储存系统提供,因而只要能保证氢氧反应物的供给,该燃料电池就可以连续不断地产生电能,从这个意义上说,氢燃料电池是一个氢氧发电装置。

能源专家认为,氢燃料电池兼具发电设备和动力设备的双重功能:它既是继蒸汽机及内燃机后的第三代动力系统,又是继水力、火力、核能之后的第四代发电设备。氢燃料电池不仅可提供现代交通工具所需的理想动力燃料,而且也是一座座分散的小型发电厂,给千家万户提供电力,避免大电网断电给社会造成巨大的损失。为此,美国《时代周刊》将氢燃料电池评为 21 世纪对人类生活具有最大影响的十大技术之一。20 世纪 60 年代,氢燃料电池就已经成功地应用于航天领域。往返于太空和地球之间的"阿波罗"号飞船就使用了氢燃料电池。

燃料电池的优势

燃料电池对环境无污染。它是通过电化学反应,而不是采用燃烧(汽、柴油)或储能(蓄电池)方式来提供能量,所以它不会释放有毒气体和粉尘等污染物;只会产生对环境无害的水和热。如果氢是通过可再生能源产生的(光伏电池板、风能发电等),则整个循环就是彻底的不产生有害物质排放的过程。

燃料电池运行安静,噪声大约只有 55 分贝,相当于人们正常交谈的水平。这使得燃料电池适合于室内或是在室外对噪声有限制的地方。

燃料电池不像早年的蒸汽机、内燃机、发电机那样需要把燃料(煤炭、石油)首先转换为热能,再由热能转换为机械能和电能,而是直接转化为电能。所以它的发电效率高,可以达到 50%以上,甚至达到 60%～80%。

燃料电池的负荷响应快,运行质量高。可在数秒钟内就从最低功率变换到额定功率,而且电厂离负荷可以很近,从而改善了地区频率偏移和电压波动,降低了现有变电设备和电流载波容量,减少了输变线路投资和线路损失。

燃料电池还有规模及安装地点灵活的优势。它占地面积小,建设周期短,电站功率大小可根据需要由电池堆组装,十分方便。燃料电池无论作为集中电站还是分布式电站,或是作为小区、工厂、大型建筑的独立电站都非常合适。目前,小型的已可用作汽车的动力装置,大型的 2 兆瓦、4.5 兆瓦、11 兆瓦的成套燃料电池发电设备也已进入商业化生产。

聚合物膜燃料电池

前面我们已经谈到燃料电池按电池内所用的电解质不同,分为碱性燃料电池、磷酸盐燃料电池、熔融碳酸盐燃料电池、固体氧化物燃料电池和聚合物膜燃料电池等多种。目前国内外较重视的是其中的聚合物膜燃料电池的研究。

聚合物膜燃料电池在各类燃料电池中虽然出现较晚,但发展很快,其结构简单紧凑,比其他燃料电池有更加高的能量密度和功率密度,而且可快速启动,维护方便。现在人们普遍认为聚合物膜燃料电池最重要的用途是用于电动车,美国、加拿大、日本、德国等国早已推出了聚合物膜燃料电池电动样车。

目前,最接近实用的聚合物膜燃料电池以氢为燃料,以铂为电催化剂,以全氟磺酸膜为电解质。这种电池本身的技术性能已达到较高的水平,存在的主要问题是储氢的问题以及铂和全氟磺酸膜都很昂贵,电池的成本高,尚不能为用户所接受。

聚合物膜燃料电池除了用于电动汽车外,在其他应用领域同样也大有可为。日本三洋电机公司已开发出便携式燃料电池,这个燃料电池重 28 千克,能产生 250 瓦功率。

燃料电池的发展方向首要的任务是降低成本,才有可能参与市场竞争。同时,燃料电池的研制正在向大型化、小型化及多样化发展。当然,更主要的是燃料电池的发展有待于氢能的产业化发展。

氢燃料电动自行车

　　相信随着制氢技术的发展,氢燃料电池离我们的生活越来越近。到那时,氢气将像煤气一样通过管道被送入千家万户,每个用户则采用金属氢化物的贮罐将氢气贮存起来,然后连接氢燃料电池,再接通各种用电设备。它将为人们创造舒适的生活环境,减轻繁重的生活事务。但愿这种清洁方便的新型能源——氢燃料电池早日进入人们的日常生活。

我国氢能开发利用现状

氢能是公认的清洁能源,开发利用氢能是人们力求尽快实现的目标。因此世界各国都制定了发展氢能的规划,我国自然也不例外,通过多年的努力我国已在氢能领域取得了多方面的进展,在不久的将来有望成为氢能技术和应用领先的国家之一。

氢作为能源利用应包括以下三个方面:利用氢和氧化剂发生反应放出的热能;利用氢和氧化剂在催化剂作用下的电化学反应直接获取电能;利用氢的热核反应释放出的核能。我国早已试验成功的氢弹就是利用了氢的热核反应释放出的核能,我国也在积极研究建造以这种热核反应为基础的所谓"小太阳"核电站。另外,我国航天领域使用的以液氢为燃料的液体火箭,则是氢作为燃料能源的典型例子。而氢燃料电池的开发利用,则是利用了氢和氧化剂在电化学反应下转化而来的电能。

制氢现状

氢能利用的首要问题是氢的来源。传统制氢法主要分为矿物燃料制氢和电解水制氢。国内制氢工艺主要有电解水制氢和以煤、石油、焦炉气、天然气为原料在高温下进行蒸汽转化制氢。一些合成氨装置和甲醇装置将含氢尾气等气体利用变压吸附技术也能回收少量的氢气。专家们指出,我国南部和西南地区水资源丰富,水电发达,在丰水期可用大量剩余电力通过电解水制取氢。另外,基于我国是世界第一大焦炭生产国,且焦炉气浪费严重的事实,有专家提出,用焦炉气制氢有可能成为我国开发氢能源的新途径。焦炉气原始含氢量就高达 55%,可单凭变压吸附法就能将其高效分离出来,制氢成本低,只相当于电解水制氢成本的 1/4~1/3;焦炉气所含的大量碳氢化合物也可应用重整技术转化为氢气。据报道,目前我国年产炼焦等副产品氢气 900 亿米^3,其热值相当于 2008 年全国汽油用量的 1/3。但由于没有合适的用途,利用率很低,大多被浪费。因此可以预期随着我国在储氢技术和氢燃料电池的发展,焦炉气有望成为我国未来重要的氢气供应源。

储氢技术现状

氢能利用的另一个关键问题是氢的储存和运输。目前,氢的储存方法主要有以下几种:常压储氢、高压储氢、液氢储氢、金属氢化物储氢及吸附储氢等。液氢储氢是一种较好的储氢方法,此法储氢密度高。但是,制备1升液氢约需消耗电能3千瓦·时,在储存过程中液氢还有自然挥发,因此能耗较高。金属氢化物的出现为氢的储存、运输及利用开辟一条新的途径。20世纪70年代后期以来,南开大学、北京有色金属研究总院、浙江大学和中国科学院上海冶金研究所等,都曾进行金属储氢的基础研究。其中,化学法制备合金储氢材料在国际上处于领先水平。如浙江大学新材料研究所研制出3类新的储氢合金,其储氢能力分别为质量分数1.61%、1.8%和2.1%。这虽然已是良好的效果,但因金属本身密度很大,故储氢后氢所占的质量分数只能具有较低的数值。质量分数低就意味着,在运输时所耗费的能将主要用于储氢金属的本身,这显然是很不合算的。

因此近年来人们更看好本身质量较轻的碳纳米纤维管储氢技术。如国外已有人发现单壁碳纳米管在$-140℃$、0.04兆帕时储氢量可达质量分数的5%~10%;还有人发现在经过特殊处理以后,在常压下,380℃的储氢量可达质量分数的20%。在这方面,我国也已取得可喜的进展。2002年,清华大学的碳纳米材料研究小组发现了一种经混入铜粉处理后的碳纳米管,表现出显著储氢性能,其储氢量是不混铜的10~13倍。中科院金属所用37%盐酸溶液处理碳纳米纤维,之后用去离子水冲洗,再真空干燥,结果在室温和11兆帕下,获得质量分数达12.82%的储氢效果。有报道说:北京化工大学分子与材料模拟研究室的理论研究发现,硅纳米管能够比同结构的碳纳米管具有更高效的储氢率,而且硅纳米管束中管子间的距离会明显地影响其储氢的能力。

氢能利用现状

在氢燃料电池的开发利用方面,我国也已取得一些显著的进展,开发出

60 千瓦、75 千瓦等多种规格的质子交换膜氢燃料电池;而且打破了美国和日本长期对氢燃料电池核心材料氯碱用全氟离子膜的垄断,解决了氢燃料电池生产的重大瓶颈,使成为世界上第二个拥有该项技术和产业化能力的国家。此外,也已成功地研发出用氢燃料电池为动力的氢能汽车。2008 年北京奥运会期间,就有我们自主开发的氢燃料电池城市客车投入运行。这些氢燃料电池车加氢一般需要 20 分钟,加满后可行驶 250 千米左右。基本上,一辆车每天回站加氢一次。继氢能汽车之后,我国又自主研发成功以氢燃料电池为动力的氢能飞机。2012 年 7 月 30 日 12 时,我国第一架全碳纤维复合材料结构、氢燃料电池动力无人试验机"雷鸟"在沈阳某机场成功首飞。该机翼展 10.5 米,机高 2.2 米,机长 4.7 米,起飞质量为 257 千克,巡航速度为 120 千米/时,续航时间为 4 小时。

我国计划在"十二五"期间建设我国第一条"氢能高速公路"。所谓氢能高速公路,就是在高速公路上建设加氢站,使得这条路能跑氢能车,我国已在一些城市建立多座加氢站。

虽然我国氢燃料电池的开发虽已取得一定成效,但在技术上和产业化方面还有待进一步予以改进和提升,使其更加成熟,还应加快关键原材料、零部件的国产化、批量化生产,让氢燃料电池更早更快地进入人们的日常生活。

新能源产业
XINNENGYUAN CHANYE

海洋能

海洋能概述

海洋和海洋能

海洋占有地球表面近 3/4 的面积,在这广袤无垠的海洋中,不仅蕴藏有数量庞大的水资源、难以胜数的生物资源和多种多样的矿物资源,也蕴藏有储量巨大的多种能源。在当今,当人们正面临传统能源短缺以及由于使用传统能源所带来的严重环境危机之时,储量丰富又是可再生的海洋能源,自然就备受关注。

海洋能有多种不同的形式,既有与海水运动有关的海洋潮汐能、波浪能和海流能,也有与水的热能有关的海水温差能,与水的化学成分有关的盐差能与核能。

海洋能对人们来说并非完全陌生。2004 年,那场横扫东南亚和南亚的大海啸,曾使当地的许许多多沿岸建筑和设施,顷刻间就变为瓦砾,还使近 30 万人死于非命。2011 年,又一场横扫一切的日本大海啸再次显示出它那无比的威力。那铺天盖地汹涌而来的海水,顷刻之间就荡平了许多高楼大厦(据统计约有 30 万栋房屋被毁),轻易地把一艘艘巨轮抛到离岸百米之外的岸上,沉重的集装箱卡车都像小玩具一般被海浪抛上抛下⋯⋯

海洋能的早期自然利用

其实,人们不仅早就领略过海浪的威力,也曾早早就尝试过驾驭海洋能来为我们的生活和生产服务。"顺水推舟"就是人们利用海流来助航的一种方法。18 世纪时,美国政治家兼科学家富兰克林还曾绘制了一幅墨西哥湾流图,详细地标出了北大西洋海流的流速和流向,以供来往于北美和西欧的帆船使用,从而大大缩短了横渡北大西洋的时间。在第二次世界大战时期,日本人也曾利用被称为"黑潮"的海流,从中国及朝鲜以木筏向日本本土漂送粮食。再比如,人们利用潮汐进行捕捞,帮助航船渡过险滩,给沿岸的盐场提供晒盐用的海水等,都是利用海洋能的种种尝试,当然,这些利用是十分原始有限的,是没有从能源认识的角度所做的有意识利用。

海洋能作为一种能源,正式进入人们的视线,应该始自 19 世纪末 20 世纪初,是伴随着电力的出现和发展而兴起的。尤其是 20 世纪 70 年代以来,世界石油危机的出现以及由于传统能源的使用所带来的环境问题,使人们清醒地意识到,必须扩大能源利用的领域,改善能源结构,使世人摆脱对某一种能源的过分依赖。海洋能作为一种形式多样、蕴藏丰富、可再生和对环境不会造成严重危害的清洁能源,自然就成为人们瞩目的对象。

当代海洋能利用概况

如今,在海洋能利用方面,技术成熟度相对较高的潮汐能,便成为人们开发的首选。据报道,目前,世界上有 12 座商业运行的潮汐电站,如法国的朗斯电站(1966 年投运)、俄罗斯的基斯拉雅试验电站、加拿大的安纳波利斯电站(1984 年投运),以及我国的江厦潮汐电站和韩国的始华湖潮汐电站。另外,英国和加拿大已经开展了 7 座大型潮汐电站的设计工作。印度、澳大利亚、新西兰、俄罗斯和阿根廷等国也在设计新的潮汐电站。其中俄罗斯的白海的梅津电站、鄂霍茨克海南部的图古尔电站和巴伦支海的科尔斯克电站都具有相当的规模。据估算,沿岸各国尚未被利用的潮汐能要比目前世界全部的水力发电量大一倍。因此积极开发潮汐电站已成为当前许多国家的重点目标。为了防止建造潮汐蓄水水坝,而对河流及海岸附近生态系统产生不利影响,人们还在积极探索和发展新的无须建造蓄水水库的潮汐发电系统。

当今海洋能开发的另一个重点,是在技术含量方面与潮汐能利用有一些相似性的波浪能的开发利用。然而,由于波浪能的能量密度很低,还由于大部分波浪运动没有周期性,随意度很高,会因风向风力等自然条件的变化而变化,增大了波浪能的开发难度。虽然自 20 世纪初以来,人们就曾成功地利用波浪能来发电,并为海上的航标和灯塔提供电源。在这之后,又曾分别进行了几种不同方式的波浪能发电试验,可惜至今仍未能投入正式的商业运行。

波浪能利用的最大缺陷,是它的不稳定性,它不能定期产生,各地各时的波高也不一样,这就给它的利用带来了很大的困难。与之相比,海流能则是

巨浪

一种比较稳定的海洋水能。利用海流能发电,在原理上与风力发电相似,几乎任何一个风力发电装置都可以改造成海流发电装置。但问题是海水的密度约为空气的1 000倍,且装置必须放于水下,故海流发电存在着一系列的关键技术难题,包括安装维护、电力输送(因其大多离岸较远,给输送带来很多不便)、防腐、海洋环境中的载荷与安全性能等;更由于长期以来它一直未受重视,因此迄今还未能正式进入人类能源利用的殿堂。虽然,近些年来人们已意识到它所蕴藏的巨大价值,包括我国在内的一些国家也已有了一些成功的利用海流能发电的实验结果。但从总体而言,都还只是一种探索性的试验。

与海流能利用的情况相似,其他海洋水能,如海水温差能、盐差能,以及海水所蕴含的核能等的利用,虽然也已被提上日程,有的已有了一些小规模的实验性电站的建造,但总的说来还都属于探索性的,相关的工作原理及操作流程还不是十分成熟,有待进一步完善,寻找新的技术突破口。在人们的不懈努力下,这些沉睡已久的海洋水能,终将发挥出应有的巨大功效。

潮汐和潮汐能发电

唐代著名诗人李白在观赏钱江潮时,曾写下《横江词》问道:"海神东过恶风回,浪打天门石壁开。浙江八月何如此？涛如连山喷雪来。"

那么为什么浙江八月会有如此"涛如连山喷雪来"的大潮呢？

原来潮汐是海洋中最常见的一种自然现象,是海水受到月球和太阳吸引的共同结果。我国古代地理著作《山海经》中就曾经提到潮汐与月球的关系。东汉时期的著名学者王充在他所著的《论衡》一书中更明确指出:"涛之起也,随月升衰。"但是直到 17 世纪牛顿发现了万有引力定律,法国科学家拉普拉斯才从数学上证明潮汐现象确实是由太阳和月亮但主要是由月亮的引力造成的。所以潮汐里蕴藏着巨大的而且可以再生的海洋能。

据海洋学家计算,世界上适于利用潮汐能发电的资源量在 30 亿千瓦以上,相当于 165 个三峡电站。

潮汐利用的历史

20 世纪初,欧美一些国家开始研究潮汐发电。1912 年德国率先建成世界第一座实验性潮汐电站——布苏姆电站。但后来由于两次世界大战等原因,使潮汐发电长期停留在探索阶段。1958 年,我国采用"土法上马"的方法建造了四十多座规模在几十千瓦到一百多千瓦的"土潮汐电站",20 世纪 70 年代又再建了十多座潮汐电站。但后来终因技术上不够成熟且效率低下等原因,被迫废弃。

世界上第一座真正具有商业实用价值的潮汐电站是 1966 年建成的法国朗斯电站,从而正式拉开了世界潮汐电站建设的序幕。

潮汐发电的原理和方法

潮汐发电的本质就是利用水力来发电,和普通水电站不同的仅仅是水的来源不同。它不是依靠拦河筑坝,形成水库来发电,而是在潮差大的海岸筑坝修建海岸水库,然后依靠潮汐的涨落,对海岸水库进行充水和放水,并借此来推动水轮机发电。目前被人们采用的潮汐发电,按其方式可分为三种:一种是所谓"单库单向式"。这种发电站是选择有利的海湾或河口,筑坝建造水库。涨潮时,让水库充满海水,落潮时放出水库中的水,并让放出的水推动水轮机发电。另一种是"单库双向式"。这一方法比第一种更先进更有效率。它不仅在海水退出水库的落潮时,能用于发电,就是在海水因涨潮而进入水库时,也能用于推动水轮机发电。这就使发电不致因潮汐

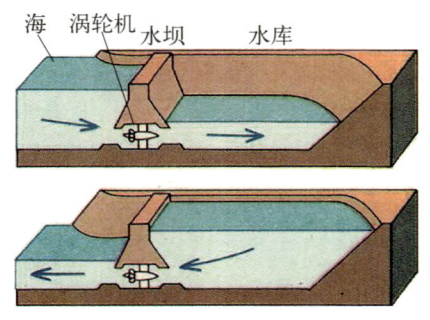

海　涡轮机　水坝　　水库

"双库双向式"潮汐电站示意图

的涨落而停顿,提高了工作效率。法国的朗斯电站就属于这种类型。这种单库双向式潮汐电站虽然涨潮和落潮都能发电,但在库内外水位持平时,就不得不停下工作。因此为了克服这一缺陷,人们又设计出第三种潮汐电站,即"双库双向式"电站。这种电站建有两个相邻的水库,水轮发电机组放在两个水库之间的隔坝内。一个水库只在涨潮时进水(高水位库),一个水库(低水位库)只在落潮时泄水;两个水库之间始终保持有水位差,因此可以全日发电。

潮汐发电的现状

到目前为止,由于常规电站廉价电费的竞争,建成投产的商业用潮汐电站还不多。但潮汐能蕴藏量巨大,又是一种清洁无污染的可再生能源,因此人们对它仍然抱有热情的期望。目前对世界上适于建设潮汐电站的二十几处地方,科研人员都在研究设计建设潮汐电站。其中包括:美国阿拉斯加州的库克湾、加拿大的芬地湾、英国的塞文河口、阿根廷的圣约瑟湾、澳大利亚的达尔文范迪门湾、印度的坎贝河口、俄罗斯远东的鄂霍茨克海品仁湾、韩国的仁川湾等地。随着技术进步,潮汐发电成本的不断降低,相信将会有大型现代潮汐电站不断建成。

我国的潮汐电站

我国潮汐电站的起始

我国潮汐能的开发始于 20 世纪 50 年代,1957 年在山东建成了第一座潮汐发电站。1958 年 10 月,全国潮汐发电会议召开。在会议的推动下,沿海各省掀起了一股开发潮汐能的热潮,在短短几个月的时间里,从广东到山东沿海建成了四十余座小型潮汐电站,总装机容量达 583 千瓦。这批电站的装机规模均很小(一般几十千瓦),机电设备简陋,水轮机转轮为木制,发电机多为感应电动机改装。因此大多运行不久,就因种种原因而被搁置。

1972 年 3 月,国家计委批准在浙江省筹建江厦潮汐试验电站工程,并将其列为国家重点科研项目。1973 年 4 月,该电站开工建设,至 1978 年土建工程竣工。在这一时期,浙江省沿海各县还先后建成一批小型潮汐电站,如象山县的高塘、岳浦,玉环县的海山等 6 座。这批电站多数建在当时大电网未及的孤岛和边远沿海地区。由于建站前对自然环境的客观条件调查不充分,论证不足,建站后又出现库区泥沙淤积严重,水轮机等设备简陋、质量低劣,对海水腐蚀、海生物污损也没有采取有效措施,更没有处理好电站与排灌通航的矛盾,以及对间隙性潮汐发电未能采取补救措施,用户感到使用不便等问题,导致了这些电站在建成后不久就陆续关停废弃,仅玉环县的海山电站和象山县的岳浦电站等还在维持正常运行。

江厦潮汐电站

1980 年,江厦潮汐试验电站经过近 7 年的建设,第一台由我国自行研究设计制造的 500 千瓦灯泡型贯流式双向潮汐水轮发电机组试运行成功。1985 年 12 月,江厦潮汐试验电站 5 台机组全部投产发电。总装机容量为 3 200 千瓦,设计年发电量为 997 万千瓦·时。

江厦潮汐试验电站是一座"单库双向"式潮汐电站,其装机容量在当时位居国内第一、世界第三。1986～1999 年间共发电 8 198 万千瓦·时,上网电量共 7 457.84 万千瓦·时,电费总收入为 1 790.91 万元。

在目前世界潮汐能发电量方面,我国仅次于法国、加拿大,位居世界第三位。但与我国所拥有的可能利用的潮汐能来说,显然还只是微不足道的一小步(估算我国潮汐能量蕴藏量为 1.1 亿千瓦,可开发利用量约 2 100 万千瓦,每年可发电 580 亿千瓦·时)。

我国发展潮汐电站的瓶颈

制约潮汐能发展的瓶颈问题,首先是技术方面的。江厦电站只是一个中型电站,为了更好利用蕴藏丰富的潮汐能,我们急需开发万千瓦级大型潮汐电站。这就需要有单机容量规模在 3 000～5 000 千瓦以上,发电效率高、造价低、耐腐蚀、耐污损、故障率低的水轮发电机组。但对于这种超低水头大容量水轮发电机组的研制还存在一定的困难。此外,技术难点还在于改进水工建筑物型式和施工方法方面。国外潮汐电站的厂房、水闸采用预制钢筋混凝土薄壁空腔沉箱式结构和浮运法无围堰施工,具有缩短工期和降低投资的优点。但国内潮汐电站建设中尚无这方面的实践和经验。我们现有的潮汐电站水工建筑型式单一,施工方法陈旧,造成工程量大,工期长,费用高,从而使电站总投资大,经济评价指数偏高,不利于推广。同样,在水下基础处理技术方面,由于江厦潮汐电站主体结构布置在岸边基岩上,而今后中大型潮汐电站的厂房和水闸等主体结构物将多置于海中,其基础多为风化基岩和淤泥质沉积,施工难度较大。在采用无围堰施工时,无论哪种类型的基础,均需进行水下基础处理,而我国尚不具备这方面的成熟技术。

其次,在经营管理方面,我们也面临着自动化程度低,职工多、负担重的问题。这会严重影响电站的效益,从而也大大制约了我国潮汐电站的发展。

尽管存在这些瓶颈问题,但它们并没有阻挡人们开发潮汐能的步伐。2008 年,福建八尺门潮汐能发电项目正式启动;2009 年 5 月,浙江三门 2 万千瓦潮汐电站工程启动。相信人们必定会在实施这些工程的实践中,逐步妥善地解决这些瓶颈问题,使我国潮汐能利用迈上一个新的台阶。可以预期,在不久的将来,我国沿海必将不断地有更多更大的潮汐电站建成。

一种新型的潮汐能电站

法国的朗斯电站

在世界已建的潮汐电站中,法国的朗斯电站是当之无愧的典范。它位于圣马洛市附近,建在注入拉芒什海峡(即英吉利海峡)的朗斯河口。那里地形奇特,河口处狭窄,为潮汐能的聚集创造了良好条件。为建造这座电站,法国政府进行了 25 年的研究和设计。1961 年年初开始破土动工。1967 年年底,总装机容量达 240 万千瓦的 24 台机组全部投入使用。当时的法国总统戴高乐将军曾前往主持落成典礼。电站大坝长 750 米,围成的水库呈狭长状,有效蓄水量为 84 亿米^3。大坝的东段安装着 6 个巨大的阀门,涨潮时,进水量达 9 600 米^3/秒。大坝中段长 390 米,是电站的主要部分,安装着 24 台各10 万千瓦的涡轮发电机组以及变压器和控制室。这种球形涡轮发电机在涨潮退潮时都可运转发电,而且在大坝两岸水位持平时,还可用潮汐发的电来

法国朗斯潮汐电站

抽水增大库容,以便增大落差,发出更多的电,而全部工作人员只有 55 人。然而,由于潮汐发电是波动的和间歇性的,输出功率变化大,以致其全年平均输出的电量,仅为额定装机能力的 25%。

潮汐电站的缺点

朗斯电站虽然为人们树立了一个潮汐能利用的样本,但这种形式的潮汐电站有一个共同的主要缺点,即必须选择在有港湾的地方修建潮汐蓄水坝。这种蓄水坝不仅造价昂贵,而且会破坏河流及海岸附近的生态平衡,损害自然环境。譬如人们就发现加拿大芬地湾潮汐电站项目,就使几百千米内的沿岸浪潮差受到了影响。由于共振原因,美国波士顿地域的水面将上升 15 厘米,海岸线内退 6~8 米,这是美国否决建造潮汐电站的原因之一。此外还有泥沙淤积问题以及对沿海邻近的动植物、鱼类和鸟类栖息地等特别生态状况的影响等。以致有人认为,在沿海筑坝建大型潮汐电站所导致的生态问题,可能比在河川筑坝还要严重。

新型的潮汐电站

正是出于这些考虑,人们就渴望寻找一种既能利用潮汐能,又经济环保的新方法。在这方面挪威人走在了前面,他们开发出了一种不需要建造昂贵大坝,并可以利用潮汐能的新方法。在位于挪威最北端的哈默菲斯特镇,开始了新式潮汐发电的试验。哈默菲斯特是世界上距离北极点最近的城镇,所以这里每年只有 2 个月的时间有充足的阳光,无法开发利用太阳能;而风能的利用也受到成本过高的限制,从而促使人们努力探索新的潮汐能开发技术。

这一新方法是把造价不高的发电涡轮(即水轮机)安装在海面之下的海床上。这种水下涡轮机类似于一个水下的风车,发电装置则被固定在位于海底的 20 米高的钢柱顶端,当海潮流过时,直径 10 米的叶片就会随之转动,从而产生电能。涡轮机还设计有自动调向功能。当水流改变方向时,这些涡轮机便能够自动调整方向,把涡轮正好对准潮汐流来的方向。每台涡轮机的功率为 300 千瓦,可供位于哈默菲斯特的 30 个挪威家庭使用。尽管这种发电机还只是原型机,但充分展示了其优点:不会破坏河流及海岸附近的生态平衡。因为在海床上竖起发电涡轮,既不会产生什么声音,也不影响人们的视线,各种鱼类仍然可以在涡轮附近自由自在地游动。而且只要涡轮机的位置安放合适,也不会影响过往船只的正常通行。人们估计,第一期工程竣工后,这个发电站总共要投资5000万挪威克朗(合670万美元)。全部工程竣工后,所有的投资数额将达到1亿挪威克朗。目前,这一水下潮汐电站已开始试运行。

所有潮汐涡轮机总重量达200吨。一般来说,这些涡轮机3年内不用再做专门的保养,如果真出什么故障的话,会潜水的维修人员届时会下水维修。

新型潮汐电站的潜在难题

但人们也指出,维修和保养可能会成为哈默菲斯特潮汐电站将来遇到的一个潜在难题。因为能够发电的海水面之下,水流的强度很大,技术人员潜入水下时,谁也无法保证潮汐会减缓速度,这会使潜水员难以顺利地进行工作。因此,维修将变得十分困难。针对这一问题,设在英国境内的海流涡轮机集团公司,计划在英国南部的德文附近海岸试验另一套类似的潮汐发电系统。他们还专门设计了一种可拉出水面的涡轮机,以便维修人员进行维修。

除英国外,据说澳大利亚也在试验类似的水下潮汐发电技术。可以相信,随着时间的推移,这种比传统利用蓄水大坝的潮汐电站更有优势的水下潮汐发电站,一定会成为潮汐能利用的新趋势。

波浪能的利用

波浪能简况

波浪是海水的运动形式之一。它的产生是外力（如风、大气压力的变化、天体的引潮力等）、重力与海水表面张力共同作用的结果。

据计算，世界海洋中的波浪能的蕴藏量达 700 亿千瓦，占全部海洋能量的 94％，是各种海洋能源中的"首户"。其中，全世界沿海岸线由近岸浪所拥有的能量就可达 27 亿千瓦，技术上可利用的则约为 10 亿千瓦。

我国陆地海岸线长约 18 000 千米、大小岛屿约 6 960 个。根据海洋观测资料统计，沿海海域年平均波高在 2 米左右，波浪周期平均在 6 秒左右。台湾及福建、浙江、广东等沿海沿岸波浪能的密度可达每米 5～8 千瓦。波浪能资源十分丰富，总量约有 5 亿千瓦，可开发利用的约 1 亿千瓦。

波浪能利用简史

海浪能的开发早就纳入了人们的视线。1799 年法国人吉拉德父子最先发明了可以利用波浪能的机械。它可以随海浪的波动来驱动岸边的水泵。在此之后的一百多年间，英国、美国和法国又有数百起关于利用波浪能的专利申请。只不过这些利用方案都是把波浪能转化为机械能来利用，规模也相对有限。1910 年，法国人布索·白拉塞克在其海滨住宅附近建了一座气动式波浪发电站，供应其住宅 1 000 瓦的电力。20 世纪 60 年代，日本的益田善雄首先研制出可用于航标灯照明的利用波浪能的发电装置。1984 年，挪威则最先建成世界上最大的波浪能发电站，装机容量达 500 千瓦。1989 年，日本也建成防波堤式波浪能发电站，装机容量为 60 千瓦。继之葡萄牙、英国、澳大利亚、印尼、印度等国也纷纷加入建设波能发电站的行列。我国从 20 世纪 70 年代中期开始也对波浪能利用展开研究。1985 年中国科学院广州能源研究所研制出可用于航标灯的波浪能发电装置，现有约 150 台用于渤海、黄海、东海及南海等海域的导航灯（船）浮标上。另外，也在建设一座 20 千瓦的岸式波浪能试验电站，一座5千瓦的浮式波浪能发电船，一座8千瓦的摆式波浪能发电装置。

波浪能开发的三种方式

就目前的发展状况而言，按采集波浪能方式的不同，可将其归纳为以下三种方式。

漂浮式

即依靠一种用锚链系泊于海底，漂浮在海面上可随波浪浮动的装置来采集波浪能。如日本设计的此类装置，就是由两个互相铰接在一起的船状浮体构成，并利用它们会随海浪的波动而改变相互之间的夹角，从而带动能量转换器工作来发电。但试验表明，系统发电总效率不高，仅为12％，发电成本令人失望。

西班牙莫克里科波浪能发电站

固定式

这种装置又分为岸式、收缩波道式、摆式、沉箱式等多种形式。其中岸式装置,建有通向海面的管道,当管道中的空气活塞室受海浪进袭的压迫,便会推动空气涡轮机旋转,从而带动发电机发电。1984年以来,英国、葡萄牙、挪威、印度、印尼和我国都曾相继进行过这种试验,但成功的运行装置并不多。

半飘浮半固定式

"十五"期间,我国专家根据目前国内外波能现有技术基础及优缺点,提出了一种半飘浮半固定的波能采集装置——振荡浮子式波能装置。它具有漂浮式的浮子,固定式的浮子滑槽,其优点是在建造时难度和成本比其他固定式波能装置低,而抗台风能力又比其他漂浮式和固定式波能装置高,目前我国已将这种波能装置发展成为独立的发电与制淡(水)先进系统。其主要优势在于:能完全脱离陆岸电网而独立发挥效益,可以有效地采用蓄能手段,将波浪能转换的电能储存起来,供用户随时使用;并可根据用户需要,将海水变成淡水;该系统在浪大时可持续稳定发电,在浪小时能间歇稳定发电,其独立性、稳定性以及建设的简便性极具实用价值。

波浪能的利用前景

鉴于波浪运动是海水运动的常规方式,虽然它有时是微波荡漾,有时是怒涛汹涌,很不稳定,但却又是连绵不断、永无休止的。因此利用波浪能发电,就具有在任何状况下都能正常运转的优势,能提供安全、持续的工作性能;它又具有分布广泛、清洁、可再生的优越性,还特别有利于解决海上航标和孤岛用电问题。有关专家估计,仅用于海上航标和孤岛供电的波浪发电设备就有数十亿美元的市场需求。这一估计大大促进了一些国家对波力发电的研究。所以尽管目前波浪能的利用还十分有限,但其未来的前景将十分可观。

开发波浪能需要解决的问题

但是,波浪能的利用并不容易,波浪能是可再生能源中最不稳定的能源。波浪不能定期产生,各地区的波高也不一样,由此造成波浪能利用上的困难。其次,波浪能虽然总量很大,但具体到某个开发区域,则又是一种能量品位很低的能源,所以其采集效率通常不高。再有,利用波浪能发电要依靠波浪发电装置。但是由于海浪具有力量强、速度慢和不稳定变化的特点,所以尽管一百多年来,世界各国科学家提出上千种设想,发明了各种各样的波浪能发电装置,但是普遍存在发电功率很小的问题,而且效果也差。

鉴于波浪能开发的现状,人们认为想要充分地利用波浪能发电,有四大难题需要解决:

独立发电问题

最早的波浪能发电装置需要与柴油机并联工作,这样会造成污染;后来则需要依靠电网,先把波浪能转化的电能供应到电网上,然后才可以利用。这样又会受到电网覆盖范围的限制,造成发电成本高昂、发电功率小、质量差等问题。

稳定性问题

由于受技术限制,波浪能发电装置只能将吸收来的波浪能转化为不稳定的液压能,这样再转化的电能也是不稳定的。英国、葡萄牙等欧洲国家采用昂贵的发电设施,仍无法得到稳定的电能。

控制问题

由于波浪的运动没有规律性和周期性,浪大时能量有剩余,浪小时能量供应不足。这就需要有一种设备在浪大时将多余的波浪能储存,再利用。

采集装置的抗腐蚀抗风浪问题

海水含盐度高,有较强的腐蚀性;而且波浪能蕴藏量大的海域,也必定风势较为猛烈,这就使许多波浪能开发装置极易受到腐蚀和破坏,以致许多早期的实验装置,往往只有短短两三年的使用寿命。所以如果这一问题解决不好,波浪能的开发将始终难以大规模实现。

海流和海流能的利用

海流,又称"洋流",我们可以形象地把它理解为是海洋中的河流。它们就像陆地上的河流一样,在大洋上日夜流淌。虽然它们没有陆地河流那样的河岸,但它们就像河流那样终年沿着比较固定的路线流动;而且它们也有宽、有窄、有头、有尾、有急、有缓地川流不息。和陆地上有许多河流一样,海洋里也有着许多大大小小的海流。其中,最强的海流宽上百千米,长数万千米,流速最大可达 12~14 千米/时。这些流动的海流就像人体的血液循环一样,把整个世界的大洋联系在一起,使世界大洋得以保持其各种水文、化学要素的长期相对稳定。

相对于潮汐能、波浪能而言,海流能的变化要平稳且有规律得多。它的能量大小与流速的平方和流量成正比。据估计,全世界海流能的理论估算值约为 1 亿千瓦量级。根据中国沿海 130 个水道的各种观测及分析资料计算统计结果,中国沿海海流能的年平均功率理论值约为 1 400 万千瓦。其中辽宁、山东、浙江、福建和台湾沿海的海流能较为丰富,不少水道的功率密度为 15~30 千瓦/米^2,具有良好的开发价值。值得指出的是,中国的海流能属于世界上功率密度最大的地区之一。特别是浙江沿海有 137 个水道,理论功率可达到 709 万千瓦,约占全国的一半。其中,舟山群岛的金塘、龟山和西候门水道,平均功率密度在 20 千瓦/米^2 以上,开发环境和条件都很好。

海流能开发概况

近代海流能的利用,主要是利用于发电。一般说来,最大流速在 2 米/秒以上的水道,其海流能均有实际开发的价值。海流能发电,其原理和风力发电相似。但海流发电存在一系列的关键技术问题,包括安装维护、电力输送、防腐、海洋环境中的载荷与安全性能等。海流装置可以安装固定于海底,也可以安装于浮体的底部,而浮体通过锚链固定于海上。海流中的涡轮设计也是一项关键技术。

安装用于海流能的水下涡轮机

1973年,美国试验了一种名为"科里奥利斯"的巨型海流发电装置。该装置安装在海面下30米处。在海流流速为2.3米/秒的条件下,可获得8.3万千瓦的功率。稍后,我国、日本、加拿大等国也纷纷投入海流发电技术的研究和试验。20世纪80年代较成功的海流项目也许是日本大学1988年在海底安装的装机容量为3.5千瓦的达里厄海流机组,该装置连续运行了近1年的时间。20世纪90年代以来,在先前研究和试验的基础上,欧盟和我国均开始计划建造海流能示范应用电站。目前,哈尔滨工程大学正在研建75千瓦的海流电站。意大利在欧盟"焦耳"计划支持下,已完成40千瓦的示范装置,并与中国合作在舟山地区开展了联合海流能资源调查,计划开发140千瓦的示范电站。英国、瑞典和德国也在"焦耳"计划的支持下,从1998年开始,研建300千瓦的海流能商业示范电站。目前正在进行方案对比分析,包括一个直径为15米的单转子(涡轮机的旋转部件)方案和两个直径为10.5米的双转子方案。

综上所述,海流能利用虽然已受到各方的重视,一些国家也已有了一些成功的试验结果。但从总体而言,都还只是一种探索性的试验,迄今尚未有正规的大型商业电站出现。看来,要想大规模地利用海流能,还需要人们付出相当的努力。

海水温差能的开发

海水的温度状况

海洋中蕴藏着丰富的太阳热能。据测算,太阳每秒钟输送给地球的能量相当于 550 万吨煤燃烧所释放出来的能量。其中相当于 390 万吨煤燃烧所释放的能量,会被海洋所吸收。这样庞大的能量,除了一部分转变为海流的动能和水汽的循环外,都直接以热能的形式储存在海水中。它主要表现为海水表层和深层的水温。通常情况下,海水表层的温度可达 25～28℃,但深部的海水,由于不能直接接收阳光,水温低,在海平面以下 500 米的深处,水温只有 4～7℃,两者相差 20℃左右。这种情况在热带海洋更为明显。在赤道地区,接近海面的表层海水温度近 30℃,而水深数百米的深层海水温度只有 5～10℃。

"海水温差能"就是指因深部海水与表面海水的温度差而产生的能量,也就是"海洋热能"。据估计,仅北纬 20°至南纬 20°之间的海域,海水温差的发电能量就足以达到 26 亿千瓦。全世界海洋蕴藏的海水温差能量大约能发电 600 亿千瓦。在我国的海域内,可供利用的海水温差能量大约能发电 1.2 亿千瓦。

克劳德的温差发电实验

如何利用海水蕴藏的这一庞大的能量,是人们多年来的梦想。早在 1881 年,法国物理学家达森瓦就提出利用海水的温差,开发海洋的热能,可惜他没能提出利用的方法。1926 年,另一位法国物理学家,达森瓦的学生克劳德进行了海水温差发电的小型试验。他在烧瓶 A 里加入 28℃的温水(这相当于海水表层的水温);在另一个烧瓶 B 里放入冰块,以保持 0℃水温(以代表海洋深层的水温)。然后把两个烧瓶连接起来,再用真空泵将 A 烧瓶内的空气抽出(抽到压力低到 0.4×10^{-2} 兆帕)。由于液体的沸点是随着加在液面上压力的减小而降低的,所以在此低压下,足以使得烧瓶 A 中 28℃的水沸腾起来(要是能够使烧瓶内的真空度进一步提高,也就是使烧瓶 A 内的压力变得更低,那么烧瓶内的温水就会提前沸腾而迅速蒸发）。这样，相对于烧瓶 B 内 0℃ 的冰水，就产生了以水蒸气气压差为主的压力差。于是，A 烧瓶内蒸发的水蒸气通过一个喷嘴喷出，向烧瓶 B 转移，同时推动涡轮发电机组进行发电。

1930 年，克劳德采用同样方法在古巴建造了第一座利用海水温差发电的实验电站，用低压涡轮机生产出 22 千瓦的电力。1936 年，他再接再厉，又在巴西外海停泊的一艘 1 万吨的货船上，建造了另一座同类海水温差发电站。可惜，恰逢狂风来袭，猛烈的飓风掀起的汹涌怒涛，顷刻间便把电站撕得七零八落。挫折没有使克劳德屈服，1956 年，他又为非洲西海岸的当时的法属殖民地象牙海岸（1960 年独立，现改称"科特迪瓦"），设计了一座可发电 3 000 千瓦的海水温差发电站。然而，那时又恰逢世界石油大开发，面对廉价高效的石油能源，克劳德又只好败下阵来。

美国和日本的海水温差发电实验

1962 年，另一位叫安德森的工程师针对克劳德设计上的问题作了新的改进，设计了一种被称为"闭式循环法"的海水温差发电系统，并于 1967 年申请了专利。

1974 年，美国也加入研究，在夏威夷考那海岸成立了一家"夏威夷自然能实验室"，进行海水温差发电实验。由于当地邻近赤道，海面温暖，周边海域又十分深邃，可获得足够深的低温海水；再加上夏威夷的电费是美国最高的这一外界因素，就使这个机构很快成为海水温差发电技术的研究中心。1979 年，他们在一艘海军驳船上，采用闭式循环系统安装了一座海水温差发电试验站，发电功率为 53.6 千瓦。但所发出的电力大部分用于水泵抽水，余下的仅可供船上照明及电视之用。

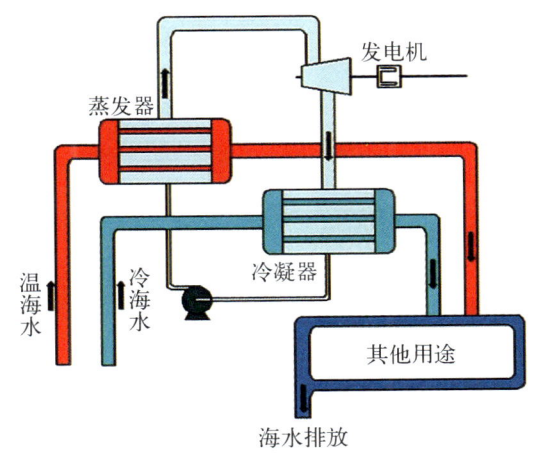

闭式循环法海水温差发电示意图

205

1984 年美国的太阳能研究机构（现改名为"国家再生能源实验室"）发展了一种垂直喷射式的蒸发器，并采用类似克劳德的"开放式系统"，把温暖的海水转换成低压蒸汽，据说可使效率大大提高。1993 年，他们在夏威夷进行了这种开放式的海水温差发电试验，结果生产出 50 千瓦的电力。1999 年该机构又试验了一个 250 千瓦的封闭式系统的海水温差发电装置。这是美国试验的最大容量的海水温差发电装置。在这之后，由于经济上的原因，美国就没有再进行此类实验。

日本在 1970 年也开始海水温差发电的研究。但由于日本本土处于较高纬度区域，不利于进行海水温差发电的试验，所以他们只好寻求热带地区国家的合作。1981 年，日本在南太平洋的瑙鲁岛建成了一座 100 千瓦的封闭式海水温差发电装置。生产了 120 千瓦的电力，其中 90 千瓦供应电站自身的需要，余下的供应岛上的学校和住家。这是第一个把海水温差发电的电力并入电网的电站。1990 年日本又在本土鹿儿岛建起了一座 1 000 千瓦级的同类电站。

我国的海水温差发电实验

我国海水温差发电目前主要处于研究探索阶段。1985 年中国科学院广州能源研究所开始对温差利用中的一种被称为"雾滴提升循环"方法进行研究。这种方法的原理是利用表层和深层海水之间的温差所产生的能量来提高海水的位能。据计算，温度从 20℃降到 7℃时，海水所释放的热能可将海水提升到 125 米的高度，然后再利用被抬升的水头在跌落时的冲力来让水轮机发电。该方法可以大大减小系统的尺寸，并提高温差能量密度。1989 年，该所在实验室实现了将雾滴提升到 21 米的高度纪录。同时，该所还对开式循环过程进行了实验室研究，建造了两座容量分别为 10 瓦和 60 瓦的试验台。

2012 年 12 月 21 日国家海洋局第一海洋研究所承担的 15 千瓦温差能发电装置课题在青岛通过验收，攻克了海洋温差发电的关键技术，使海洋温差能发电成功，为实现试验电站规模化、标准化建设和产业化应用打下基础。

此外，我国台湾也建有一座红柴海水温差发电厂。该电站利用台湾马鞍山核电站排出的 36～38℃的废热水与 300 米深处的冷海水（约 12℃）的温差来发电。铺设的冷水管内径为 3 米，长约 3 200 米，延伸到台湾海峡约 300 米深的海沟。电厂设计发电量为 14 500 千瓦,扣除泵水等动力消耗后可得净发电量约 8 740 千瓦。

海水温差发电的优缺点

利用海水的温差来进行发电,还可以得到一种副产品——淡水,所以说海水温差发电还兼有海水淡化的功能。一座发电能力为 10 万千瓦的海水温差发电站,每天可分馏出 378 米³ 的淡水,以解决工业用水及饮用之需。研究人员将表面海水放入特殊的真空容器里,使它迅速蒸发,然后用深层海水进行冷却,成功地使之变成了淡水。据测算,印度 1 000 千瓦的海洋温差发电设备一天可生产 1.6 万瓶淡水。

另一方面,由于电站抽取的深层冷海水中富含营养盐类,所以在海水温差发电站的周围,正是浮游生物及鱼类栖息的理想场所,这将有利于提高鱼类的近海捕捞量。

不过,由于海洋热能密度比较小,能源变换效率很低,海水温差发电的效率一般只有 3%~5%,比火力发电的 40% 低得多。因此若要得到比较大的功率,发电装置要造得很庞大,而且还要有众多的发电装置,排列成阵,形成面积广大的采能场,才能获得足够的电力。如果一台发电设备的输出功率达不到 1 万千瓦的规模,每度电的发电成本就难以控制在可与其他发电方式相比拟的程度,这是海水温差发电的最大缺陷。另外,海水温差发电还涉及耐压、绝热、防腐材料、热能利用效率等诸多技术上有待进一步解决的问题。

尽管如此,由于海洋温差能开发利用的巨大潜力,海洋温差发电仍受到各国的普遍重视。目前,日本、法国、印度等国都有已建或在建的一些海洋温差能电站,功率从 100 千瓦至 5 000 千瓦不等;上万千瓦的温差电站也在人们的计划之中。

海水盐差能发电

地球上的水有淡水咸水之分。其中海水是咸的,据人们的大量测算,海水的平均含盐度为 3.5%;也就是说,每立方千米的海水就含有盐 3 500 吨。而河湖水则是基本不含盐的淡水。

什么是盐差能

日常生活中,当我们把两种浓度不同的盐溶液倒在同一容器中时,稀溶液就会很快自发地向浓溶液中渗透扩散,直到两者浓度相等为止。为什么稀溶液会自发地向浓溶液渗透扩散呢?原来含盐度不同的溶液具有不同的渗透压,稀溶液的渗透压大于浓溶液的渗透压。所以压力大的一方就会向压力小的一方渗透,直至两者的浓度完全一致,也即渗透压取得平衡为止。溶液浓度不同所产生的这种压力差,表现在海水里也就是人们所说的盐差能。

在海水和江河水的交汇处,水的含盐度明显不同,所以它们就拥有一定数量的渗透压力差,也即拥有一定的盐差能。据专家们测算,海水(3.5%盐度)与河水之间的渗透压力差相当于 240 米高的水位落差;也就是说,在河海交汇处,只有海水的水面高于河水的水面 240 米时,才能阻挡河水渗入海水,可见河水的渗透压力有多大。流量为 1 米³/秒的河流的发电输出功率可达 2 340 千瓦。地球上不仅河流入海口存在盐差能,一些盐湖等内陆湖,也有可利用的盐差能。如著名的死海(含盐量为 23%～25%),其盐差能竟可高达相当于 5 000 米水头的落差;至于那些盐矿藏中所蕴含的盐差能就更大到难以估量了。

盐差能的利用并不仅仅表现在渗透压的存在,它还会表现为蒸汽压力的不同。已知在相同的外界温度压力环境下,淡水比海水更容易蒸发,因此在淡水一方产生的蒸汽压力就会大于海水一方的蒸汽压力。这就促使淡水一方的蒸汽会向海水一方流动,使盐差能转化成蒸汽流动的动能。

还有,已知含盐量不同的溶液会具有不同的电位,盐含量愈高,电位也愈高。所以海水会比淡水具有较高的电位(尽管这个电位十分微弱,但却是可利用的)。换言之,盐差能也会表现为电位差。

据初步估算,地球上海水的盐差能高达 3 000 亿千瓦,甚至比海水温差能还要大得多。其中仅河水入海口附近可供利用的盐差能就有 26 亿千瓦。

我国沿海江河的入海径流量为 17 000 亿～18 000 亿米³/年,其中主要江河的入海径流量为 15 000 亿～16 000 亿米³/年,故沿海盐差能资源蕴藏量,理论功率约为 1.25 亿千瓦。其中长江口及以南的大江河口沿海的盐差能资源量占全国总量的 92.5%,理论功率估计为 0.86 亿千瓦。特别是长江入海口的流量可达 2.2 万米³/秒,其盐差能相当于电机容量 0.52 亿千瓦。另外,我国青海省等地也有不少的内陆盐湖也可以利用。

盐差能利用的三种方式

如何利用大海与陆地河口交界水域的盐度差所潜藏的巨大能量,一直是科学家的研究课题。

目前,利用盐差能发电的基本方式有三种,现简略介绍如下。

渗透压法

这是最早开发出来的盐差发电技术。其基本原理是将不同盐浓度的水之间的渗透压力差转换成水的水头压力能,于是便可以像利用河流水力发电那样,利用已转换为水头压力的盐差能来使水轮机旋转发电;如前所说,在河海交界处只要采用对溶液中的盐分物质具有阻断渗透能力的半透膜将海水和淡水隔开,淡水就会在渗透压的作用下通过半透膜向海水一侧渗透,使海水侧的高度超过淡水侧,然后利用这种水位差来发电。

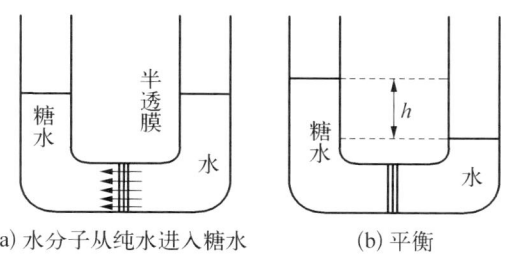

(a) 水分子从纯水进入糖水　　(b) 平衡

半透膜的作用示意图

半透膜是一种只容许混合物（溶液、混合气体）中的某些物质透过的薄膜。如动物的膀胱只容许水透过，而不容许酒精透过。不同的半透膜会具有不同的半透性。半透膜的种类很多，既有天然的，也有很多是人工制造的。图中显示的半透膜只让水透过，而不让糖透过。当糖水（假定由于不断有糖加入，溶液的浓度不变）一方由于水的不断渗入，而逐渐抬高水位，在达到一定高度后（图中的 h），水即停止渗入。这个 h 便是水的"渗透压"的大小。也就是说，此时糖水的水头压力 h 与水的渗透压取得了平衡。换言之，渗透压是抵制溶剂（在本示意图中是水）由半透膜进入溶液（糖水）所需加于该溶液的外界压力。

渗透压发电装置通常又可分为强力渗压发电、水压塔渗压发电和压力延滞渗压发电三种类型。在这些发电系统中的关键技术是半透膜的制作，要有足够强度、性能优良、成本适宜的半透膜。此外，膜与海水界面间的流体交换技术也是此类装置的技术关键和难点。正是为了解决这些技术难题，才又出现了几种不同的方法：

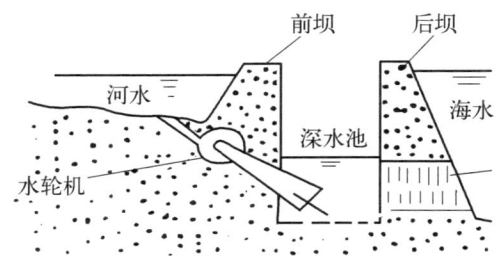

强力渗压发电示意图

譬如强力渗压发电，是在河水与海水之间建两座水坝，并在两水坝间挖一低于海平面约 200 米的水库。水轮机安置在河水流向水库的通道上，由于河水与水库之间有将近 200 米的水位落差，故足以产生冲击水轮机发电的动力。另一方面，在后坝底部安装有半透膜渗流器，使水库的水可通过半透膜渗流器与海水相通。当海水含盐量为 3.5％ 时，水库中的河水尽管低于海平面近 200 米，但由于盐度差所产生的 240 米的渗透压，仍足以使其源源不断地通过半透膜渗流器渗入海中，维持着原先的低水位。因此，这就使河水与水库的水位差也维持不变，能继续冲击水轮机旋转，带动发电机发电。

据估算,强力渗压发电系统的发电成本与投资成本比燃煤电站高,而且也存在技术上的难点,其中最难的是要在低于海平面200米的地方建造一个巨大的电站;再者,能够抵抗腐蚀的半透膜也很难制造,因此发展的前景不大。在这种情况下,人们便推出了水压塔渗压发电。这一方法把原本挖掘的深水库改变为建造一个高200米左右的水塔。然后利用淡水的渗透压力迫使塔内的海水升高至塔顶然后跌落来冲击水轮机发电。这一方法虽然避免了在海中挖掘深水库的难题,但要建造一个200米高的水塔也非易事。因此人们又提出了压力延滞渗透发电。这一发电系统是设有一个压力室。运行前,压力泵先把海水压缩到某一压力(小于海水和淡水的渗透压差)后进入压力室。运行时,在渗透压的作用下,淡水透过半透膜渗透到压力室并同室内的海水混合。混合了淡水的海水因叠加了淡水的渗透压,所以与海水比仍具有较高的压力,足以在压力作用下,向大海流动并推动涡轮机旋转,进而带动发电机发电。压力延滞渗压法虽然避开了挖深库和建高塔的难题,但由于所使用的半透膜成本仍然很高,如果能把半透膜的寿命提高到原来的4～5倍,就有可能把每度电的成本降下来。这样,盐差能发电即可投入商业运作,并且可以与其他可再生能源如生物能、潮汐能相竞争。

蒸汽压法

这一方法是利用了水的蒸汽压。由于在同样的温度下,淡水比海水蒸发得快,因此海水一边的饱和蒸汽压力要比淡水一边低得多。于是,在一个空室内,蒸汽会很快从淡水上方流向海水上方,并不断被海水吸收。这样,只要装上汽轮机就可以利用蒸汽的流动来使其运转并发电了。试验表明,这种装置模型的功率密度为10瓦/米^2,是反电渗析发电装置的10倍。而且蒸汽压发电最显著的优点是不需要半透膜,这样就不存在膜的腐蚀、高成本和水的预处理等问题。所需要的机械装置的成本也较低。但是,这种方法在战略上不可取,因为它消耗淡水,这使它的应用受到限制。

反电渗析电池法

反电渗析电池法也称浓差电池法,是目前盐差能利用中最有希望的技术。

这种方法利用系统中被薄膜隔离的浓度不同的溶液(海水和淡水)自发

形成的电位差(即"电压",是由两点之间的电位不同造成的),来促使阴阳离子的流动,从而产生电场和电流。所以它的最大特点是无须使用水轮机来发电,而是依靠由阴阳离子交换膜、阴阳电极、隔板、外壳、浓溶液和稀溶液等组成的系统来发电。

该发电系统设置有一个电池,在该电池中,阳离子交换膜和阴离子交换膜交替放置,中间的间隔交替地充以淡水和海水。在淡水和海水产生的电位差的作用下,海水中所含的盐发生电离。在离子交换膜的作用下,盐电离后产生的阳离子钠(Na^+)便会透过阳离子交换膜向阳极流动,阴离子氯(Cl^-)则透过阴离子交换膜向阴极流动。电流是离子流动的表现。这样,电便发出来了。

由于该系统需要采用面积大而昂贵的交换膜,因此发电成本很高。不过这种离子交换膜的使用寿命长,即使膜破裂了也不会给整个电池带来严重影响。例如由 300 个隔室组成的系统中有一个膜损坏,输出电压仅减少0.3%。另外,由于这种电池在发电过程中,电极上还会产生有工业用途的氯气(Cl_2)和氢气(H_2),可以帮助补偿装置的成本。

欧盟的维特苏斯研究所于 2006 年开始对海水反电渗析发电进行研究,试验分别使用了几种不同浓度的溶液。结果发现,此类装置发电的有效膜面积是总膜面积的 80%,膜的寿命为 10 年,反电渗析发电装置的投资成本为6.79 美元/千瓦。这个投资成本是很高的,其中低电阻离子交换膜最昂贵,占了绝大部分成本。如果价格能降低至 1%,反电渗析发电就可能与其他发电装置相竞争了。研究还发现,反电渗析发电不能商业化运作的主要障碍,不单单是膜的价格问题,还在于运行中会受许多未知因素的影响,包括生物淤塞管道、水动力学、电极反应、膜性能和对整个系统的操作等。因此要想使反电渗析发电装置很好地运行,必须对这些因素进行充分的研究,并采取恰当的应对措施。

据报道,上海海事大学也曾对这种盐差发电技术进行了研究,建立了一套反电渗析电池试验装置,并对这种电池的电位差、电池内阻和海淡水隔室进行了理论研究和分析,设计了 5 种浓差电池试验槽,并取得了初步的试验结果和研究结论,为今后我国长江口和珠江口的海水盐差能发电应用提供了理论依据。

盐差能发电研究现状

综上所述,虽然自20世纪70年代以来,关于盐差能的研究较多。其中,1975年以色列的洛布建造并试验了一套渗透法装置,证明了其利用的可行性。之后,以色列建造了一座150千瓦盐差能发电试验装置。我国于1979年开始这一方面的研究,1985年西安冶金建筑学院采用半渗透膜法,研制了一套可利用干涸盐湖的盐差发电试验装置。该装置半透膜面积为14米^2,30千克干盐可以工作8～14个小时,水轮发电机组电功率为0.9～1.2瓦。另外,美、日等国也有这方面的研究,但总的说来,迄今仍主要处于研究的初级阶段,进展很慢。这主要是盐差能的利用确实存在相当的难度。不过,随着世界对新能源需求的增加,促使许多国家重新开始关注盐差能发电的研究。其中,强力渗压发电和水压塔渗压发电由于装置规模较大,投资较高,已逐渐淡出人们的视线;蒸汽压发电方法由于要消耗大量的淡水,也很少有人研究;目前研究较多的是压力延滞渗透发电和反电渗析发电。

挪威国家电力公司正致力于开发压力延滞渗透发电装置,2009年11月24日启动了世界上第一座压力延滞渗透发电设施。但试验表明,要实现商业化还有很长的路要走。

这座试验电站位于挪威首都奥斯陆以南的奥斯陆峡湾,包括贝格纳河和洛根河在内的多条内陆河流在那里汇入北海。目前该新型发电设施还仅仅限于研发目的。在测试阶段,这台新型绿色发电机只有2～4千瓦的发电功率,而且只能产生一台咖啡机所需的电力。但挪威政府计划在2015年之前让它建成为具有商业用途的盐差能发电厂,使发电容量达到25 000千瓦,为1万户家庭供电。

开发海洋中的核资源

大家知道,核能是人类可利用的重要能源之一。从目前的科学技术水平看,开发核能的途径有两条:一是依靠重元素如铀等的裂变来获取,这是当今已建核电站所采用的技术途径;二是依赖轻元素如氢、氘、氚等的聚变来获取的聚变能,比如氢弹就是利用了这种由轻元素聚变产生的能量。

不论是核裂变反应所需要的重元素铀,还是核聚变反应所需要的轻元素氘、氚,在大洋中的储藏量都十分可观。

海水中的铀

核裂变反应中的铀,是当今全世界已建的上千座核电装置的主要燃料,而且随着原子能发电技术的继续发展,对燃料铀的需求量会不断增大。可是陆地上铀的储藏量并不丰富,较适于开采的只有 100 万吨,加上低品位铀矿及其副产铀化物,总量也不超过 500 万吨。按目前的消耗量,只够开采几十年。幸运的是,人们发现海水中溶解的铀的数量可达 45 亿吨,是陆地储量的几千倍,若全部收集起来,可保证人类几万年的能源需要。不过,海水中含铀的浓度很低,1 000 吨海水只含有 3 克铀。要从海水中提取铀,从技术上讲是一件十分困难的事情,需要处理大量海水,技术工艺十分复杂。在现有技术条件下,从海水提铀的成本比从陆地贫铀矿提炼铀的成本要高 6 倍。为此,从 20 世纪 60 年代开始,日本、美国、法国等国家一直在尝试研究和试验从海水提铀的新技术。这些新技术大致可分为以下三种。

吸附法

吸附法是利用一些对铀有特殊亲和力的化合物或人造树脂等吸附剂,来吸附海水中微量的铀。此法的关键是要找到最理想的吸附剂。日本是一个贫铀国,铀矿储藏量仅有 8 000 吨,因此日本早早就把目光瞄向海洋。从 1960 年起,日本就加快了研究从海水中提取铀的方法。1971 年,日本试验成功了一种新的吸附剂。据报道,这种新型吸附剂 1 克可以吸附到 1 毫克

（0.001克）的铀,因而用它从海水中提取铀远比从一般矿石中提取铀的成本要低得多。所以,日本已于1986年4月在香川县建成了年产10千克铀的海水提铀试验厂。同时也已制订了进一步建造工业规模的海水提铀工厂的计划,预计该厂建成后,可年产铀达1000吨。

生物富集法

有些微生物如海藻对铀也有特殊的捕获能力。据试验,某些海藻铀的富集能力很大,其体内铀含量甚至可超过低品位铀矿的含铀量。因此只要有办法把这些海藻浓集捕捞起来,便可以用它们来提取海中的铀。

起泡分离法

肥皂泡的表面会吸附衣服上的污垢。起泡分离法采用的就是这个原理。而且已知泡的成分不同,其捕集和吸附的对象也不尽相同。比如在海水中加入一定量的铀捕集剂如氢氧化铁（构成铁锈的主要成分）等,然后通气鼓泡,就可以在一定程度上把海水中的铀吸附分离出来。

以上三种方法虽然均已取得一些可喜的成果,但除了吸附法外,距离真正付诸实行,显然还有很长的一段路需要走。

海水中的氘和氚

与铀相比,轻元素聚变所需的氘和氚更是几乎全来自海水。

氘和氚都是氢的同位素。所谓同位素,是指这些元素在元素周期表上具有相同的位置（故曰"同位"）,且化学性质相似,但原子量却不同的元素。已知氢有3种同位素。氕（音pie）是氢的第一种同位素,它的原子量是1,由于它在氢的同位素中数量最多,占氢总量的99.98%,最为常见,所以我们一般直称其为氢。氘（音dao）是氢的第二种同位素,它的原子量是2,在氢的总量中占0.02%。氚（音chuan）是氢的第三种同位素,它的原子量是3,在氢的组成中,它的数量最少,只有千亿亿分之一。氕、氘和氚尽管原子量不同,但它们在元素周期表上占有同一位置,具有相似的化学性质,所以它们都会以2个原子和1个氧原子相结合,生成为水（只是含有氘或氚的水称为"重水"）。由于氘和氚也会形成水,所以它们便大量地储存在海水中。

原子物理学的研究使我们知道,氢（包括氘和氚）的原子核若互相碰撞而聚合在一起,会形成一种原子量为 4 的较重原子——氦的原子核(简称"氦核",太阳的能量就是由于氢核聚合成为氦核而释放出来的),同时把核中贮存的巨大能量(核能)释放出来。一个碳原子完全燃烧生成二氧化碳时,只放出 4 电子伏的能量,而氘和氘发生聚合反应时能放出 400 万电子伏的能量;氘和氚发生聚合反应时能放出 1 780 万电子伏的能量。据此计算,1 千克氘燃料,至少可以抵得上 4 千克铀燃料或 1 万吨优质煤燃料。1 升海水中含有 0.03 克氘。这 0.03 克氘聚变时释放出来的能量等于 300 升汽油燃烧的能量,因此,人们用 1 升海水等于 300 升汽油这样的等式来形容海洋中核聚变燃料储藏的丰富。海水中总共含有几十万吨的氘。这些氘的聚变能量,足以保证人类上百亿年的能源消费。而且,氘的提取方法简便,成本较低。因此,只要解决好核聚变的可控技术,利用海水中的氘、氚的核聚变能,来解决人类未来的能源需要将展示出最好的前景。

含有氘(元素符号为 D)和氚(元素符号为 T)的重水的提炼技术,早在 20 世纪 40 年代就已成熟。因此许多先进国家都早已建有重水厂。重水的提取之所以相对易行,是因为由 2 个氘原子和 1 个氧原子构成的重水(D_2O)的分子量是 20.027 5,比普通水(H_2O)的分子量(18.015 3)高出约 11%;而冰点是 3.8℃,沸点是 101.42℃,这些特征使它们很容易从海水中分离出来。最简单的方法是利用重水沸点高于普通水特点,通过反复蒸馏得到。

已知,氘和氚的核聚变反应,需要在几千万甚至上亿摄氏度的高温条件下进行。虽然,目前这样的反应已经在氢弹爆炸过程中得以实现,但用于生产目的受控热核聚变在技术上还有许多难题。不过可以相信,随着科学技术的进步,这些难题都是能够得到解决的。1991 年 11 月 9 日,由 14 个欧洲国家出资建造的欧洲联合环型核裂变装置上,就曾成功地进行了首次氘和氚的受控核聚变试验,反应时发出了 1.8 兆瓦电力的聚变能量,持续时间为 2 秒,温度比太阳内部的温度还高 20 倍。核聚变反应释放的原子核能比核裂变反应高得多。因此,科学家们认为,氘和氚受控核聚变的试验成功,是人类开发新能源历程中的一座里程碑。在不久的将来,在人类的不懈努力下,核聚变技术和海水氘、氚提取技术定会有重大突破。到那时,人类社会对能源的需要就再也不会捉襟见肘了。

锂电池——数码电器的动力之源

数码电器，今天已是几乎人人必备的用品。随着数码电器的普及，锂电池也为人们所熟知。

锂的发现和用途

锂是一种轻金属元素，在元素周期表上排列在第三位。

1817年瑞典人阿尔费德松(J. A. Arfvedson)研究透锂长石时首次发现了锂，并以希腊文Lithos(石头)为之命名。1818年英国人戴维(H. Davy)通过电解碳酸锂制得金属锂。1855年德国人本生(R. W. Bunsen)和英国人马提生(A. Moathiessen)通过电解熔融氯化锂制得较大量的金属锂。1923年德国人首先开始锂的工业生产。

1944年人们开始大量使用无水氢氧化锂作潜水艇中的二氧化碳吸收剂，用氢化锂作军用气球的充气氢源。1950年锂开始用于热核武器氢弹。1960年以后，锂开始用于民用工业，如润滑脂、空调、合成橡胶、炼铝、医药和玻璃陶瓷等生产部门。锂与多种元素制成的合金，例如铝锂、硼锂、铜锂、镁锂、铅锂、硅锂、硅硼锂和银锂等，还被用于原子能、航空、航天、焊接等工业。

锂还是一种重要的能源金属，它可用作制造电池材料，即锂电池。当今它已被大量用于制作锂电池，成为现代各种数码电子产品的动力之源；也被用于电力车辆推进和峰值电力贮存。锂还是第一代氘氚聚变反应堆的重要燃料和反应堆的冷却剂。

锂电池的原理

电池是一种把化学能转化成为电能的装置，它依靠正负两极在发生氧化还原反应时释放出来的电子的流动来产生电能。人们发现锂具有很高的电化当量(在所有元素中仅次于铍)。也就是说，在利用它作电极时，它会释放出比其他金属（铍除外）更多的电子。而且它又是各种元素中具有最高标准氧化电势的，这又使它最易被氧化而失去电子，所以它是人们制作电池的最佳材料，宜于制成体积小而功能大的电池，所以它就成为今天数码电子产品能够小型化的关键。

锂电池最早由伟大的发明家爱迪生制成，但由于技术上的种种原因，使其长期没有得到推广。一直到 1970 年维丁哈姆（M. S. Whittingham）采用硫化钛作为正极材料，金属锂作为负极材料制成的锂电池，才使它正式步入商品市场。但由于锂金属的化学特性非常活泼，使得锂金属的加工、留存、使用，对环境要求非常高。所以锂电池生产要在特殊的环境条件下进行，这就妨碍了它的推广。

1982 年伊利诺伊理工大学的阿噶瓦（R. R. Agarwal）和西尔曼（J. R. Selman）发现锂离子具有嵌入石墨的特性，而且这一过程是快速且可逆的。与此同时，维丁哈姆采用金属锂制成的锂电池，也由于它的安全隐患而备受诟病，因此人们便尝试利用锂离子嵌入石墨的特性来制作充电电池。不久，首个可用的锂离子石墨电极由贝尔实验室试制成功。

若干年以后，日本索尼公司推出了首个商用锂离子电池。这种锂电池以炭材料为负极，以含锂的化合物作正极。在充放电过程中，没有金属锂存在，只有锂离子，所以应称为锂离子电池。当对电池进行充电时，电池的正极上有锂离子生成，生成的锂离子经过电解液运动到负极。而作为负极的炭呈层状结构，它有很多微孔，到达

索尼相机使用的锂离子电池

负极的锂离子就嵌入到炭层的微孔中，嵌入的锂离子越多，充电容量越大。同样，当对电池进行放电时（即我们使用电池的过程），嵌在负极炭层中的锂离子脱出又运动回正极。回正极的锂离子越多，放电容量越高。我们通常所说的电池容量指的就是放电容量。由于这一过程是可逆的，所以它可用于制成反复充电放电的二次电池。在锂离子的充电放电过程中，锂离子处于从正

极→负极→正极的运动状态。锂离子电池就像一把摇椅,摇椅的两端为电池的两极,而锂离子就像运动员一样在摇椅中来回奔跑。所以锂离子电池又叫摇椅式电池。

锂电池的主要优点

(1)能量比较高。锂电池具有高储存能量密度,目前已达到 460~600 瓦·时/千克,是铅酸电池的 6~7 倍。

(2)使用寿命长。锂电池的使用寿命可达到 6 年以上,磷酸亚铁锂为正极的电池在 100% 充放电的情况下,有可以使用 10 000 次的纪录。

(3)额定电压高(单体工作电压为 3.7 伏或 3.2 伏),约等于 3 只镍镉或镍氢充电电池的串联电压,便于组成电池电源组。

(4)具备高功率承受力。其中电动汽车用的磷酸亚铁锂离子电池可以达到电池额定容量 15~30 倍的充放电的能力,便于高强度的启动加速。

(5)自放电率很低。这是锂电池最突出的优越性,目前一般可做到每月 1% 以下,不到镍氢电池的 1/20。

(6)重量轻。相同体积下,锂电池的重量约为铅酸产品的 1/5~1/6。

(7)高低温适应性强。锂电池可以在 -20~60℃ 的环境下使用,经过工艺上的处理,可以在 -45℃ 环境下使用。

(8)绿色环保。不论生产、使用和报废,锂电池都不含有也不产生任何铅、汞、镉等有毒有害的重金属元素和物质。

(9)锂电池生产基本不消耗水,这对缺水的我国来说,十分有利。

锂电池的主要缺点

(1)非锂离子型的锂电池均存在安全性差,有发生爆炸的危险。
(2)用钴酸锂做正极的锂离子电池不能大电流放电,安全性较差。
(3)锂离子电池均需保护线路,防止电池被过充过放电。
(4)生产要求条件高,成本高。

锂电池的用途

锂离子电池的出现,使电子产品的面貌得到了根本的改变,向着小型化和微型化的方向发展。它不仅使电子产品的重量和体积大大减小,使用时间大大延长。而且由于锂离子电池中不含有重金属镉,与镍镉电池相比,也明显减少了对环境的污染。目前,锂离子电池不仅在便携式电器,如手提电脑、摄像机、移动通讯中得到普遍应用,而且一些大容量的锂离子电池可作为电动汽车动力电池。人们预计它将成为 21 世纪电动汽车的主要动力电源之一。此外,它也在人造卫星、航空航天和储能方面得到应用。随着世界能源的紧缺和环保方面的压力增大,锂电池必将得到更广泛的应用和发展。

我国的锂电池产业

锂电池作为一种体积小、能量大、便于储藏、易于携带的动力之源,正越来越多地受到人们的密切关注。是人类 21 世纪新能源的新希望。因此锂电池产业显然是一个有着巨大发展前景的朝阳产业。

我国的锂资源

锂电池产业发展的基础是锂资源,在这方面我国有着得天独厚的优势,已探明的锂储量居世界前列。盐湖卤水是提取锂的重要原料。我国盐湖分布较广,青海的察尔汗和茶卡等盐池是早著盛名的。西藏有几百个咸水湖,均富含碳酸锂和含锂菱镁矿。其中扎布耶盐湖拥有的储量,在世界排名第三,且品质优良。班戈湖的锂储量也属特大型规模。此外,新疆阿尔泰山东南群山环抱之中的可可托海矿区,也盛产锂等稀有金属,是我国最早开发的稀有金属矿山之一。它的锂盐生产质量和产量均居全国第一位。

盐湖

世界锂矿资源 90％以上来自盐湖锂。不过,盐湖卤水提锂技术难度高,特别是高端电池级碳酸锂的提纯更受许多技术因素的制约。有消息表明,随着电动汽车等产业的发展,将对锂的需求呈现爆发性增长,谁具有资源优势谁就将占据行业的制高点。据报道,目前全球锂企业的设计产能大约 12.5 万吨/年,扩产后的总产能合计约 19 万吨/年,所以锂原料的供应有可能会短缺。解决这一供需矛盾的关键点,在于盐湖卤水提锂技术的掌握与突破。遗憾的是,在国内涉及盐湖提锂业务的企业中,由于技术上的原因,碳酸锂的生产对企业的盈利多是贡献很小,甚至是负贡献。

我国锂电池产业现状

我国锂电池产业化始于 1997 年后期,走过了一条从引进学习到自主研发的产业化道路。进入 2001 年以后,随着深圳比亚迪、邦凯电池等锂离子电池企业的迅速崛起,中国的锂电池产业开始进入快速成长阶段。目前,中国是世界最大的锂电池生产制造基地,第二大锂电池生产国和出口国,锂电池产品已经占到全球 40% 的市场份额。

为提升产品品质和劳动生产率,许多企业纷纷加大了各种资源的投入,例如增加自动化或者半自动化设备,生产模式由劳动密集型向半自动化和自动化转型,开发自主创新的工艺技术,进一步完善质量体系,努力提升产品品质,向高端市场和高端产品发展,已经成为当今中国锂电池产业的发展趋势。

不过,国内锂电池生产厂商多为消费类电池生产商,真正涉及动力锂电池生产的并不多。然而,由科技部、财政部、发改委、工业和信息化部于 2009 年 1 月共同启动的"十城千辆计划",却急需动力锂电池的生产。这一计划的主要内容是,通过提供财政补贴,计划用 3 年左右的时间,每年发展 10 个城市,每个城市推出 1 000 辆新能源汽车开展示范运行,涉及这些大中城市的公交、出租、公务、市政、邮政等领域,使全国新能源汽车的运营规模到 2012 年占到汽车市场份额的 10%,目前已扩大到 25 个城市。然而遗憾的是,实际进展很不理想。截至 2012 年 7 月,25 个试点城市仅有 4 个城市完成度超过 30%,分别为杭州、郑州、苏州、北京;其中完成情况最高的杭州市也仅为 47.1%。人们认为,计划之所以未能实现的关键问题,还是电池技术不过关,产品性能难以满足需求。

锂电池产业发展的瓶颈

我国锂电池产业的发展之所以难以满足需求,是因为还存在一系列发展上的瓶颈。如锂离子电池正极材料、隔膜和电解液相关技术还有待改善,锂电池过热引发的安全问题,还有锂电池材料专利纠纷等。

锂动力电池按照其所选用的正极材料来划分,主要有锰酸锂、三元材料和磷酸铁锂三种(负极材料为石墨)。作为锂离子电池的正极主流材料磷酸铁锂的核心技术主要有二:一是在其合成过程中锂离子要被包裹上一层碳(否则不具导电性),简称"包敷碳技术";二是作为磷酸铁锂生产工艺的"碳热还原技术"。而这两项技术的专利均为加拿大 Phostech 公司所有。Phostech 公司已在中国进行了申请注册并获得批准,为中国企业设置了绕不过去的专利屏障。

电动汽车用的锂离子电池

在电解液生产中,六氟磷酸锂是最主要的原材料,占电解液成本的50%左右。目前全球范围内只有中国和日本实现了六氟磷酸锂产业化。由于生产技术难度非常大,在国际上主要由几家日本企业垄断。国内少数企业能生产,但产能较少,品质与国外也存在很大差距,因此,常不得不仍依赖进口。

隔膜是锂电材料中技术含量最高的高附加值材料,其产值约占锂电池成本的25%。隔膜的性能优劣,直接影响电池的容量、循环及安全性能等特性。国内只有3家公司能生产。像比亚迪、力神等知名企业依然依靠进口国际产品。事实上,在国际上拥有发言权的基本上只有日本、韩国、美国,以及英国等几家国际巨头,基本垄断了全球市场。

据日本新能源产业技术开发机构(NEDO)的预测,2015年车载锂电池成本将下降到目前价格的1/3。而据中国有关专家研究,中国企业若不能在技术上有新的突破,使成本下降,就很难与日本等国际企业进行竞争。

综上所述,可以看到锂电池产业确实迎来了发展机遇,但如果我们不能突破那些技术瓶颈,就会处处受制于相关的专利壁垒,无法发挥我国的锂资源优势。

可燃冰——希望与风险并存的新能源

可燃冰的发现

20世纪30年代，人们发现一些高压输气管道、气井和使用天然气的工厂设备，在天寒地冻的冬日常常发生管道堵塞现象，使生产不能正常运转。是谁在捣乱？剖开管道，可以看到管道中填塞有许多不知从何而来的冰雪状物。奇怪的是这种冰一遇明火就会燃烧。经过研究，人们恍然大悟，它就是1810年英国科学家戴维在实验室里发现的气体和水的化合物。不过，在很长一段时间里，人们并没有意识到这是一种潜在的能源，而一直把它视为输气管道的祸害，致力于如何防止和消除它给管道造成的堵塞。直到20世纪60年代苏联在开发麦索亚哈气田时，首次在地层中发现有这种气水化合物，人们才开始把它作为一种燃料矿产来对待。此后不久，又在西伯利亚、北斯洛普、墨西哥湾、日本海、印度洋等地相继发现了此类气水化合物。于是，人们才意识到这是一种具有全球性分布的潜在能源。从20世纪70年代开始，它便成为世人热衷研究的目标。

目前，已知这种气水化合物是在一定条件下，由气体或挥发性液体与水相互作用后形成的一种固态结晶体，一般呈白到浅灰色，外观似冰雪；又因其组成成分中大多以甲烷为主（常占其气体组分的80%以上），故极易燃烧，所以被人们称为"可燃冰"。更可贵的是，当其燃烧时产生的能量竟比同等条件下的煤、石油和天然气都要大得多，而且燃烧后几乎不产生任何残渣和废弃物，所以对环境的污染也比煤、石油和天然气小得多。因此，它被人们认为是一种不可多得的优质能源。

可燃冰的世界分布

研究查明，可燃冰的形成要有三个基本条件。一是温度要低。它常出现在天寒地冻的时候，分布在寒冷的冻土区和海底。二是要有一定的压力。在0℃时，大于3兆帕就足以让它形成。三是地底要有气源。已知甲烷分无机和有机两种来源。无机来源的甲烷来自地球形成时期的原始星云,它会通过地层中的断层等构造裂隙向浅部释放。有机来源则是成千上万年来死亡生物腐败分解的结果,在一些沉积盆地和海洋中会有丰富的甲烷气源。据此,人们估计陆地上的 20.7% 和大洋底的 90% 的地方,具有形成可燃冰的条件。已知地球表面 71% 是海洋,所以可以预测,洋底的可燃冰资源量会是陆地的 100 倍。据初步调查,仅美国东南海岸外的布莱克海岭,就有可燃冰资源量 180 亿吨,而 1 米^3 可燃冰就可释放出 160～180 米^3 的天然气和 0.8 米^3 的水。据此估算,仅该海域的可燃冰就够美国 105 年的天然气消耗。日本也发现,在日本海及其周围的可燃冰资源足以满足日本 100 年的需求。目前,全世界已有 79 个国家在其近海或高原及临近极地的冻土层里发现有可燃冰资源。

据此可预测,全球的可燃冰资源比煤炭和石油的总和还要多,可满足人类 1 000 年的能源需要。

我国自 20 世纪 90 年代以来也加强了对可燃冰资源的调查。目前,已在南海、东海及青藏高原的羌塘盆地相继发现有可燃冰。其中仅南海北部的可燃冰储藏就已相当于我国陆上石油总量的一半。另外,在西沙海槽也圈出可燃冰分布区 5 242 千米^2,估计资源量为 4.1 万亿米^3。国土资源部专家还估计,我国陆域"可燃冰"的远景资源量至少有 350 亿吨油当量,可供我国使用近 90 年。

开采可燃冰的风险

由于可燃冰蕴藏丰富,燃烧时能效高,又比煤和石油清洁,因此人们对这一新资源的开发利用充满了期待,认为它将是未来能源的新希望。然而专家们也警告说,可燃冰的开采不仅存在很大的难度,而且还充满了风险。

首先是开采,很可能会给生态环境带来严重的后果。可燃冰中蕴含有大量的甲烷,而它又是一种只在低温和一定压力下才稳定的物质,开采时环境的变化有可能破坏它的稳定,使甲烷骤然释放出来。已知在导致全球气候变暖方面,甲烷所起的作用要比二氧化碳大 10～20 倍。

再则,人们还担心海底可燃冰的开采也许会诱发一系列地质灾害。如开采时甲烷的骤然释放,有可能引起海水汽化和海啸,使船只沉没,近海的建筑和人们的生命安全受到威胁。一些人还推测,传说中频频导致船只沉没等海难事故的"百慕大三角"的肇事祸首,就是该地深部的可燃冰。当蕴藏于海底的可燃冰由于某种还不清楚的原因而骤然气化时,会使当地海水的密度显著降低,以致其浮力无法继续承担海面的航船,并终于导致船只的沉没。另外,由于可燃冰经常作为海底沉积物的胶结物存在,对海底沉积物的强度起着关键作用。一旦可燃冰因开采受到破坏,沉积物的强度被削弱,就有可能引起海底塌陷或滑坡。这对各种海下的工程设施都将是极大的威胁。还有,水中大量甲烷等的析出,还可能给海洋生物带来一场难以预料的浩劫。

开采可燃冰的尝试

尽管可燃冰的开采具有很大的风险,但这并不能阻挡人们探索的步伐。

1965 年,苏联在西西伯利亚永久冻土带的麦索亚哈可燃冰储层中,采用降压及注化学药剂等方法实现了该矿藏的试开发,成为世界上第一个成功试开发可燃冰的国家。1999 年日本也在近海试采成功。2006 年,加拿大成功利用"减压法"在陆域进行了可燃冰的试开采。2011 年,日本研发出可在海底沙地和岩礁等地形自如行走的无人探测机和探测海底地形的高性能声呐(利用超声波回音的探测装置)技术。2012 年 2 月 15 日,在日本爱知县渥美半岛近海进行了可燃冰的试开采,为正式开采做准备,并观测可燃冰开发给周边环境带来的影响。如果开采成功,日本将成为世界上第一个从海底开发可燃冰的国家。

总之,时至今日,尽管人们对可燃冰的利用充满期待,并也进行了一些试开采,积累了一些宝贵的经验;但在怎样才能保证可燃冰的稳定,不会因开采时温度和压力的改变而分解;怎样才能保证甲烷气体不致泄露出去等关键问题上,也还缺乏妥善的技术方案。因此可燃冰的开发利用在近期内很难实现。

页岩气——一种新的能源矿藏

2011年12月3日,国务院批准把页岩气作为一种新的独立矿种,列入我国已发现的172种矿产名录之中,我国的矿产资源又增添了一个新成员。

什么是页岩气

页岩气是一种成分以甲烷为主(占90%或者更多)的非常规天然气,它主要赋存于富含有机质的泥页岩及其夹层中,并以吸附和游离状态为主要存在方式;又由于甲烷是相对清洁高效的能源,而以甲烷为主要组成分的页岩气,又以具有自生自储、储层分布连续、气层连续、可采连续的分布广、埋藏浅、生产周期长等特点,故作为能源矿藏的新秀受到了人们的青睐。

页岩气与常规天然气相比,其生成、运移、赋存、聚集、保存等过程及成藏(即成为矿藏)机制既有许多相似之处,又有一些不同点。页岩气成藏的生烃条件及过程与常规天然气藏相同。泥页岩的有机质丰度、有机质类型和热演化特征决定了其生烃的能力和时间。在烃类气体的运移方面,页岩气的成藏体现出无运移或短距离运移的特征。泥页岩中的裂缝和微孔隙成了主要的运移通道;而常规天然气的成藏除了烃类气体在泥页岩中的初次运移以外,还需在储集层中通过断裂、孔隙等输导系统进行二次运移。在赋存方式上,二者差别较大,首先,储集层和储集空间不同。常规天然气储集于碎屑岩或碳酸盐岩的孔隙、裂缝、溶孔、溶洞中;页岩气则储集于泥页岩的黏土矿物和有机质表面。它可以在天然裂缝和孔隙中以游离方式存在,或者在干酪根(沉积岩中不溶于碱、非氧化型酸和有机溶剂的分散有机质)和黏土颗粒表面上以吸附状态存在,甚至在干酪根和沥青质中以溶解状态存在。其次,常规天然气以游离态赋存为主,页岩气则以吸附和游离态赋存两种方式为主。在盖层条件方面,鉴于页岩气的赋存方式,其对上覆盖层条件的要求比常规天然气要低(当然地层压力的降低可以造成页岩气解吸和散失)。

页岩气有多种类型,按成因不同,有页岩气是连续生成的生物化学成因气、热成因气或两者的混合。生物成因气是有机物在低温下经厌氧微生物分解作用形成的天然气;热成因气是有机质在较高温度及持续加热期间,经热降解和裂解作用形成的天然气。

世界页岩气开发概况

美国是页岩气开发最早最成功的国家。1981 年,第一口页岩气井压裂成功,实现了页岩气勘探开发的突破。21 世纪以来,随着水平井大规模压裂技术的成功应用,美国页岩气开发利用快速发展。美国页岩气产量从 2005 年的 194 亿米^3,提高到 2010 年的 1 378 亿米^3,占美国天然气总产量的 23%。2011 年为 1 800 亿米^3,占 34%。这改变了美国天然气的供应格局,使该国进口天然气和液化天然气量大幅度下降。据预测,页岩气将成为美国未来天然气增产的主要来源,到 2035 年总产量占比将提高到 46%。

这场由美国引起的开发利用页岩气的新潮,由于发展之迅速,蔓延之快捷而被人们誉为"页岩气革命"。

据美国能源信息署的最新统计数据显示,当前全球页岩气可采资源 189 万亿米^3。其中北美洲拥有 55 万亿米^3,位居第一;亚洲拥有 51 万亿米^3,位居第二;非洲拥有 30 万亿米^3,位居第三;欧洲拥有 18 万亿米^3,位居第四;全球其他地区拥有 35 万亿米^3。鉴于美国开发的成功,大大增加了其他国家对页岩气勘探开发利用的信心。因此页岩气勘探开发已在北美洲、亚洲、欧洲、南美洲、大洋洲等地区蓬勃兴起,各国都竞相效仿美国发展页岩气,以期降低对中东、北非和俄罗斯进口天然气的依赖。

目前,加拿大已成为继美国之后世界上第二个对页岩气进行大量开发的国家,除自给自足外,还增加了对欧洲和亚太地区的供应,使北美地区成为世界能源新的增长点。欧洲的波兰、德国、奥地利、匈牙利、波兰、西班牙等国家页岩气的勘探开发也取得重大进展,预计到 2035 年将使这些国家逐步摆脱对俄罗斯天然气的依赖,实现燃气自给,提高欧洲能源安全。亚太的印度、印尼、澳大利亚以及南美洲的阿根廷和哥伦比亚,还有非洲的南非等国也在积极开展页岩气勘探开发,都取得了明显的进展,在国家的能源结构上有望因此而发生积极的改变。

页岩气开发的可能风险

目前页岩气开采一般采用水平井和水力压裂法,将包含化学物质和大量水的压裂液以及泥沙,高压注入地下井,压裂邻近的岩石构造,拓宽裂口,使页岩气析入井中,排出地面。

事物总是两方面的,就像可燃冰一样,人们在对页岩气满怀期待的同时,也注意到了页岩气开采对环境可能带来的四个方面的不利影响。

一是土地影响。一些页岩气富集地区人口稠密,页岩气开发会面临与人争地的情况。

二是水资源潜在污染。用水力压裂法开采页岩气,对水资源需求量大。根据美国能源部统计,每一个页岩气钻井平均用水量甚至高达 1.5 万米^3。如此大量消耗地表水或地下水,很可能会加剧当地水资源的供应,影响当地水生生物的生存,影响捕鱼业、城市和工业用水;而且开采流程中有可能造成有毒物质泄漏进入地下水,致使压裂后产生的"返排废水"和"生产废水",都含有潜在的危险化学物质。2010 年,美国宾夕法尼亚大学研究人员在《美国科学院院刊》撰文表示,在宾夕法尼亚州使用水力压裂法开采页岩气的地区,地下饮用水中的甲烷含量比未钻探区域高出 17 倍。

三是开采过程中有可能造成甲烷泄露,排放出挥发性有机化合物与硫化氢等有害气体,从而污染空气,加剧温室效应。

四是开采过程对含气岩层的压裂破坏,有可能导致当地地质构造环境的改变,进而诱发出地震、地陷、地面沉降等一系列的地质灾害。

鉴于这些潜在的风险,许多人也纷纷呼吁,对页岩气的开发必须慎之又慎。

我国的页岩气资源

页岩气作为一种被人们新近发掘出来的能源资源,正成为全球油气资源开发的新亮点。这对于传统油气资源相对贫乏的我国来说,它的巨大潜力自然也受到人们的极大关注。

2013 年,我国天然气进口量同比大增 25%,达到 530 亿米^3,全年天然气表观消费量达到 1 676 亿米^3,天然气对外依存度首次突破 30%,达到 31.6%。

根据《2013 年国内外油气行业发展报告》,2013 年,经济发展和环境保护拉动我国天然气刚性需求快速增长,特别是受治理雾霾天气影响,全国多个省份加快煤改气进程,部分企业在未落实气源的情况下实施煤改气工程,导致天然气需求量过快过猛增长。

"若完全满足用气需求,全年供需缺口达 220 亿米^3。"这份报告称,2013 年,我国天然气消费量同比增长 13.9%,占一次能源消费的比重由上年的 5.4% 上升到 5.9%。我国已成为世界第三大天然气消费国。

这份报告预计,2014 年,我国天然气市场供需仍将保持紧平衡,预计表观消费量将同比增长 11% 至 1 860 亿米^3。在一次能源消费中所占比重增加到 6.3%。季节性用气矛盾将更加突出。这就使人们不能不对潜在的页岩气资源充满期待。

我国页岩气分布概况

据国土资源部的初步评估,我国页岩气资源丰富,资源类型多,分布广,潜力大。

我国海相沉积分布面积多达 300 万(千米)^2,海陆交互相沉积面积约 200 万(千米)^2,陆上海相沉积面积约 280 万(千米)^2。在这些沉积区内的各个地质历史时期,均沉积有富含有机质的泥页岩。其中,海相厚层富有机质页岩主要分布在我国南方,以扬子地区为主;海陆交互相中薄层富有机质泥页岩主要分布在我国北方,以华北、西北和东北地区为主;湖相中厚层富有机质泥页岩,主要分布在大中型含油气盆地,以松辽、鄂尔多斯等盆地为主。

2011年,国土资源部在全国油气资源战略选区项目中,设置了"全国页岩气资源潜力调查评价及有利区优选"项目,将全国陆域分为上扬子及滇黔桂区、中下扬子及东南区、华北及东北区、西北区、青藏区,组织27个单位对页岩气资源潜力进行系统评价。结果表明,我国页岩气地质条件复杂,资源类型多,分布相对集中,可采资源潜力为25万亿米^3(不含青藏区),与我国陆域常规天然气相当,与美国的24万亿米^{3}相近。优选出有利区180个,面积111万(千米)^2。美国能源情报署估计,中国页岩气储量超过其他任何一个国家,可采储量约36万亿米^3。国内最新公布的全球页岩气资源最新评估结果表明,全球总的页岩气技术可采资源量为187万亿米^3,其中中国约占总量的20%,排名世界第一。

我国页岩气勘探开发虽然起步较晚,与美国相比,还有相当差距。但经过几年来的努力已获得重大进展,已相继在四川盆地及其周缘、鄂尔多斯盆地、辽河东部凹陷等地完钻近30口页岩气探井,18口井压裂获工业气流;初步掌握了页岩气压裂技术。目前,我国企业已与壳牌、埃克森美孚等多家外国公司开展合作开发与联合研究。国内相关企业、科研院校成立专门机构,开始研究页岩气生成机理、富集规律、储集和保存条件。石油企业正在进一步探索完善页岩气水平井钻凿、完井和多段压裂技术。

我国页岩气发展规划

有关方面还认为,我国具有加快发展页岩气的有利条件,如果措施得当,可以大大缩短我国页岩气开发利用的发展过程,实现跨越式发展。预计2020年产量将超过1 000亿米^3,达到我国目前常规天然气的生产水平,并持续保持强劲增长势头。2030年产量有望与常规天然气相当,与美国接近,从而改变我国依赖进口天然气的历史。2012年3月13日国家发改委等四部门发布了《页岩气发展规划(2011~2015)》,对全国页岩气资源的勘探和开采作出了科学规划,列出了四川、重庆、贵州、湖南等19个页岩气重点勘探开发的省份,要求在"十二五"期间达到以下4个目标:

（1）基本完成全国页岩气资源潜力调查与评价,初步掌握全国页岩气资源量及其分布,优选 30~50 个页岩气远景区和 50~80 个有利目标区。

（2）探明页岩气地质储量 6 000 亿米^3,可采储量 2 000 亿米^3。2015 年页岩气产量 65 亿米^3。

（3）形成适合我国地质条件的页岩气地质调查与资源评价技术方法,页岩气勘探开发关键技术及配套装备。

（4）形成我国页岩气调查与评价、资源储量、试验分析与测试、勘探开发、环境保护等多个领域的技术标准和规范。

规划的提出,使一些原本缺煤、无油、少气,能源供应紧张,但具有页岩气开发潜力的省市对页岩气的开发寄予巨大的希望。然而,人们也指出:我国页岩气开发尚处于起步阶段,关键开发技术尚未掌握,突破关键技术还需要做大量工作,而且还要面临主客观条件的重重困难和挑战。

页岩气开发的困难和挑战

巨额的开发资金将是"拦路虎"。目前页岩气勘查开采主要以企业为主,大规模和多元化的投资机制尚未形成。页岩气开发初期投入较大,一口勘探井的费用至少在 3 000 万元以上,而成功率一般在 50％左右。对一般企业而言,投资风险比较高。在投入产出效益不确定的情况下,投入不足将影响页岩气的快速发展。

水资源也是页岩气开采不得不面对的又一个难题。目前,水力压裂法是开采页岩气最常用的方式,有消耗"千吨沙子、万方水"的说法,且不可回收,虽可通过工厂化生产避免大量浪费,但一些页岩气常分布在干旱的山区,这就使页岩气的开发面临困难的抉择。

管网建设也将制约页岩气的大规模开发。页岩气资源富集区很多集中在山区,管网建设难度大,成本高,对页岩气外输利用和下游市场开拓不利。

此外,如何防治开采可能带来的污染,也是一个不容回避的难题。我国目前勘探到的页岩气大多赋存于地下 2 000~2 500 米,比大部分饮用水埋得要深。而且我国还将会严格规范相关的钻探凿井技术,严格环境监测和压力监测,尽力杜绝对地下水、土壤甚至地表的污染。但没人敢保证不会发生任何疏失，一旦发生污染，又该如何处置？

有些人还不无担心地指出，我国页岩气资源丰富区大多同时也是严重的地质灾害区，而页岩气开发的水力压裂技术，势必进一步把原来已经因天然和人为因素破碎的地层进一步粉碎。这会不会引起更多的地质灾害，给当地带来地震或严重的地层坍塌事故？还有那些流入破碎地层的水和气体的走向如何？会造成一些什么影响？这些也是地面上的人很难预测和判断的。

鉴于这些问题，人们建议页岩气开发切忌急功近利，盲目上马，草率行事，一定要做好详细的规划，要未雨绸缪，对可能发生的问题要有充分的估计，做好处理的预案。

有待开发的重力能

2012 年在英国伦敦举行的奥运会，吸引了全世界民众的眼光。人们在欣赏这四年一度的体育盛会的同时，也注意到了那蕴含新颖创意的"发光地砖"。

神奇的发光地砖

据报道，在伦敦的奥林匹克公园和斯特拉福德城市购物中心，用上了劳伦斯发明的"发光地砖"。当行人踩踏地砖时，地砖的橡胶层将下降 5 毫米，进而产生电流。这时，地砖中间指示灯会发亮，同时把收集到的电量的 95% 直接传送到用电系统，以供城市供电系统低耗能的应用。报道称：平均一个脚步能产生 7 瓦电力。这意味着，已经铺好的地砖一年内可以将 4 000 万行人的踩踏转化为几百千瓦·时的电力，足以供应购物中心外部一半的照明系统。而奥林匹克公园铺设的 12 块"发光地砖"预计将承受约 120 万次的踩踏，足以让一辆小型电动汽车围绕奥林匹克运动场行驶 397 圈。

报道还说，这种发光地砖并不是在奥运会上第一次使用，它也曾作为音乐节的跳舞地板在英国南部的怀特岛上亮相。在这场户外盛会中，地砖经受了大约 25 万次的踩踏；而产生的电力，足够给 1 万台手机充电。后来，它又成功地安装在一所学校的楼梯中。

经过监测后，工作人员认为，一块地砖的使用极限是大约 200 万次的踩踏，使用寿命是 5 年。

脚步发电系统

发光地砖为什么能发光？原来这是发明者巧妙地利用了人体自身的重力能。所以发明者劳伦斯把它称为"脚步发电系统"。

众所周知，在地球上任何物体都会受到地球引力的作用，而且正是在地球引力的作用下，物体才有了"重量"。我们也把地球引力称为"重力"。我们还知道,在重力的作用下,物体都具有一定的"势能"(或称"位能")。势能的大小,既与物体本身的质量有关,也与物体所处的位置高低有关。同一个物体,若作向上移动,其势能就会随高度而增加,但这个能量不会凭空获得,必须通过我们做功来获得;若该物体作向下运动,它就会随着高度的降低而不断地释放出一些能量来,使原本具有的势能减小。这释放出来的势能,也就是我们所说的"重力能",若能加以利用,它就能帮我们做功。发光地砖正是利用人们行走运动时所释放出来的势能来做工,并将其转化为电能。

其实在日常生活中,人们已大都自觉或不自觉地利用了一部分重力能。如称量物体的重量,就是利用置放物体的秤盘因位置改变,释放出来的势能作用于磅秤的指针而获得的。再如骑车人都有这样的体验,在下坡时可利用重力的牵引而轻松行进,甚至还可以利用下坡的冲力来给接下来的上坡之行助一臂之力。还有水力发电,实际上也是利用了重力能。试想如果没有重力的牵引,水又怎么会具有如此汹涌澎湃的下泻威力,又怎能推动水轮机来发电?诸如此类,不一而足。

然而这些已被利用的重力能,若与无所不在、蕴藏丰富、用之不尽的重力能相比,可说还只是九牛之一毛。重力能不仅蕴藏丰富,而且还是一种绝对"环保"零污染的能源,因此如何才能更多更好地开发利用重力能便引起了人们的极大兴趣。遗憾的是直至今日人们还未能找到十分有效的途径(发光地砖只能说是很初步的小小尝试)。虽然已有一些人提出了若干不同的设想,但这些设想是否真正能够付诸实施,能否起到应有的效果,还有待人们去不断地探索。

利用重力能的三种设想

受水力发电的启发,有人建议在一些高山采矿场和工地,也可以利用开挖出来的土石方向下倾倒时产生的动力来发电,以解决工地施工所需的部分能源。为此应该建造一个必要的用于倾倒土石方的溜道,并配备能经受土石冲击的轮机。

设想之二是利用汽车的重力来为交叉路口的红绿灯提供电源。方法是在交叉路口设置一些稍稍突出地面的弹性路垫。它类似于为限制车速而设置的路障。每当车子驰过这些路垫时,汽车的重力会通过这些路垫传递给下面的感应器。让感应器中的转轮像磅秤中的指针一样,因压力而转动。只要不断地有车子通过,感应器中的转轮也就会不停地运动,并带动发电机发电。虽然这样的装置不可能产生大量的电力,但设想者认为足可用来为交通路口的信号灯提供电源,甚至还可能为部分路灯提供电源。但其前提是要有足够多的车辆通过。其实伦敦的绿色发光地砖就是这一设想的体现,只不过它用的是人的重力能,而非汽车的重力能。

设想之三是所谓的"重力能源列车"。这一设想就是利用列车下坡的冲力。为了能充分利用列车下坡的冲力,使这部分冲力还能为上坡路段行驶所用。列车必须配备一定的储能设备。设想中的储能设备可以是风力发电机,它利用列车下坡时产生的反向风来发电,并把所发的电力储存在高效能的蓄电装置里;还可以装置能高速运转的惯性飞轮,让其把列车下行时释放出来的部分势能转化成飞轮的转动,并将其动能储存起来;也可以装置空气压缩机,利用下冲时产生的压力来压缩空气,并将这部分压缩空气贮藏起来。除此之外,列车还应该装置有太阳能电池和空气燃料电池以作必要的补充能源。按照设想,有了这些装置以后,这列"重力能源列车"就应该可以顺利地行驶在各种条件的路段上。如列车下行,可以依靠重力惯性前进,同时开启可控负载来控制车行速度,也同时开启上述装置来储存下行时所释放的能量。在上坡段,列车将依靠重力惯性继续向上冲行一段距离;当列车上冲乏力时,可启动惯性飞轮所储存的动能来推动列车上行;接着又可启动压缩空气发动机和蓄电池中贮存的来自风力发电的电源,推动列车前进。如果这些贮存的能量还不足以让列车驰完整个上坡段,那么还可以让太阳能和空气燃料电池来帮忙。当然所有这些都可以通过计算机来进行合理的调配与控制。

捕捉雷电能

雷电的能量

众所周知,雷电之所以威力无穷,是因为它在瞬时会释放出拥有巨大能量的强电流。据测算,一次强烈闪电的电量,足以牵引一列有 14 节车厢的火车行进 200 千米,或点亮 300 万盏电灯泡。又有人指出若闪电两端电压为 1 000 万伏,闪电中的电流为 2 万安[培],则在闪电发生的那一瞬间,它的功率可达 2 亿千瓦;而我国雄踞世界第一的三峡水力发电站的设计发电能力为 2 250 万千瓦,仅相当于它的十分之一。据大量的观测研究资料,估计全球平均每天有超过 100 万次的雷电发生。据此不难估算出,每天将会有多么巨大的能量被释放出来。有人打趣地说,如果有办法把这些雷电能全收集起来利用,那么全球的发电厂都可以关门休息了。

雷电利用的难关

我们究竟有没有可能把雷电加以利用呢?读者也许早已听说,18 世纪时,著名美国科学家富兰克林曾用风筝把天上的闪电成功引下地面的故事。现在看来,这不足以把闪电大量引下,但它毕竟说明采用类似的手段是可以把天上的雷电人为地引向地面的。正是根据这一思路,1989 年,我国科学家研制出了一种"引雷火箭"。当天空中乌云翻滚,电闪雷鸣之际,人们就可以把引雷火箭射向天空。这腾空上升的火箭带着一根细如马尾的钢丝,直窜千米高空,钻入乌云之中,从而把云层中蓄积的电能通过那细细的钢丝引向地面。据报道,自 1989 年以来已成功地进行了 30 次这样的引雷试验,使本来张牙舞爪的闪电和震耳欲聋的雷鸣顿时消失。不过,这几次引雷,都是把雷电引入地下来消除雷击可能造成的祸害,还没能把引下的雷电储存起来加以利用。显然,如果能解决好储存问题,那么雷电能的利用就有可能成为现实。

不过,要实现雷电能的大量利用,除了贮存问题外,还需要克服以下的困难:首先是雷电是一种不以人们意志而转移的自然现象,我们不知道它会在

闪电

什么时候什么地方发生。因此就像捉迷藏一般，我们很难及时地捕捉到它们。再者，从时间上说，虽然全球每天都有超过 100 万次的雷电发生，但对于庞大的地球来说，每年每平方千米平均还不到 1 次，而且绝大多数还是发生在海洋上。这就更增加了捕捉的难度。此外，人们还发现，雷雨云单体的尺度一般在 1～10 千米，所以两次闪电之间间隔着很大的距离。有人测量过，在强雷雨时，闪电间隔的平均距离是 2.4 千米；弱雷雨时其平均间隔则有 3.7千米。也就是说，如果雷电发生时要全部捕捉它们，就必须随时大范围地调整捕捉的方位。显然在这些问题没有解决之前要想大规模地利用雷电能还只是纸上谈兵。

雷电利用的尝试和设想

　　虽然我们目前还无法大规模地驾驭雷电能，但局部地在特定的项目上已有了成功利用的实例。其中最成功的是进行人工闪电制肥。人们早就注意到，闪电产生的高温足以使空气中的氮氧化成氧化氮。氧化氮溶于水便成为硝酸；硝酸与土壤中的钾钠离子结合后便形成具有肥效的硝石。人工闪电制肥就是要模拟这个过程,给土壤增加肥效。方法是在田野里竖立杆子(制肥器),一般用木杆,杆高约 20 米,杆距为 120 米,有金属接闪器,并用金属导线将其与埋入土中的地线连接。建立后,曾作过两次实验。然后测试实验地段附近地区的雨水及土壤的氮含量变化。第一次雷击强度较小,在以杆为中心、半径 15 米的范围内,氮含量增加了 $1.4\sim1.5$ 克/米^2,相当于硫酸铵 $7\sim7.5$ 克/米^2 的肥效。第二次雷击强度较大,有效影响范围扩大到半径 50 米,氮含量增加了 4 克/米^2,相当于硫酸铵 20 克/米^2 的肥效。

此外,据说在日本还有人利用雷电产生的强大冲击力来进行岩石爆破和采矿,还有人利用雷电来夯实松软的建筑地基等。

最近,还有人提出了一种利用雷电熔盐发电的方法,并获得了国家专利。该方法主要由避雷针经地极导线与熔盐池两部分构成。熔盐池里装满某种盐类物质,然后把避雷针用地极导线与熔盐池连接起来。在熔盐池里设置一触发接地装置。当有雷电被避雷针导入熔盐池时,与触发接地装置产生放电的瞬间,将会产生数千摄氏度的高温,足以将盐融化。而融化的盐能积蓄大量的热能,因此可以利用熔盐释放的热来加热锅炉内的水,产生蒸汽,推动发电机发电。遗憾的是,目前这还仅仅是个设想,尚未能真正付诸实施。而且这个发电站应该设在什么地方呢? 有人统计过,即使竖立一根很高的铁杆来引雷,雷击的次数可能会多些,但在一个雷雨季节,雷电击中高 $400\sim800$ 米的避雷针的次数也不过 20 次。这样少的次数能否满足一个发电站的需要呢?

总之,雷电是一种能量巨大又清洁无污染的能源,但由于它的突发性、瞬时性和发生地点的不确定性,致使人们很难予以把握和利用。不过可以相信,随着人们对雷电发生规律了解的深入和科技的发展,它终究也会成为一种可供我们利用的能源。

话说节能

能源是人类社会赖以生存和发展的重要物质基础。可以说,没有能源的使用,也就不会有社会经济的发展。因此为了满足社会经济发展的需要,必须积极开发新能源。然而在开发新能源的同时,我们也不应忘记节能,提高能源的使用率。这是因为能源是一种有限的自然资源,即使是那些可以再生的能源,如太阳能、风能、水能等,在特定的地区特定的时间范围内也都是有着一定使用数量限制的,更何况那些不可再生的化石能源,因此如何充分利用好有限的能源资源来为社会经济发展服务,是人类能否持续发展的关键所在。

节能降耗的紧迫性

近些年来,我国经济快速发展,但与此相伴的能源浪费却使能源消耗增长快于经济增长,从而导致能源问题已成为制约我国经济和社会继续发展的瓶颈。《京都议定书》的签订,给了我国一个明确的减排目标。2006 年国务院出台的《关于加强节能工作的决定》也把节能降耗定为一项基本国策,国务院明确指出:能源问题是制约中国经济和社会发展的重要因素,所以要从战略和全局的高度,充分认识做好能源工作的重要性,高度重视能源安全,实现能源的可持续发展;而解决能源问题的根本出路是坚持开发与节约并举,节约优先的方针,大力推进节能降耗,提高能源利用效率。

虽然近些年来我国的节能降耗工作已取得一定的进展,如"十一五"期间,我国 GDP 年均增长 11.2%,而能源消费年均增长仅为 6.6%,能源消费的弹性系数也从"十五"期间的 1.04 以上,降到了"十一五"的 0.59,但这显然还很不够,2012 年,国家能源局副局长吴吟在第十五届科博会中国能源战略高层论坛作主题发言时表示:"我国能源效率总体仍然偏低。国内生产总值占全世界 GDP 的 9%左右,而能源消费翻了一番。目前,我国单位 GDP 能耗是世界平均水平的 2.5 倍,美国的 3.3 倍,也高于巴西、墨西哥等发展中国家。"可见我国仍然面临十分严峻的节能降耗形势,因此继续加快推广先进的节能技术,提高能源利用效率,在当前具有十分紧迫的现实性。

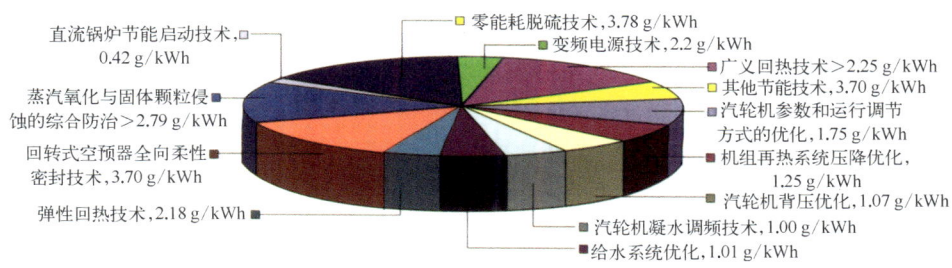

上海外高桥第三发电有限公司技术创新节能成效图[煤耗:g/kWh,克/(千瓦·时)]

节能降耗的三大途径

通过技术进步来完成节能

我国能耗之所以大大高于世界许多先进国家,就是由于在许多生产技术方面还在使用相对落后的工艺和技术,因此加快技术进步,调整产业结构是实现节能降耗的最重要途径。譬如我国火电厂的平均能效为 36%,但上海外高桥第三发电厂在吸收引进国外先进的燃煤发电技术后,就实现了高于46% 的供电净效。再譬如珠海某生产"精对苯二甲酸"企业在引进一项新生产技术后,尽管产量比前期翻了一番,但单位产量的燃料消耗却只有前期的50%,而且废气排放也减少 65%,废水减少 75%,固体废弃物减少 40%。由此可见,技术进步对节能降耗将会起到多么巨大的作用。因此我们一定要积极促进传统产业的升级,提高高新技术产业在工业中的比重,实施所谓的"腾笼换鸟"战略,加快淘汰落后的高耗能的生产工艺、生产技术和生产设备;对不按期淘汰的企业,要依法责令其停产或予以关闭。

通过调整经济结构来节能

调整经济结构,转变经济增长方式是发展循环经济、节能降耗的重要途径。我国的产业结构存在第一产业基础薄弱,第二产业素质不高,第三产业发展滞后的缺陷,所以必须对三大产业结构进行调整,大力加强第一产业,调整提高第二产业,积极发展第三产业。在经济增长方式上,则要改变那种高投入、高能耗、高污染、高排放和低效率的粗放式增长方式,要努力发展循环经济,构建跨产业生态链,以科学发展观为指导,推进行业间废物循环,让产业上游产生的废弃物,成为下游产品的原、燃材料,也即做到分级利用,减少资源浪费,降低废弃物的排放,提高产业的整体附加经济价值。还要格外重视对有"创造之神""富国之源"的工业设计的培植。要知道研发设计的缺失,一直是我国经济的薄弱环节,因此要提升中国综合国力之软实力,必须确立研发设计战略。只有工业设计领域的根本改观,才能改变中国经济处于"全球制造工厂"这一低层次的地位,实现经济结构转型升级。

通过制度建设来节能

也即依靠政府出台节能降耗的相关措施和能源价格的政策标准等来实现节能降耗。政府应从宏观控制的角度出台更高的节能标准以及系统性政策;研究制定发展循环经济建设节约型社会的各项政策措施;设立相关专项资金,重点扶持循环经济发展项目和节能降耗活动,以及为节能降耗技术创新提供补助等;要组织培育科技创新型企业,提高区域自主创新能力;并围绕资源高效循环利用,积极开展替代技术、减量技术、再利用技术、资源化技术、系统化技术等关键技术研究,突破制约循环经济发展的技术瓶颈。把万元生产总值、化学需氧量和二氧化硫排放总量纳入国民经济和社会发展年度计划;建立健全能源节约和环境保护的保障机制,管理监督机制,将降耗减排指标纳入政府目标责任和干部考核体系。

除此之外,还应加强节能降耗的宣传,充分利用各种舆论媒体的引导作用,强化全民主动节能减排的意识,让人人都自觉地为实现节能降耗贡献一分力量。

相信通过几方面的努力,国家"十二五规划"提出的节能减排的目标,即到 2015 年,单位 GDP 二氧化碳排放降低 17%;单位 GDP 能耗下降 16%;非化石能源占一次能源消费的比重从 8.3% 提高到 11.4%;主要污染物排放总量减少 8%~10% 的目标,定能实现。

节能环保的八大重点工程

2012年6月国务院印发了《"十二五"节能环保产业发展规划》,提出为了节约能源资源、发展循环经济、保护生态环境,要积极发展节能环保产业,并圈定了八项需重点发展的节能环保工程。

节能环保产业是指为节约能源资源、发展循环经济、保护生态环境提供物质基础和技术保障的产业,是国家加快培育和发展的7个战略性新兴产业之一。节能环保产业涉及节能环保技术装备、产品和服务等,产业链长,关联度大,吸纳就业能力强,对经济增长拉动作用明显。所以,加快发展节能环保产业,是调整经济结构转变经济发展方式的内在要求,是推动节能减排,发展绿色经济和循环经济,建设资源节约型环境友好型社会,积极应对气候变化,抢占未来竞争制高点的战略选择。

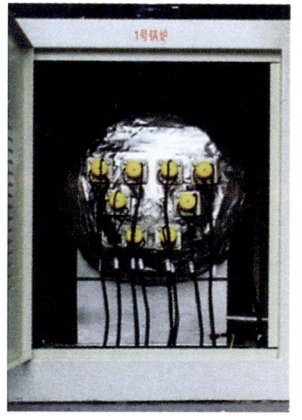

上海久隆电力有限公司将原有燃气锅炉替换为全蓄热电锅炉,能源费用同比降低了8.64%

重大节能技术与装备产业化工程

即围绕应用面广、节能潜力大的锅炉窑炉、电机系统、余热余压利用等重点领域,通过重大技术和装备产业化示范、规模化应用等,形成10~15个大型流化床锅炉、粉煤气化、蓄热式燃烧、高效换热器等以高效燃烧和换热技术

245

为特色的制造基地;15～20 个稀土永磁无铁芯电机、高压变频控制、无功补偿等高效电机及其控制系统产业化基地;5～10 个低品位余热发电和中低浓度煤层气利用等余热余能利用装备制造基地。到 2015 年,高效节能技术与装备市场占有率将由目前不足 5% 提高到 30% 左右,产值达到 5 000 亿元。

半导体照明产业化及应用工程

该工程要求整合现有资源,提高产业集中度,实现半导体照明技术与装备产业化。培育 10～15 家掌握核心技术、拥有较多自主知识产权和知名品牌的龙头企业;关键的生产装备和重要的原材料实现国产化,高端应用产品达到世界先进水平,建立具有国际先进水平的检测平台,建成一批产业链完善、创新能力强、特色鲜明的半导体照明新兴产业集聚区。逐步推广半导体照明产品。到 2015 年,通用照明产品市场占有率达到 20% 左右,液晶背光源达到 70% 以上,景观装饰产品达到 80% 以上,半导体照明产业产值达到 4 500 亿元,年节电 600 亿千瓦·时,形成具有国际竞争力的半导体照明产业。

“城市矿产”示范工程

“城市矿产”是对废弃资源再生利用规模化发展的形象比喻,是指工业化和城镇化过程中产生和蕴藏于废旧机电设备、电线电缆、通信工具、汽车、家电等废弃物中的可再生利用的物质。规划要求在“十二五”期间建设 50 个国家“城市矿产”示范基地,支持回收体系、资源再生利用产业化、污染治理设施和服务平台建设,推动废弃机电设备、电线电缆、家电、汽车、手机、铅酸电池、塑料、橡胶等再生资源的循环利用、规模利用和高值利用。到 2015 年,形成资源再生利用能力 2 500 万吨,其中再生铜 200 万吨、再生铝 250 万吨、废钢约 1 000 万吨、黄金 10 吨,实现产值 4 300 亿元。

再制造产业化工程

再制造产业主要指汽车零部件、工程机械、机床等的再制造,并完善可再制造旧件回收体系,重点支持建立 5～10 个国家级再制造产业集聚区和一批重大示范项目。到 2015 年,实现再制造发动机 80 万台,变速箱、起动机、发

废旧泡沫塑料可应用于踢脚线、顶角线等建筑装饰材料领域

电机等 800 万件,工程机械、矿山机械、农用机械等 20 万台套,再制造产业产值达到 500 亿元。

产业废物资源化利用工程

产业废物资源化要以共伴生矿产资源回收利用、尾矿稀有金属分选和回收、大宗固体废物大掺量高附加值利用为重点,推动资源综合利用基地建设,鼓励产业集聚,形成以示范基地和龙头企业为依托的发展格局。以铁矿、铜矿、金矿、钒矿、铅锌矿、钨矿为重点,推进共伴生矿产资源和尾矿综合利用;推进建筑废物和道路沥青的再生利用。到 2015 年,新增固体废物综合利用能力约 4 亿吨,产值达 1 500 亿元。

重大环保技术装备及产品产业化示范工程

该工程要求推动重金属污染防治、污泥处理处置、挥发性有机物治理、畜禽养殖清洁生产等核心技术的产业化;重点示范膜生物反应器(MBR)、垃圾焚烧及烟气处理、烟气脱硫脱硝等先进技术装备及能源、农业等行业清洁生产重大技术装备;推广城镇生活污水脱氮除磷深度处理设

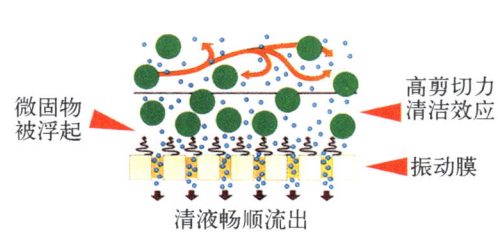

VMAT 振动膜废油再生系统振动过滤

备、300 兆瓦及以上燃煤电厂烟气脱硝技术装备、600 兆瓦及以上燃煤电厂烟气脱硫及布袋或电袋复合除尘设备和高效垃圾焚烧炉等重大装备。拥有高性能膜、脱硝催化剂纳米级二氧化钛载体、高效滤料等污染控制材料生产的相关知识产权。到 2015 年,环保装备产值超过 5 000 亿元,环保材料产值超过 1 000 亿元,环保关键材料基本实现产业化,形成 5～10 个环保产业集聚区、10～15 个环保技术及装备产业化基地。

海水淡化产业基地建设工程

培育由工程设计和装备制造企业、研究单位、大学、相关原材料生产企业等共同参与,集研发、孵化、生产、集成、检验检测和工程技术服务于一体的海水淡化产业基地。到 2015 年,建成 2～3 个国家级海水淡化产业化基地,关键技术与装备、相关材料研发和制造能力达到国际先进水平,海水淡化产能达到 220 万～260 万吨/日,海水淡化及相关产业产值 500 亿元。

节能环保服务业培育工程

大力推行合同能源管理,到 2015 年,力争专业化节能服务公司发展到两千多家,其中年产值超过 10 亿元的节能服务公司约 20 家,节能服务业总产值突破 3 000 亿元,累计实现节能能力 6 000 万吨标准煤。建立全方位环保服务体系。积极培育具有系统设计、设备成套、工程施工、调试运行和维护管理一条龙服务能力的总承包公司,大力推进环保设施专业化与社会化运营,扶持环境咨询服务企业。到 2015 年,环保服务业产值超过 5 000 亿元,其中年产值超过 10 亿元的企业超过 50 家,城镇污水垃圾处理及电力行业烟气脱硫脱硝等领域专业化和社会化服务占全行业的比例大幅提高。

综上所述,《规划》预计到 2015 年,在完成这八项工程后,节能环保产业总产值将达到 4.5 万亿元。

节能的重点领域——建筑

大家知道,人类面临能源短缺和环境恶化两大问题,而这两者又紧密联系,由此带来的气候变化已成为 21 世纪全球经济发展所遇到的巨大挑战之一。据有关数据显示,目前地球表面平均温度大约比 19 世纪末上升了 0.8℃,陆地平均温度比 19 世纪末上升了 1.2℃。

建筑的能耗与资源损耗

众所周知,大气中二氧化碳是导致气候变化的主要原因,而化石能源的使用则是大气中二氧化碳持续增加的主要原因。其中来自建筑业的能源消耗和二氧化碳排放占有十分重要的比例。据统计,在英国、美国等国家,建筑业的能源消耗所产生的二氧化碳已占到全部能源消耗排放量的 40%;在中国,目前建筑业的能源消耗也占到了全部能源消耗的 1/4 到 1/3。

地球环境恶化还表现为地球资源的日益短缺。在这方面,建筑业也起到了十分不良的推波助澜作用。据报道,全球 50% 的土地、矿石、木材资源被用于建筑;45% 的能源被用于建筑的供暖、照明、通风,5% 的能源用于其设备的制造;40% 的水资源被用于建筑的维护,16% 的水资源用于建筑业的建造;60% 的良田被用于建筑开发;70% 的木制品被用于建筑。建筑作为人类文明最重要的产物,耗费了地球约 50% 的资源,建筑业已成为最不可持续发展的产业。显然,这样的建筑业发展模式是今后环境友好型社会所无法接受的。因此,推动建筑业向可持续发展模式的转变,是当今人们面临的一项重要任务。

绿色建筑的概念

那么,什么样的模式才是建筑业的可持续发展模式呢?

关于可持续发展,1987 年世界环境和发展委员会提出:可持续发展就是既满足当代发展的需要而又不危及下一代发展的需要。根据 1992 年 6 月通过的联合国《21 世纪议程》可持续发展应具有环境、社会和经济三方面的内容。因此可持续建筑应该是低能耗或零能耗的绿色建筑、生态建筑。

人们认为,绿色建筑应该是应用环境回馈和资源效率的集成思维去设计和建造的建筑。有人把绿色建筑归结为是具备"4R"的建筑,"Reduce"即节能、节省及减少对环境的影响,尽力减少各种建筑材料等资源,尤其是不可再生能源的使用;"Renewable",尽可能利用可再生能源和材料;"Recycle"即建筑材料的循环利用,利用回收材料,设置废弃物回收系统;"Reuse",即建筑的再利用,在结构允许的条件下重新使用旧材料。

绿色建筑在国外

大约自 20 世纪 60 年代以来,绿色建筑在发达国家已从理念逐步走向实践,形成了较成体系的设计和评估方法;各种新技术新材料也层出不穷。如德国,大力发展拥有公共绿地和具有环境友好型的建筑。在基础设施方面,非常注重种植屋面、多孔渗水路面、各种排水设施、露天花园等低污染低环境影响的基础设施的建筑和利用。在能源方面,德国是欧洲太阳能利用最好的国家之一。德国政府对环境的管理很有成效,为推动《巴伐利亚环境公约》的实施进程,政府采取了一系列的激励手段,如对一些具有较高环保性能的项目减免费用,简化手续等。

在美国,1992 年由美国环保署(EPA)推出"能源之星"(Energy Star)认证,起初主要是针对消费性电子产品的节能评估和能效要求,后来"能源之星"标志不仅用于大型器具、办公设备、照明、家庭电子等,还覆盖到新建住宅和商业及工业大楼,鼓励在进行建筑设计和建筑改造中努力满足"能源之星"的要求。1999 年美国绿色建筑委员会又推出"绿色建筑评估体系"(LEED)。该体系的评分标准由五大系统组成:选址与建筑环境、节水、能源和大气污染、材料和资源、室内环境质量。该体系不是简单地停留于定性分析,而是根据如美国采暖空调工程师学会等的标准进行深入定量分析。正是由于LEED 认证体系的这种量化过程,使得建筑的设计和建造过程更趋于可控化,具有可实践性。LEED 评估体系除了宣传绿色建筑的各种潜在好处之外,更重要的是能让消费者在选购住宅等建筑物时有了一个评价该建筑物的绿色程度标准,使其购买决策能与绿色建筑的实际价值挂钩。这样就构成了一个良性循环,从而有力地推动市场的转型。目前 LEED 评估在世界各国的各类绿色建筑评估以及可持续性评估标准中,被认为是最完善最具影响力的评估标准。

除德国、美国外,英国、法国、奥地利等西欧各国也都在积极推行绿色建筑计划。

我国的建筑业

据有关方面的统计,我国建筑能耗占总能耗的 27% 以上,而且还在以每年 1% 的速度增长。建设部统计数字显示,我国每年城乡建设新建房屋建筑面积近 20 亿米^2,其中 80% 以上为高能耗建筑;既有建筑近 400 亿米^2,95% 以上是高能耗建筑。建筑能耗占全国总能耗的比例将从现在的27.6%快速上升到 33% 以上。因此,降低建筑能耗显然是节能工作最重要的方向。

就能源消费而言,我国人均煤炭储量占世界平均水平的 50%;人均石油储量占世界人均水平的 11%;天然气仅为 4.5%;而目前我国单位面积能耗是发达国家的 2~3 倍。就土地的消耗而言,我国人均耕地只有世界人均耕地的 1/3,水资源仅是世界人均占有量的 1/4;实心黏土砖每年毁田 80 千米^2。我国的物耗水平与发达国家相比,钢材消耗高出 10%~25%,每拌和 1 米^3 混凝土要多消耗水泥 80 千克,卫生洁具的耗水量高出 30% 以上,而污水回用率仅为发达国家的 25%。因此发展绿色建筑其意义之重大,是毋庸赘述的。

近年来,我国在这方面也做了不少工作:2004 年 2 月,建设部制定了《建筑节能试点示范工程(小区)管理办法》;2004 年 2 月 25 日,作为科技奥运十大项目之一的"绿色建筑标准评估体系研究"项目顺利通过验收,它作为我国第一套建筑行业绿色标准,首先应用于奥运建设项目;2005 年修订了《民用建筑节能管理规定》,颁布实施了《公共建筑节能设计标准》;2006 年又颁布了《绿色建筑评价标准》。但是总体来说,我国的绿色建筑发展还处于起步阶段,我们要借鉴世界各国在绿色建筑发展中的一些经验,结合我国国情,制定相应的方针措施,以促进我国建筑业的可持续发展。值得高兴的是,我国一些新建建筑也先后获得了美国 LEED 的认证。如第一个获得 LEED 预认证的项目是：北京世纪财富中心；第一个获得 LEED 金级（LEED 分 4 个等级：40～50 分为认证级；50～60 分为银级；60～80 分为金级；80 分以上为铂金级）认证的绿色建筑是科技部节能示范楼。这与我国近年大量交付使用的建筑物相比，显然只是十分有限的个案，因此积极推进建筑领域的节能工作，是当今开展节能减排的重要环节。

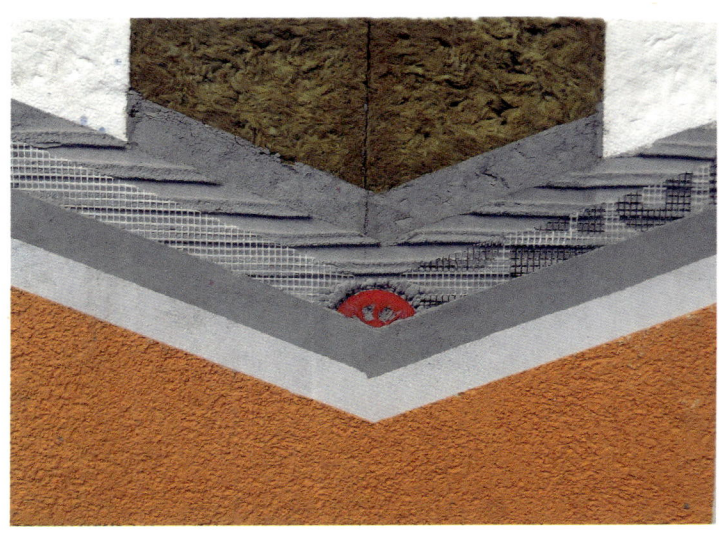

建筑外墙外保温岩棉带

不可忽略的节能领域——家庭

　　家庭的能耗,是一个易被人们忽略的领域。许多人会认为与那些大型的厂矿企业相比,家庭的能耗是微不足道的。然而据有关调查,家庭作为社会的细胞却具有聚沙成塔的效果,其总体的耗能之大远超出人们的想象。

家庭污染与能源浪费

　　大家知道,环境污染是节能的大敌,为了治理污染需要耗费众多的能源;而在耗费这些能源的同时又会产生新的污染,结果只能是事倍而功半。一直以来人们都将污染的矛头指向工业生产,殊不知,其实最大的污染源就是我们自己,就是我们的每一个家庭。新近研究表明:社会工业生产造成的污染只占污染源的41%,而现代家庭造成的污染却占59%。据统计,一个家庭一天平均要制造1.8千克垃圾,丢弃5个不可分解的塑料袋、2～3个一次性饭盒;一个家庭因洗头、洗澡、洗衣服等,一天平均制造200千克废水;还每天平均使用洗衣粉、洗洁精、化妆品、除厕剂等化学用品20克。这些污染物和汇流成河的生活废水,每时每刻都在污染着我们的土地、河流和海洋。

　　据媒体报道,在一项针对两千多个家庭住户样本的室内污染状况调查中,结果显示:50%以上的家庭室内存在着污染,而"罪魁祸首"就是家用电器。更令人担忧的是,在被调查的家庭中,绝大多数还没有意识到家中的家电污染问题。目前家庭中常见由家电导致的污染包括细菌污染、辐射污染及噪声污染等,轻则危害健康,重则危及人的生命安全。

　　在能源浪费方面,家庭也占有相当大的比重。多台电视机同时开;多个电脑同时用;电视没看时不切断电源,长期处于待机状态;多盏白炽灯同时开;声控灯感应器坏了,灯就没日没夜地亮着;饮水机24小时运作;有的电热户冬天用几个上千瓦的大电炉眼睛眨也不眨;打开水龙头哗哗一放就是好几分钟,等到热水出来了,才慢悠悠地洗漱……如此点点滴滴,看起来微不足道,但正是这样的点点滴滴,使居民区能源浪费现象显得相当突出。所以家庭是节能绝不应忽略的领域。

家庭节能要全家动员

家庭节能要做到全家动员,父母要做好孩子的表率。父母是孩子的第一任老师,家长的一言一行都能影响孩子。因此,家长自身必须牢固树立节能环保意识,不断提高自身素质,自觉做到"环保节能从我做起,从日常小事做起",把节能环保渗透到家庭生活的方方面面,为孩子在节能环保方面做出表率。另一方面还应创造条件,譬如去参观那些深受污染毒害的地区,让孩子们体验污染的危害,树立节能环保意识,养成自觉节约能源和注意保护环境的生活习惯。

人们认为家庭节能还应从以下方面着手:

节约用电,养成随手关灯和电器不用时即切断电源的习惯

比如用节能灯替代白炽灯;使用空调,不要把温度调得太高或太低;电视机不要开得很亮,音量不要太响;电脑暂时不用时要让其处于待机状态或直接关掉……另外,人们还建议在普通玻璃窗上贴一层节能膜,这样夏天至少可给室内降温 3℃,冬天则可防止室温外泄,其节能效果可达 30%,而且使用期限长达 20 年。

不用或尽量不使用块煤作炊事燃料或取暖

燃煤是造成环境污染的祸首之一,而且煤的开采运输都需要耗费大量的能源,因此节约用煤具有十分积极的节能意义。在条件允许时应尽可能使用太阳能、风能、地热能、天然气、沼气等可再生的绿色能源来替代煤的使用。

节约生活中的每一滴水

我国是世界 12 个贫水国家之一,淡水资源还不到世界人均水量的 1/4,而且随着经济的快速增长和人口不断增加,水资源的供应紧张正日益凸显,因此我们必须节约每一滴水。节约用水,要推广使用节水型水阀和卫生洁具,防止滴漏;养成用水完毕随手关闭龙头,不让水空流的习惯;还要提倡一水多用。据统计,若按某市 1 700 万常住人口,六百多万户家庭来计算,若每家每月节约 1 吨水,一年全市就可节水 6 000 万吨,相当于一座 80 万人城市一年的生活用水总量。无须多说,节水也就是节能。

节约每一张纸

据报道,造纸业是我国国民经济领域七大高能耗高污染行业之一,因此节约用纸具有十分重要的节能意义。更何况目前造纸的原料主要是木材,全球每年因造纸用材,使森林面积减少 73 000 千米^2。所以节约用纸还有助于保护森林,保护地球的生态环境,具有一举多得的作用。节约用纸,要大力推行无纸化办公,尽量使用电子媒介修改文稿,推广双面用纸,努力减少纸张的消耗。

出行尽量减少对机动车的依赖

汽车等机动车是当今能耗的大户,也是造成大气污染和光化学烟雾的主因。因此,无论是从节能的角度,还是为了保护环境,我们都要提倡步行和使用自行车,尤其要尽力减少独自用私家车和少用高能耗的轿车;如果出远门则应尽可能选择公交和地铁等公共交通工具。

减少对肉类制品的消费

联合国 2006 年的报告指出,畜牧养殖业的温室气体排放量比全球所有交通工具包括飞机、火车、汽车、摩托车的总排放量还多。这无疑大大增加了人们为治理这些排放而消耗的能源;另外,肉食还是许多现代文明病的根源,人们每年用于治疗这些疾病的花费和能耗也是一个十分庞大的数字。因此联合国政府间气候变化专门委员会(IPCC)主席帕乔里博士曾向全球民众呼吁:"请少吃肉!"

少用一次性物品

现代化生活充斥着许多一次性用品,它们虽然给人们带来了短暂的使用便利,但却给生态环境带来了灾难。它们不仅浪费了大量用于制造它们的能源消耗,也加快了地球资源的耗竭,同时还给地球带来了环境污染。因此少使用一次性用品,多使用耐用品,对物品进行多次利用,应当成为新的社会风气,新的生活时尚。

做好垃圾分类处理

垃圾分类可以回收宝贵的资源,同时减少填埋和焚烧垃圾所消耗的能源,还有利于消减垃圾给环境带来的危害。其中尤其是纸张、塑料、橡胶和各种金属的回收,可大大节约原本用于制作它们的能源消费,变废为宝,可缓解相关资源的供应紧张。

少用塑料减少白色污染

现代生活，塑料袋和塑料制品似乎成了必不可少的东西。据统计，我国每年塑料废弃量达 100 多万吨。这些塑料废弃物由于难以降解，会长期（至少几百年）占用土地，影响农作物对水分和养分的吸收，造成农作物的减产；若牲畜吃了塑料膜，会引起牲畜的消化道疾病，甚至死亡。若将其作焚烧处理，则会产生比氰化钾毒性还要大一千多倍的化合物二噁英。因此这种白色污染的治理，已是当今一个非常令人头痛的环境问题。所以减少塑料的使用，就可节约为治理它们所耗费的能源。

综上所述，家庭是节能不能忽略的领域，如果每个家庭成员都能从上述诸方面把节能付诸实施，养成节能的习惯，定能取得可喜的成果。

日常驾车如何节能

汽车节能的意义

汽车是能耗的大户。据统计,2007 年我国能耗总量达 28.5 亿吨标准煤,成为世界上第二大能源消费大国;到 2011 年我国能耗总量更高达 34.8 亿吨标准煤,超过美国,成为世界第一大能源消费国,平均大约年增 5%。其中每年新增石油需求的大约 2/3,是来自包括自备车在内的交通运输工具。这使我国已成为世界石油消费增长最快的国家,可见汽车能耗之大。

石油消费的迅速增长,不仅给我国的石油供应带来越来越大的压力,加大了对国外石油资源的依赖,而且也加大了二氧化碳的排放,给环境治理带来沉重的负担。因此汽车节能意义重大。

汽车节能不仅有助于环境治理,减轻国家对石油的需求,而且对个人来说也是节约开支,更好地支配家庭收入的好事,既利公也利私,何乐而不为。

减少汽车对石油需求的重要途径,是发展使用可再生能源的新能源汽车,如太阳能汽车、锂电池汽车、氢能汽车等。但遗憾的是,这些新能源汽车在技术上均未达到十分成熟的地步,基本上还都处于"概念"和样机阶段,远未走向普及。所以,现在街上跑的 99% 以上还是烧油的汽车。因此我们这里所说的汽车节能,当然就是指此类汽车的节能。

汽车节能技巧

综合来自各方的经验,要让汽车节能应掌握以下技巧:

(1)如果开车时巧用空挡滑行,一辆 1.6 升排量的家用轿车每月可以节约 10 升汽油。

(2)起步时离合器不能松得太快,否则既耗油又易熄火。

(3)提高速度时应轻加油门。

(4)在遇红灯或前方车辆刹车时,不要高挡冲到跟前时才猛踩刹车。

(5)汽车行驶过程中,要注意看水温表,发动机正常的水温应保持在

新能源电动汽车

80～90℃,如果过高或不足都会使油耗增加。

(6) 时常检查轮胎的气压,以保持在最佳状态,轮胎气压不足会增加耗油量,又会磨损轮胎。

(7) 不要随意更换轮胎的大小,选择更宽的轮胎或许让车看来更有"跑车味",但轮胎越宽,车轮阻力越大,燃油消耗量就越多。

(8) 用黏度最低的发动机油。发动机油黏度越低,发动机就越"省力",也就越省油。

(9) 不要热身过度。有些车主喜欢在早上开车前先热身再上路,但热身太久会更耗油。统计显示,有相当比例的发动机件磨损是在冷车发动后3分钟内造成的。更重要的是,原地长时间热车对发动机等部件的损害,将间接导致油耗变大。建议在发动30秒至1分钟后上路,用中低速行驶两三分钟,就能起到热车效果。

（10）不要超速。对一般汽车而言，80 千米的时速是最省油的速度，有统计表明，每增加 1 千米的时速，耗油量会增加 0.5％。

（11）开启空调要确保窗门紧闭；定期清洗隔离尘网可以节省 30％的电力。

（12）避免长时间怠速，当汽车需要停十几分钟或更久时，有的驾驶员认为启动一次耗油高，不如让发动机空转来得节油，这也是错误的。统计显示，怠速超过 1 分钟，汽车耗油量与启动一次耗油量持平，而发动机空转 5 分钟的油耗可以让汽车行驶超过 1 千米。算算这笔账，也许你能在怠速和熄火间做出更合适的选择。

（13）统计显示，每增加 10 千克负重，油耗就会增加 1％。因此要经常整理后备厢，不要把它当储藏室。

（14）当车速达到或高于 70 千米/时，不开车窗也可省油，因为开窗后的风阻会增加油耗。

（15）寻找更为顺畅的行车路线，减少不必要的制动。起步要轻柔，尽量避免猛踩油门。试验数据显示，油门踩到底比中速行驶费油 2～3 倍。这样不仅油耗大，也会缩短汽车的使用寿命。

（16）合理使用挡位。通常汽车有 4～5 个前进挡，其中 1、2 挡主要用于汽车起步，爬陡坡；3 挡是汽车高速挡与低速挡之间的过渡挡，还常用于转弯、窄路、会车和通过困难路段；4 挡或 5 挡为高速挡，传动比小，车速快。汽车在同一道路条件下以同一车速行驶时，使用挡位愈低，汽车后备功率愈大，发动机负荷率愈低，汽车的油耗也就愈高。一般各挡之间油耗相差 15％～60％，越是低挡之间，越是相差大。因此，汽车起步后应迅速换入高挡，不宜用低挡长时间行驶。另外，换挡动作力求迅速，准确，避免在换挡过程中车速下降过多。

总之，汽车节能要从点点滴滴开始，以上各点看似无足轻重，但若能切实做好，必能取得良好的节能效果。

致　谢

本书在写作及出版过程中得到了王美玲、李乃芝、万嗣乃、寿金方、张秀萍、周戟、张晓莉、吴秀玲、包建广、沈志银、高维、石小梅、陆亦涛、林朔等人的帮助，在此一并致谢。